元末明初军事家政治家

刘伯温传

范金锋 ◎ 编著

团结出版社

© 团结出版社，2024 年

图书在版编目（CIP）数据

刘伯温传 / 范金锋编著 . -- 北京：团结出版社，2024.10
　ISBN 978-7-5234-0390-7

Ⅰ . ①刘… Ⅱ . ①范… Ⅲ . ①刘基（1311-1375）-传记 Ⅳ . ① K827=48

中国国家版本馆 CIP 数据核字 (2023) 第 167035 号

责任编辑：何　颖
封面设计：紫英轩文化

出　　版：团结出版社
　　　　　（北京市东城区东皇城根南街 84 号 邮编：100006）
电　　话：（010）65228880　65244790
网　　址：http://www.tjpress.com
E-mail：zb65244790@vip.163.com
经　　销：全国新华书店
印　　装：天津泰宇印务有限公司

开　本：170mm×240mm　16 开
印　张：16　　　　　　　　　　　　字　数：250 千字
版　次：2024 年 10 月　第 1 版　　　印　次：2024 年 10 月　第 1 次印刷

书　号：978-7-5234-0390-7
定　价：58.00 元
　　　　（版权所属，盗版必究）

前言

常言道，烈女不更二夫，忠臣不事二主。中国的文化传统往往旌表忠贞之士，但名留青史的明朝开国元勋刘基（刘伯温）偏偏曾经是元末的进士、小吏。刘基到底是一个什么样的人物？让我们拨开历史的迷雾，穿越到六七百年前那段扑朔迷离的岁月，揭开这个历史人物的本来面目。

在民间，关于刘基的传说不胜枚举。在世人的眼中，刘基如同诸葛亮一样成了一个前知过去、后晓来世的神人，说他能未卜先知，精通谶纬术数，所以他的传说故事几近家喻户晓。但在当时，事实却并非完全如此：刘基一生先仕于元，后仕于明，仕宦之路颇为坎坷。蒙古人当政时，刘基做过几任小官，然而郁郁不得志后归隐家乡：他在浙江青田，著书立说，以待天时。待到元朝气象渐微，各路群雄竞起，至正二十年（1360），刘基出山辅佐朱元璋，终于成就千秋大业。他擘画帐中，谋奇策胜，成为朱元璋身边诸葛亮式的人物。

1368 年，朱元璋建立明朝，是为明太祖，刘基被朱元璋任命为御史中丞兼太史令，但他没有得到应有的爵位，后仅仅被封为诚意伯，俸禄与别的开国功臣相比也很微薄；而且因为刘基才能卓著，还经常受到以李善长为首的淮右集团的排挤，甚至迫害，因此，苦不堪言。其晚景凄凉，是一个带有悲剧色彩的传奇人物。

明朝廷对刘基总的评价是"慷慨有志，刚毅多谋，学为帝师，才称王佐"，堪称"渡江策士无双，开国文臣第一"。明中叶杨文懿公杨守陈在《诚意伯文集序》中则盛赞刘基比汉代的著名谋臣张良和唐代勋业赫赫的宰相房玄龄更加杰出："子房之策，不见辞章；玄龄之文，仅办符檄，未见树开国之勋业而兼传世之文章如公者，公可谓千古之人豪矣！"

那么，为什么刘基在生前仅仅被授予伯爵，而在去世了那么多年后却突然声名昭显？为什么刘基不能够一直受到朱元璋的信任和宠爱？这恐怕主要是因为他的出身：刘基的籍贯是浙江青田（今浙江文成县）武阳村，在元朝时虽只任过微职，但也属于遗臣。换言之，刘基在朱元璋眼里，是个不折不扣的"贰臣"。而明太祖朱元璋是安徽凤阳人，显然，当年跟着他起兵的一些家乡将士会更多地得到朱元璋的眷顾和倚重。于是在明初出现了一个显赫的政治集团，即淮右集团，这个集团的主要人物李善长、徐达、常遇春以及胡惟庸都是淮右人。可以说，也正因为有了朱元璋的偏袒，才有了明立国后李善长和胡惟庸等对刘基的迫害。

　　与此同时，在精神上受到严重打击的刘基身体状况越来越糟糕。胡惟庸闻讯，派医生给刘基看病。后来刘基实在是病入膏肓，朱元璋一纸诏书恩准刘基归老青田，并派专人护送他回家。到家不久，刘基便与世长辞了，一代国师就这样落下了人生的帷幕。

第一章　聪颖少年　初入仕途

奇才出世……………………………………………… 002

聪明过人……………………………………………… 004

石洞明理……………………………………………… 010

中了进士……………………………………………… 012

二辞官职……………………………………………… 020

怀才不遇……………………………………………… 035

第二章　韬略过人　知遇新主

百战奇略……………………………………………… 048

威震方党……………………………………………… 051

著《郁离子》………………………………………… 075

洞时察世……………………………………………… 084

三请出山……………………………………………… 089

第三章　初建勋业　出谋划策

龙韬虎略……………………………………………… 098

二败陈友谅……………………………………………… 104

佐命功臣………………………………………………… 116

衢州解危………………………………………………… 122

取义招安………………………………………………… 132

献策退兵………………………………………………… 135

第四章　平定天下　创立帝国

西定江汉………………………………………………… 140

扶正吴王………………………………………………… 164

东平士诚………………………………………………… 176

南征北伐………………………………………………… 204

天子之言………………………………………………… 212

开国大明………………………………………………… 217

第五章　良臣归隐

治世功高………………………………………………… 226

功成身退………………………………………………… 240

巨星陨落………………………………………………… 249

第一章 聪颖少年 初入仕途

出生于元中期的刘基，年少时博览群书，上通天文，下知地理，聪明过人，为了施展自己的理想抱负，相继考中了秀才、进士，步入仕途的他看清元朝廷的黑暗腐败后，毅然决定辞官归乡。

奇才出世

元武宗至大四年（1311），正月初八，在位四载、三十一岁的武宗帝孛儿只斤海山驾崩。世祖忽必烈创立的朔漠帝业，由海山的皇太子（实为皇太弟）孛儿只斤爱育黎拔力八达袭承，世称仁宗文钦孝皇帝——这是大元帝国的第四位皇帝。

元朝自世祖于1271年实现大统，改革国制，除弊兴利，大治昌盛以来，经过"守成皇帝"铁穆耳的安抚稳定阶段，到武宗海山改革图治，尊崇儒学，广示恩宠，但又酗酒无度，病死于大都深宫的玉德殿，已经整整走过了四十个春秋。

江浙处州府青田县南田武阳村（今属浙江文成县辖），住着一户刘氏书香人家。主人刘爚，字如晦，是刘基的父亲，一个不第秀才，一生苦读不辍，最终做得一个遂昌县教谕的学差（相当于现在的县教育局局长）。究其祖业，却十分殷实深厚。其祖父刘濠，精通儒学、天文、历算、阴阳、医卜等，南宋官至翰林掌书，禄高位显，家中境况方圆独一无二。宅院古老大方，宽阔厚大的古砖蓝瓦，把墙山垒得实实。伟壮的门楼前，一对威武勇猛的石狮，安宁地担负着看家守院的神圣职责，合抱粗的樟树，枝盛叶茂，绿荫蔽天。踏上青石台阶进入院庭，几十间房屋层层递进，列队欢迎四方宾客，房前花香草密。后院有一眼石井，四季不息地为主人喷涌出潺潺甘泉。

刘氏虽为官宦之家，却始终不忘根本，时常济世救民，受到乡邻的称道。刘基的曾祖父刘濠每当归乡省亲，清晨总要与儿子刘如晦一道，登高察看，望到无炊烟的贫寒人家，必定派家人前去给予赈济。

不幸的是，南宋灭亡，刘濠与邑人林融等不满元朝的统治，组织起义，反元复宋失败，遭到统治者的残酷镇压。统治者派专使前往调查余党，准备一网打尽，斩草除根。

专使得到一些地方土豪的支持，终于弄出一份义军人员名单，牵连人员甚多。

当专使拿着捕人名单返往大都路过武阳村时，巧遇天黑，大雪纷飞，便在村子里停留下来。刘濠得到消息，暗想，当朝正在想尽办法整治南人（原南宋统治下以汉族为主的各族人民）、汉人，这一大批名单除起义军外，不知陷害了多少志士仁人和无辜百姓，若落入朝廷之手，又会出现成千上万的冤魂。刘濠的孙子刘熵当时年仅10岁，他灵机一动，想出了一个妙计，刘濠听后认为可行，便按刘熵说的，备下酒宴，假借为使者洗尘，盛情款待，与儿子、乡人一起，左一杯、右一盏，不多时分，便将专使灌得烂醉如泥，俯床沉睡。

半夜，刘濠趁官差熟睡，悄悄从他们行李里找出"黑名单"，把其中作恶多端的200多人抄录出来，然后，亲自点燃一把大火，焚烧了自己的庐舍，这祖祖辈辈创立的家业，连同元使装有名单的行李一起，顿时吞噬在熊熊大火之中。

元使被人们从沉睡中拉出房门奔命时，被眼前的场景惊呆了，只见浓烟滚滚，烈焰冲天，弄不清到底发生了什么事，耳旁，只有救火声和哀哭声。这位专使失去了被捕人员名单，十分恼怒。刘濠赶紧道歉，又向官差保证，表示可以找牙阳的亲戚重新列名单。最后，刘濠把删改过的名单交了给使者，无辜乡民因此幸免于难。刘濠的仗义救人行为，当然博得了人们的称颂和崇敬，但其家道，却从此中落下来，成为一个普通人家。

转眼到了刘如晦执掌家务的时候。他虽然生活俭朴，日夜苦读，仍圆不了恢复祖业之梦。

九月的一日，刘妻富氏夫人到后院晾晒衣服，突然发现屋后覆在地上的石臼离地升起四五寸高，她觉得此事蹊跷，赶忙把刚从遂昌回来的丈夫拉来观看。

刘如晦仔细一瞧，嘿，出奇迹了，秋天竟有此事，原来是一株破

第一章 聪颖少年 初入仕途

土而出的青笋正顶着石臼呢！他使劲用双臂抬起石臼，忙让妻子挖出这株笋，兴高采烈地拿在手中左右端详，"哈哈，秋天果实累，九月笋抬石，食之家丁旺。快去把这宝贝吃了，来年一定会给咱添一个顶天立地的男子汉！"妻子满脸通红。

说来也快，元至大四年夏历六月十五日午时，随着一声啼哭，富氏真的给刘家生了一个又白又胖的小子。接生婆抱着小手小腿不断乱动的婴儿，一面包裹，一面乐哈哈地高声喊叫："刘先生，快来看，是个男娃，恭喜你了！"

这婴孩就是本书的主人公，后来成为明朝开国皇帝太祖朱元璋的股肱心腹，具有雄才大略的谋士刘基。

当时，刘如晦接过儿子，喜得半天合不拢嘴，心像灌蜜一般甜。他想，妻子食笋而得子，得益于大地之基，当即给孩子起名为"基"，字伯温。

刘家盼望儿子像竹笋那样深深扎根大地之中，不管风吹雨打，一直耸往云天，更盼望儿子能成长为国家之栋梁，修身、齐家、治国，成为一个有用之才。

聪明过人

自从喜得贵子以来，刘如晦把自己的一切都寄托在了儿子身上，希望靠其实现自己未实现的梦想。从孩子咿咿呀呀学说话开始，刘如晦一有空闲，就给他"之乎者也"地读、讲、写个不停，也不管孩子懂与不懂，明白不明白，总是有说不完的话，讲不尽的典故，写不厌的字。

刘基好像能感觉到父亲的苦心。父亲真教，他亦真学。教什么，他学什么。只要学，就非要学会不可。五岁识字，六岁即可作对，到了七岁，就能出口成章，下笔成文，咏吟成诗。据说，一次朋友来看刘如晦，当面出了个对子让小刘基应答。

这位朋友口诵："武定邦。"

刘基不假思索，开口便出："文治国。"

朋友又出一对："成家立业。"

刘基答曰："开天辟地。"

方圆四乡，无人不知"七十二福地"之六的南田武阳村出了一位"神童"。

在父亲的熏陶下，刘基小小年纪，就知道学习的重要性，明白了"非学无以广才，非志无以成学"，以及"大志非才不就，大才非学不成"的道理。他刻苦用功，孜孜以求，爱书成癖。平时，除了睡觉、吃饭之外，其余时间都是卷不释手，以书为友，只要见到有学问的人，他总少不了问人家要书读。

一次，邻居一位老伯到刘基家串门，见到刘基正在吃饭，便逗他道："杨家村我表弟有本好书，天文地理什么知识都有，不知你想不想看？"

"想！"刘基脱口而出。

"那你找他要去。"

"行！"刘基当即放下碗便朝十五里之外的杨家村跑去。

急得老伯赶快追在后边喊道："快回来，我与你开玩笑呢。"

还有一年，刘基与父母一起到外婆家拜年。母亲取出准备好的腊肉、粉干，吩咐儿子放进篮子里去。刘基一边捧着书看，一边答应着母亲，收拾给外婆的礼物。等父母叫他时也来不及检查一下，挎上篮子就走。

到了外婆家，老人高兴地迎外孙进了门。当母亲让儿子拿出给外婆的礼物时，刘基却傻了眼，伸到篮子里的手半日抽不出来。

原来，由于刘基在家一门心思读书，忘了把腊肉装进篮子里，外婆到跟前一看，噢，粉干下面装了一大摞书。

转眼到了泰定元年（1324），十四岁的刘基，不顾年幼，告别父

母，翻山越岭，到郡庠（府学）学习。他不但熟读了"四书"《大学》《中庸》《论语》《孟子》，而且通读了"五经"《诗》《书》《礼》《易》《春秋》，凡能找到的书，能读的书，天文、地理、阴阳、兵法、诸子百家等，他都无所不读，无所不钻。

刘基读书，不是读死书，他不像其他同学那样手捧书本，死记硬背，却能默识无遗。刚入学时，老师郑复初给学生布置作业，让每个学生必须背诵《大学》章句。上课时，老师看到刘基不读布置的文章，却在翻阅其他书籍，以为他偷懒，便点名让刘基起来背诵课文。

谁知刘基不慌不忙站起来后，竟滔滔不绝地背诵起来：

"子程子曰，大学，孔氏之遗书。而初学入德之门也。于今可见古人为学次第者，独赖此篇之存，而论孟次之。学者必由是而学焉，则庶乎其不差矣。"

一字不差，一句不漏。

老师问："你懂其意思吗？"

"懂！"刘基态度坚决地回答。

"《大学》是儒学重要之经典，属孔子之遗书，提'明明德、新民、止于至善'。还有八个条目，即格物、致知、正心、诚意、修身、齐家、治国、平天下。其主旨，在于引导人们自身的美德得以显明，在于鼓励人们革除陋习，在于使人达到'至善'的最高道德境界。"

只见刘基娓娓道来，字句清楚。

老师、同学都非常惊讶，问他："这书你以前学过吗？"

"没有。"刘基说，"老师你刚教我们的呀！"

"这怎么可能？"老师一边嘀咕着，一边又将身边的《论语》第一篇翻开交给刘基，让他诵读，有心试一试，难道刘基真是一个记忆天才？

谁知刘基回到书桌旁，刚默读了两遍，不等老师提问，就举手要求背诵。

"子曰，学而时习之，不亦说乎。有朋自远方来，不亦乐乎。……

曾子曰，吾日三省吾身，为人谋而不忠乎，与朋友交而不信乎，传而不习乎。"……

又是一气呵成，潺如流水，当场一片掌声，一片赞扬的目光。

"真是位奇才！"老师在心中赞叹。

刘基做文章，讲经义，从来都不因循前人。每一篇、每一次，都有自己的理解，有新意。即使是对阴阳、天文、兵法类等一些比较难懂的书，他都能鲜明地讲出自己掌握的要点，其才能无不为老师、同学所称道、敬佩。当刘如晦到学校为儿子送干粮时，郑老师竟忍不住当着全体学生的面说："刘君祖上积德甚多，得了这个儿子，将来必成大器，你刘先生家又要发迹了。"

刘基不但学习刻苦勤奋，而且从小足智多谋，聪颖超人，虽然史料对他这方面的事迹记载不多，但民间关于他这方面的传说却脍炙人口。

传说有一次，刘基从学校回家，路过山麓，听到山后传来阵阵啼哭声。他过去一看，只见村里寡妇朱大婶蓬头散发，一手抱着孙子，一手捶胸顿足，一把鼻涕一把泪地号啕大哭，口中不停念叨着："好黑的蛇蝎心肠啊！你让我孤儿寡母怎么活下去！"情景十分凄惨。

刘基过去一问，原来，武阳恶霸地保"山老虎"，平时仗势欺人，敲诈勒索，横行乡里，无恶不作。这天，为了给自己百年之后选择一块风水宝地，专门请了一个阴阳先生来看风水。那阴阳先生为了混一顿酒肉，从早上日出到下午，故意消磨时光，不是说这里水土不顺，就是指那一块云紫气晦，直到日头快落西山时，走到村东寡妇的番薯地头，顺手一指，胡诌这是荫子庇孙的凤凰宝窝。

"山老虎"一口咬定，要择个吉日破土造坟。

这朱大婶五十开外，二十多岁死了丈夫，风里来，雨里去，好不容易把儿子拉扯成人，但谁知去年在地保家里当长工，又被活活折磨死。年轻媳妇丢下刚断奶的孩子改嫁了，留下祖孙两人，孤苦伶仃，这块地是他们的命根子，若是再被地保霸占去就只有死路一条了。

朱寡妇手抱孙子，连滚带爬地跪求"山老虎"高抬贵手，给她祖孙二人留条生路。谁知"山老虎"心狠手毒，"腾"地一脚，把他俩踢下台阶，扬长而去。老人悲愤交加，呼天喊地，哭得死去活来。

刘基见状，气愤不已。这时，围上几个同村的老人一边劝说朱大婶不要哭伤了身体，一边叹气道："唉，这'山老虎'吃人不吐骨头，谁能惹得起他！"

这时，与刘基一块儿放学的一个小朋友骂道："呸！这狗生的杂种，欺人太甚，一定会断子绝孙！"

一个老汉连忙用手捂住孩子的嘴巴，"快别多嘴，'山老虎'最讨厌别人说他'狗生杂种、绝子绝孙'，他若听见，你们可要遭殃了！"

"为什么？"一边的几个孩子异口同声问道。"'山老虎'属狗，中年得子，生个烂头瘸腿的儿子也属狗，整天心惊胆战，只怕这绳从细处断掉，将来讨不到媳妇，香火传不下去呢。"

"属狗！"刘基一听却顿时蹦了起来，"有主意了，我一定叫那坏蛋不敢毁朱大婶这块地。"

过了两天，"山老虎"带了一帮打手，气势汹汹地上山准备挖土筑坟，谁知到朱家地边一看，地里插了一块木牌，木牌上写了一副对联：

孤女寡妇正眼呼天天不应
断子绝孙倒喜入地地有门
横额是：狗坟。

木牌旁还用一块破席子画了一个癞皮狗。地保一看，直叫"晦气，晦气"，只得翻翻白眼，悻悻地带着打手走了。

刘基不但疾恶如仇，从小巧计多谋，而且善于发现事物的规律，总结出一些人们意想不到的道理，当地广为流传的"国师鱼"的故事就是其中之一。

当年，刘基的家境已经破落，父亲刘如晦省吃俭用攒些钱给他读书。刘基拿了这些钱，付了老师的薪金，剩下的就不多了，要买柴买菜就买不了书。因此，他温习完功课，就约上几个贫穷的同学，带上拐刀和冲担（毛竹制的一种两头削尖的挑柴工具）上山砍柴，把卖柴的钱省下来买书读。

后来，要买的书越来越多，只好再节省菜钱，可又有老师一同吃饭，每顿吃咸菜也不是办法。

怎么办？几位同学一筹莫展。

初秋的一个傍晚，刘基坐在瓯江畔一块岩石上看书，清风徐来，水波不兴。他一边看书，一边用双脚在江里搅水，忽见一群蝌蚪似的东西在碧水中戏逐，像穿梭一般，有趣极了。他定睛细看，哟，这不是小鱼吗？我正愁没菜吃呢，多谢你们主动送上门来了。

过了几天，刘基用麻线织了一个网兜，独个儿下水捞鱼。那小鱼密密麻麻的，多极了，不到一个时辰，鱼篓已经沉甸甸的，少说也有三四斤。

这种土名叫"涂呆"的小鱼，长五六分，背部淡青色，腹部微白，体呈圆筒形。

当天晚餐添了这么一盘荤菜，老师连声称赞味道鲜美，问道："这鲜鱼是从哪里来的？"刘基便把捕鱼的事告诉了先生。先生捋着胡子笑道："哈哈！咱刘基文武双全，七十士中也找不到哇！"

从这天起，刘基常在课余，与同学们一起到江里捞小鱼，捕多了就把它晒干，放着慢慢吃。这涂呆鱼个子很小，乡民们本来都瞧不起它，后来见刘基与同学、老师天天捞来当菜，也来捉点尝尝，觉得蛮好吃，于是就跟着捞起来。从此，每逢桂花飘香、稻谷黄熟时节，这一带的乡民，都来捕捞涂呆鱼了。

后来，刘基当上朱元璋的国师后，青田有些老人想起当年刘基捞小鱼，省下菜钱买书的事，觉得涂呆鱼有功于国师，就给它取了个雅号——"国师鱼"。

第一章　聪颖少年　初入仕途

石洞明理

刘基的书越读越多，钻研程度越来越深。在青田就读一年后，他又翻越括苍山麓，穿过茂密的森林，来到括城（南宋称处州，今为浙江丽水市）就读。

随着学业的长进，眼界不断开阔，知识也日益广博，很快，刘基在四乡乃至青田、括城等浙南地区脱颖而出。泰定三年（1326），年仅十六岁的刘基考中秀才。

秀才不出门，尽知天下事。天下之大，无边无际；史河流长，无始无终；玄奥神奇，扑朔迷离！

面对沧海茫茫，刘基陷入了深深迷惘之中：我华夏民族，自黄帝以来，帝有五，王有三，历秦、汉、晋，经隋、唐、北南宋，虽国名不断更新，朝代一再更迭，但万变不离其宗，都是以汉族为主。即使有戎狄入中原，匈奴侵朔方，契丹扰中华，女真闯腹地，终为忽来忽去，掺入不得。

可是，天有不测风云。当今，南宋告终，江山尽履。天下换了主子，荡荡中原，竟全囊于蒙古人之手。

大凡丈夫，需以天下为己任，"尽忠报国"，"先天下之忧而忧，后天下之乐而乐"，为华夏伟业，"鞠躬尽瘁，死而后已"。

而自己降世于这样的时代，应处于一个什么样的位置？

是探索、发微，只冀弄清时间老者的"庐山真面目"，还是投身于斯，为之拼搏、奉献，为国、为民求得一番功业？

探索？先哲们留下的无穷智慧，确是一笔丰厚的遗产，取之不尽，用之不竭。但是，单醉心于坐而论道，羁囿于赘语玄言，源远流长、博大精深的华夏文化，灿烂辉煌的民族业绩从何而来？！荀子曰："道尔迩，不行不至；事虽小，不为不成。"只有身体力行，笃功务实，才能一步一个脚印地到达理想的彼岸。

投身，进仕？他想到了曾祖父那一辈为恢复大宋江山的赤胆忠心，想到了可歌可泣的汉人南人对元朝统治的反抗。尤其是宋臣张世杰、陆秀夫的壮烈殉国，百折不回的文天祥丞相一辈们宁死不屈、血溅大都的英雄壮举，这一切又该作何论？

彷徨，沉思……

带着这一串串疑问，一个个谜团，刘基告别同学，告别老师，又回到青田县石门洞来修身研理。

这石门洞，在青田县城西七十里，濒临瓯江，背倚轩辕丘，面对大溪，青山郁郁，绿树葱葱。洞口两侧，钟山鼓山两峰峭立，对峙如门，石洞幽深，松风萧萧。进入洞内，瀑布沿洞奔泻而下，四季湍流不息，垂如匹练，气比白虹，宏伟雄壮。就像唐代诗人李白曾赞叹："瀑布挂北斗，莫穷此水端，喷壁洒素雪，空蒙生昼寒。"一派桃源仙境，是一个读书做学问的好地方。

这一番洞天，使刘基心旷神怡。

他把全部心思都用在读书上。女娲补天、大禹治水、羿射九日、嫦娥奔月、精卫填海等远古神话，他无所不记；孔孟之道，《管》《老》《庄》《墨》他无所不读；古人治国之要，明君"与民生息"之道，他无所不涉；帝业霸主血腥风雨、贫民聚众揭竿造反，他无所不析。他如饥似渴地专心攻读，"上贯三坟，下通百家"，"九流六艺，靡不穷极"，以前学过的篇章，他又重新找来，温故知新，琢磨要领，释解疑难。

博学强记，使他在人生的紧要关头，对时世的发展、朝代更迭、历史演进，有了更深刻的理解。当朋友与他谈起对时事的看法时，他讲了这么一个故事：工之侨发现了一棵特别好的梧桐树，便请巧手工匠制成一张琴，献给太常。太常一看，这又不是什么古物，感到没有什么稀罕的，便又退给了工之侨。工之侨回家后，让漆工在琴上画了一些仿古花纹，又请文人在上面刻了几个甲骨文字，再装进一个古香古色的匣子，连夜悄悄把它埋在了自己的地里。数年之后，工之侨假装锄地，把琴从地下挖了出来，就连这个沾满泥土的匣子一起拿到市

上去卖。一个自命学识渊博的朝官看见了，立即用重金买了去，欲献给皇帝。到朝廷后，大臣们一个个爱不释手地双手迎接，挨个传看。只见那个最早把琴退给工之侨的太常一看这琴，就惊讶地说："哎呀！不知你们有谁识货，以我多年之经验，这可是世上绝无仅有的无价之宝啊！"

这个故事道出了刘基对那种因循守旧思想的辛辣批判态度。通过广博多览，深入分析，刘基认识到，元朝的建立，虽然主从外人，但是结束了辽、宋、夏、金几百年混战的历史，使中国这个多民族的大国，出现了自隋唐以后规模空前的一统局面。从整个历史发展来看，这是一种积极，是一种进步。嘲讽"唯古为美"的太常，表白了自己决不抱守过去，沉浸梦境，而要面对现实，跟上时代发展的脚步，勤读苦练，踏入仕途，兴邦治国的心迹。

中了进士

抱定入仕的决心后，刘基学习更加刻苦，涉猎的范围更加广泛，特别是针对当时世道渐乱，他便把兵书作为阅读的重点，为其以后投笔从戎，打下了深厚的功底。

当时，由于元仁宗听从老师、平章政事李孟的建议，顶住答吉太后的压力，在元仁宗延祐元年（1314）恢复了科举制度，使刘基的志向得以成为现实。

元宁宗至顺三年（1332），刘基赴省城杭州参加乡试，中为江浙第十四名举人。

第二年，即元顺帝元统元年（1333），正逢会试，二十三岁的刘基，便整理行装，风尘仆仆赶至大都（今北京）参加会试。

大都，元称"汗八里"，意即大汗的京城。当时，这里不仅是全国政治、经济、文化的中心，而且是世界上著名的商业贸易中心之一。

城周长八千五百多丈，开十一门，城内布局合理、庄严、整齐，壮丽而繁华。皇城在其南部中央，宫城在皇城内东部，御苑在城西北部。皇城西部，南有太后所居的隆福宫，北有太子所居的兴圣宫。意大利商人马可·波罗曾描绘大都景象说："此汗八里大城周围，约有城市二百，位置远近不等，每城皆有商人来此买卖货物，盖此城为商业繁盛之城也。"

当时，汉人中进士是十分困难的，因为元朝的科举分为两榜：蒙古人、色目人（西域少数民族）为一榜，称右榜；汉人、南人为一榜，称左榜。右榜、左榜不但考试次数不同，而且内容区别也很大，汉人、南人的考试内容难于蒙古人、色目人。同时，汉人人口众多，考生数目多，录取进士的名额又非常少，刘基这一科虽然录取名额较之以前多一些，在全国也仅五十名。元朝的科举制度又严于唐宋时期，考试全过程，考官也不得与外界联系，试卷答完后，封、誊、对、监层层把关。因此，作为汉人、南人，如若没有真才实学，要靠投机取巧或行贿作弊而被录取是很难做到的。可是，刘基明知山有虎，偏向虎山行，不实现进士及第的宏愿绝不罢休。

赶到京城时，离开考时间还有几日，刘基便先找了一家客栈住了下来。这一日，刘基与几位赴考的同乡一起到街坊闲逛，偶见一家书肆，便一起走了进去。

刘基从书架上抽出一本书翻阅，竟是一本兵典，于是，爱不释手，同来者看他执著的样子，一个个都各自到别处逛去了。

直到书肆关门，店老板看到这个像被钉子钉在那里一样的年轻人看书看得如此入迷，便轻轻走过去，叫他道："客官，若这本书合适你用，就请买了去吧，价钱好商量。"

谁知刘基正好翻完最后一页，抬头一看，天已黑了下来。

"实在对不起，耽误了你关门，这书我已记住了。"刘基匆匆忙忙把书送还到书架上。

"哦！这年轻人竟如此狂妄？"老板心中想着，买不起白看一天也

就算了，何必还要吹牛说谎，便迎上前去，"年轻人若你能讲出其中一节大意，这本书老夫便送你了。"

说着，就抽出书来随便翻出一章让刘基说一说，谁知他刚一点题，刘基便一口气背了下来。

"啧啧，我干书肆这么多年，还是第一次遇见先生这样绝顶聪明的人。好了，这本兵书，老夫就送给先生了。"说罢，双手将书递了过来。

"不用了，这书已在我胸中了，你还是留下卖钱吧！"

转眼到了会考日期，赋题为《龙虎台赋》。

龙虎台，离京师百余里，北近居庸关，西接太行山，地势高平如台，背山面水，有龙盘虎踞之势，因此得名，是元朝历代帝王每年去上都（今内蒙古自治区锡林郭勒盟正蓝旗上都镇）的必经之地。

刘基虽然没有亲自去过这个地方，却正好从书肆那本兵典上知晓了些龙虎台情况，加上其渊博的地理、自然知识，展开想象的翅膀，一挥而就，写出了一篇气势磅礴、赞颂帝德的赋来。

数日后揭榜，刘基得中汉人、南人第三甲第二十六名。按照元朝选拔官吏的制度，这便是读书人闯过了致身迎显的重要一关，从此，便可扬名宇内，仕途通达，前程无限。因此，年已花甲的翰林集贤学士揭奚斯见过刘基后，夸奖道："此魏徵之流，而英特过之，将来济时器也。"

《儒林外史》第四回展示过一个喜剧性的场景，张静斋说刘基"是洪武三年开科的进士，'天下有道'三句中的第五名"，范进以为是第三名，于是张静斋口若悬河地反驳道："是第五名，那墨卷是弟读过的，后来入了翰林。洪武私行到他家，就如'雪夜访普'的一般。恰好江南张王送了他一坛小菜，当面打开看，都是些瓜子金。洪武圣上恼了，说道：'以为天下事都靠着你们书生！'到了第二日，把刘老先生贬为青田县知县，又用毒药赐死了。"这一情节，旨在讽刺张、范两位举人对他们本朝的历史茫无所知，因为刘基是元末进士。张静斋越是口若悬河，就越显得可笑。

刘基曾是元朝的进士，这在他的履历表中是非同寻常的。

如人们所一再指出的那样，元朝的统治，给予中国传统文化有史以来最大的冲击。这以前，内侵游牧民族在文化上仍对汉人抱有敬意，而蒙古贵族却对之充满了蔑视。其原因，不仅在于蒙古人本来就是崇尚剽悍的民族，而且由于在接触汉族文明之前，他们已经接触并吸收了中亚的文明。所以，蒙古贵族统治者并不尊重汉族文明，在对汉族人从肉体上进行杀戮的同时，也从精神上予以摧残，其具体例证之一便是废除科举制度。

当历史的指针指向1313年时，汉族文明的命运开始出现转机。这一年，元仁宗宣布，从1314年起恢复科举考试，并指定以朱熹学派的经典注疏为考试依据。到了1328年，元文宗即位，汉族文明复兴的希望更大了。他与当时著名的文人和艺术家都有交往，并写得一手相当漂亮的汉字。元文宗的登基，代表蒙古人中"儒家"一派的胜利，说明汉族文明已同化了较大一部分蒙古贵族。

汉族文明的复兴，使元代朝廷与知识分子的关系变得亲近些了。从14世纪的20年代到40年代这几十年中，有许多出身中国中部文化高度发达的心脏地带的优秀古典学者和文人学士纷纷投效元朝廷，其中大多数人是经过荐举和直接任命的方式来任用的，也有人是通过新开的科举考试而得到任用的。整个说来，年轻人继续学习古典知识，为步入士大夫的生涯做准备，他们相信他们伟大的文明规范定会再度得势。在14世纪的前半期，私人书院兴盛起来，精英阶层通过书院肩负起了更大的责任并维持这种教育。出现了许多重要的地区级和地方级的学术中心：浙江北部的金华强调通经致用，造就了一些急于在政府中大显身手的学者。

出身于浙江青田的刘基理应被视为金华学者群的一员。他自幼聪颖，十七岁从师元代江浙名儒郑复初，"闻濂、洛心法，即得其旨归"。元顺帝元统元年（1333），才二十三岁的刘基便中了进士。

刘基曾是元朝进士，这是个重要事实。

刘基的进士身份之所以引人注目，原因在于，元末进士在社会政治生活中所扮演的整体角色已受到历史家的关注，他们被认为是支撑元末朝廷的重要力量。清代赵翼《廿二史札记》卷三十《元末殉难者多进士》条指出："元代不重儒术，延祐中始设科取士，顺帝时又停二科始复。其时所谓进士者，已属积轻之势矣，然末年仗节死义者，乃多在进士出身之人。"接下来，赵翼列举了余阙、泰不华、李齐、李黼、郭嘉、王士元、赵琏、孙㧑、周镗、聂炳元、刘耕孙、丑闾、彭庭坚、普颜不花、月鲁不花、迈里古思等死难进士，最后归结说："诸人可谓不负科名者哉，而国家设科取士亦不徒矣。"

在元末殉难的进士中，余阙是最早战死的封疆大臣，早年即与刘基有密切交往。他字廷心，一字天心，色目人，属唐兀氏，世家河西武威（今属甘肃），后迁居庐州（今合肥）。元统元年进士，历任刑部主事、翰林修撰、淮东都元帅和淮南行省左丞等职。他为人正直刚烈，诗也写得不错。元顺帝至正十八年（1358），在安庆抗击陈友谅军，城破身死。

据朱善继《余廷心后传》记载，余阙之死，真当得起"忠臣当代谁第一，七载舒州天下无"的称誉。1358年正月，陈友谅兵逼安庆，余阙连上三封书向宰相求援，但援兵始终未至，于是余阙以死自誓。"丙午，黎明，赵寇（赵普胜）攻东门，陈寇（陈友谅）攻西门，祝寇（祝宗）攻南门，群寇四面并进，西门尤急。（余）阙分诸将当三门，而以身当西门，徒步挥戈，为士卒先，士卒号泣止之，不听。自旦至日中，贼登城。城中火起，麾下数十人战死。阙身中三矢，被十余枪，力尽，引佩刀自刎死，堕于清水塘"。

余阙以死捍卫元朝，与其进士身份不无关系。他的朋友蒋良，一次和他谈起国难，余阙推心置腹地说："余荷国恩，以进士及第，历省居馆阁，每愧无报。今国家多难，授予以兵戎重寄，岂余所堪。然古人有言：'为子死孝，为臣死忠。'万一不幸，吾知尽吾忠而已。"余阙殉难后，蒋良作《余忠宣公死节记》，开篇即强调说："有元设科取士，中外文武著功社稷之臣历历可纪。至正辛卯，兵起淮、颍，城邑尽废，江、汉之间能捍御大郡、全尽名节者，守舒帅余公廷心一人而已。"余阙"擢高科"的履历，一向为他本人和社会所重视，这是不能忽略的人文现象。

泰不华（1305—1352）也是元末著名的死节之臣。他字兼善，初名达普化，元人诗中常称他达兼善，色目人，出生在台州（今属浙江）。至顺元年进士，历任集贤修撰、监察御史、浙东道宣慰使都元帅和台州路达鲁花赤等职，至正十二年在和方国珍军作战时死去。这年年初，元朝征讨徐州，命江浙省臣招募舟师把守长江，此时，已接受元朝招安的方国珍，怀疑这一举动是针对自己的，遂再度"入海以叛"。泰不华时任台州路达鲁花赤，面对方国珍的复叛，"自分以死报国"。他一方面发兵扼守黄岩的澄江，另一方面派王大用去招降方国珍，"国珍益疑，拘大用不遣"，后泰不华中方国珍诈降计被杀。

《元史·泰不华传》在记叙泰不华的生平时，强调了两点：一是他作为进士所受的儒家教育是其人生准则。泰不华与方国珍决战前夕，曾对部从说过一番词气慷慨的话："吾以书生登显要，诚虑负所学。今守海隅，贼甫招徕，又复为变。君辈助我击之，其克则汝众功也，不克则我尽死以报国耳。"二是泰不华死得英勇壮烈，"时国珍戚党陈仲达往来计议，陈其可降状。泰不华率部众，张受降旗乘潮而前。船触沙，不能行，垂与国珍遇。呼仲达申前议，仲达目动气索，泰不华觉其心异，手斩之，即前搏贼船，射死五人。贼跃入船，复斫死二人。贼举槊来刺，辄斫折之。贼群至，欲抱持过国珍船。泰不华瞋目叱之，脱起，夺贼刀，又杀二人。贼攒槊刺之，中颈死，犹植立不仆"。这位直立不仆的泰不华，宛如一尊洋溢着浩然之气的塑像。

孙㧑死后追谥忠烈，亦深受推重。孙㧑，字自谦，曹州人，至正二年进士，授济宁路录事。1355年，张士诚占据高邮。四月，朝廷令孙㧑为副使，抵高邮招降士诚，"㧑等既入城，反复开谕，士诚等皆辣然以听。已而拘之他室，或日一馈食，或间日一馈食"，甚至施以捶

楚。张士诚的目的是迫孙㧑投降，但孙㧑不屑一顾。张士诚迁往平江后，孙㧑与士诚部将密谋"赴镇南王府"，约定日期，进兵克复高邮，谋泄被执，不屈而死。

除了余阙、泰不华、孙㧑，赵翼列举的死难进士中，还有元统元年进士李齐，为高邮守，"死张士诚之难"；泰定四年进士李黼，"守九江，死于贼"；泰定三年进士郭嘉，"守上都，死于贼"；泰定四年进士王士元，"知浚州，死于贼"；至治元年进士赵琏，"守泰州，张士诚既降复叛，遂被害"；泰定四年进士周镗，"归浏阳，遇贼被杀"；元统元年进士聂炳元，"守荆门，与贼俞君正战死"；至顺元年进士刘耕孙，"守宁国，与贼琐南班战死"；元统元年进士丑闾，"守安陆，与贼曾法兴战死"；至正四年进士彭庭坚，"镇建宁，部下岳焕反，被害"；至正五年进士普颜不花，"守益都，明兵至，不屈死"；元统元年进士月鲁不花，"浮海北归，遇倭船，不屈死"；至正十四年进士迈里古思，"官绍兴，欲讨方国珍，为拜住哥杀死"。这些殉难进士的事迹，俱见于《元史》各本传。他们有的是蒙古人，有的是色目人，有的是汉族人。民族不同，但都忠心耿耿地效命于元朝。进士与元朝之间的这种历史性的联系，我们绝不应该视而不见。

自然，刘基并没有像赵翼列举的诸人那样为元朝殉节，作为金华学者群的一员，作为元末的一名进士，他确曾对元朝廷充满了责任感，愿意为它的巩固和延续贡献自己的智慧和精力。

追求不朽是中国哲人的共同目标，但所选择的途径却互有不同。

道教提出的方案是成仙，长生不老，永远处于生命的青春状态，但这毕竟只能是空想。禅宗倡导融入自然的生存方式：人以自然的方式对待自然，就能最终融入自然，成为宇宙的一部分，这也就是苏轼《赤壁赋》所谓"盖将自其变者而观之，则天地曾不能以一瞬；自其不变者而观之，则物与我皆无尽也"。这种设想进一步延伸，即是小品式的人生态度：悠然从容，平淡旷达，平静地走完生命之路——这其实只是对短暂人生的一种艺术化地安排和阐释。

比较而言，儒家对不朽的追求显得严谨而崇高，《左传·襄公二十四年》："大（太）上有立德，其次有立功，其次有立言，虽久不废，此之谓不朽。"这就是人们常说的"三不朽"：立德、立功、立言。"三不朽"说的"主旨是将个人有限的生命融入无尽的历史。当一个人确立起崇高的道德，建立起宏伟的功业，留下内容与形式双美的言论、文字，其德、行、言影响时人和后人至深至远，其人便经久而名不废，与无止境的历史同在"（冯天瑜语）。

在儒家思想培育下长大的刘基，自幼便树立了建功立业的志向。

年轻的进士刘基，充满闻鸡起舞的豪情。

闻鸡起舞，这是许多读者所熟知的典故，晋代的刘琨，"少负志气，有纵横之才"，与祖逖为友，意气相期，情好绸缪。一天半夜，闻"荒鸡"鸣叫，祖逖蹬醒刘琨，说："此非恶声也。"于是两人起床共同舞剑。荒鸡，指在半夜不照一定时间啼叫的鸡，古人以为不祥。刘琨和祖逖常常互相勉励，所以听到鸡鸣而起床舞剑，后世便以"闻鸡起舞"比喻志士及时奋发。刘基的《鸡鸣曲》以"鸡鸣"为题，淋漓尽致地表达出志士自我奋勉的情怀。

时不我待，盛年短暂，所以志士应勤勉砥砺，早建功业，"莫怪鸡鸣催早起"，否则，少壮不努力，老大徒伤悲，追悔就来不及了。刘基的《思悲翁》说的就是后一层意思。

这位"思悲翁"，年轻的时候不珍惜光阴，却沉溺于求仙问道之中，正如"凿石不得水，沉剑徒窥渊"一样，他一无所获，而青春流逝，早已白发满头。想出去干一番事业，苦于没有计策；想隐居退耕，苦于没有田园。妻、儿冻饿，百无聊赖，在悲伤之余，他只好选择自杀的方式来求得解脱（"吞声赴黄泉"）。

刘基的《鸡鸣曲》和《思悲翁》，第一首从正面擒题，第二首从反面入手，但都表达了一种将个体生命价值与历史相融汇的意想，表达了这位元末进士希望成为王朝的中流砥柱的心愿。这种志士情怀，如能得到蒙古贵族统治者的赏识，元末历史的许多细节或许都会改写。

第一章　聪颖少年　初入仕途

二辞官职

按理,刘基中进士后,就该封官入仕,但由于朝廷推行种族歧视政策,认为"非我族类,其心必异"。他们用法律形式,将各族人民分为四个等级:蒙古人、色目人(西域少数民族)、汉人、南人。同为进士,待遇却不予同等对待。若蒙古人、色目人中为进士,一般可以授予七品官衔,并很快得到任用,而汉人、南人,则至多给予八品虚衔,迟迟不授实职。

这样,直到元顺帝至元二年,二十六岁的刘基,中了进士在家苦等三年后,才被派到江西行省高安县(今江西高安)任县丞。

县丞何位?乃县令之辅也(相当于今副县长),县尹令为七品,县丞属八品,县丞辅佐县令做事。而且元朝县令之上,还有一个蒙古族的达鲁花赤。实际上,刘基到高安县,坐的是第三把交椅。

官虽不大,刘基却不嫌弃。他怀抱初入仕途的兴奋,在赴任途中,一边目睹民间疾苦,一边联想自己安邦治国的抱负,深感任重而道远。

这时,元朝官场风气已十分腐败,文臣武将大多不顾社稷安稳,只管坑害百姓,刮敛民财,为官者不思黎民疾苦,只图自己升官发财。正如刘基所言:"数十年来,风俗大坏,居官者习于贪,无异盗贼。""赃吏贪婪而不问,良民涂炭而罔知",民间嘲讽道:"解贼一金并一鼓,迎官两鼓一声锣,金鼓看来都一样,官人与贼不争多。"受苦的是平民百姓,农夫疲于耕作,却终年不得饱暖,工匠疲于劳作,而一生不得安稳。这些情景,使刘基忧心如煎。

在他看来,作为地方官吏,自己的职责就是要替朝廷管理百姓,为国家、为民族做一番事业,尽安稳社会之职,担除暴安良之责,一丝不苟,为民父母。犹如放牛牧羊,牧人要为牛羊找到充足的水草,安排睡卧的地方,防止和消除它们的疾病,赶走伤害它们的虎豹豺狼。这样,牛羊才能视你为保护神,听你招呼,安然生存。而那些剽悍狡猾的官吏，是老百姓的虎狼；那苛役重税，是老百姓的疾病。虎狼横行，疾病肆虐，生计不保，老百姓就无法活下去——这都是牧人之罪过。

刘基沿瓯江而上，顺富春江而下，跨越江浙省界，进入鄱阳湖区，他在途中不断默诵着自己学过的古人治世警言。

默着、诵着、思着，他形成了自己的为官要旨：受爵而不傲于平民，官小而不惧怕权势，堂堂正正，光明磊落，像前辈那样，"论是非，不论利害；论顺逆，不论成败；论万世，不论一生"，做一个品质高尚、节义高迈、清正廉明、上奉公法、下爱百姓的好"羊倌"。

刘基年轻气盛，到任以后，他严格遵循自己的为官原则，敢于秉公执法，发奸摘伏，扶正祛邪，不避强暴，不到一年，就受到当地老百姓的称颂。街头巷尾，到处都在议论着：新来的县丞刘大人可是个青天大老爷。有的说："刘大人眼观六路，耳听八方，盗贼奸宄，都逃不出他的手心。"有的说："这位刘县丞堂堂正正，一表人才，秉公为民，只要做了亏心事的，到他面前一站，就会双腿哆嗦，原形毕露。"也有的传言："高安近来不法之徒收敛多了，因为刘大人经常微服私访，一会儿是商人，一会儿是贫民，一会儿是书生，一会儿又是捕快，谁也搞不清他在哪里出现，弄不好你就钻进他撒的网里去了。"

最典型的是刘基"水缸判案"的故事。

一天，刘基接到一张状纸，写的是县前街卖烧饼油条的赵老汉一生辛苦积蓄的几十贯铜钿被偷走了。

刘基马上传审赵老汉。

赵老汉一进衙门就一把眼泪一把鼻涕地哭诉说："昨夜三更，小人忽听响动，急忙起床叫喊，等邻居们赶到，贼已经逃得无影无踪了。我年近古稀，无子无孙，无依无靠，叫我今后怎么过日子？求大人赶快缉拿罪犯，追回失款，救我孤老头一命！"说罢，不住地磕头。

当下，刘基便带领衙役，前往赵老汉家察看了现场，知道贼是撬破板壁进屋，搬开放钱箱子上面的另一只箱子，把钱偷了去。但窃贼

没有留下丝毫痕迹，看来，这个窃贼熟知赵老汉的情况。刘基仔细查访老汉四邻，却一无所获。为了破这桩无头案，刘基左思右想，终于想出了一条妙计。

第二天清晨，县衙门外突然贴出了一张告示，上面写着："有赵老汉失窃一案，经本衙追查，殊难破案。今念赵某孤老无依，实属可怜，望离赵老汉家五百步以内的乡邻，务在今日辰时，齐到县衙内院商议周济之事，仰各知照，不得有违。"

告示一出，整个街坊就热闹了。有的讥笑县丞无能，有的说这是姑息养奸，有的甚至认为这不是刘县丞办的案子。无论如何，大家还是抱着一种好奇心去了。

县衙院内，摆着一个大缸，缸里盛满了清水。等人们三三五五地进院后，地保当场宣布：县丞吩咐，每人向缸里投钿一枚。大家一听只要一枚铜钿，乐得做个人情，便一个个向缸里投钱。一个，两个，十个，百个……铜钿越投越多，围观者也越来越多。

这时，坐在看台上居高临下的刘基，发现一个壮年汉子大模大样地走进县衙，一听地保大喊一声"投钱"，吓得差点跌倒在地，一双鼠眼骨碌碌转了半天，才把手伸进衣兜，好不容易掏出一枚铜钱，挤到缸边，哆哆嗦嗦地丢入缸内。

这当儿，混在人群中的便衣捕快，过来向县丞耳语了一番。只见刘基一边点头，一边继续观察那人的神情。

正当那人投完钱转身想要离开时，只听刘基突然一声高喝："将此人拿下，带上堂来！"

那汉子一听，扑通一声倒地，脸色吓得煞白。

刘基当众开审，问道："赶快报上姓名！"

汉子愣了一下答道："小人李五，一向安分守己，不知大人为何捉拿小人？"

刘基"哼"了一声："李五，你好大胆子，还不如实招来，你是如何偷走赵老汉铜钿的？"

022

"大人，请你不要冤枉好人，我与老汉相邻多年，怎会干这伤天害理之事？"

"哈哈！还敢狡辩？刚才你丢进水缸里的铜钱，泛上一片油渍，已不打自招，难道还会有假？"

"这……嘿嘿，那枚铜钱吗？是我买油条时赵老汉找回的。"

刘基"啪"的一拍堂木，"胡说！我已查明，赵老汉因身体不适，已停业休息半月有余，事到如今，还不老实交代，罪加一等！"

李五却一再口口声声叫"冤枉"，刘基向左右使个眼色，几个捕快立即退了出去。

没过多少时候，捕快提着几十贯铜钿上堂回禀说："大人，这是从李五床底下的小坑里挖出来的。"

铁证面前，李五终于低头招供画押。赵老汉领回铜钿，千恩万谢，围观群众啧啧称奇："如此审案，高明至奇！"

当然，刘基声名远扬，平民百姓称其为"刘青天"，必将伤害一些人的利益，得罪不少豪族富门及蒙古乡绅，他们把刘基视为眼中之钉，肉中之刺，欲除之而后快。

此种风浪在刘基处理了一起棘手的人命案后，发展到穷凶极恶的地步。

至元五年初，新州路发生了一桩人命案，已经初审判定，处置完毕。哪知原告不服，喊冤上诉，一直闹到行省并惊动了朝廷。知府感到此案复杂，难度很大，便委派敢作敢为、民望甚高的刘基去查清案情，公正审理。

对于接手这一命案，年仅二十九岁的刘基知道会遇到不少难处。由于牵扯到一串大小同僚，加上当地蒙古乡绅从中作梗，说不清会触及哪位显贵，弄不好还会身败名裂，毁了前程。但他并不发慌，人命关天，为官者若不秉公办事，怎能取信于民？

走马上任的当天，他就仔细翻阅了原有案卷。按原判结论，新州路铁匠肖某，与邻居赵某因宅基地一事发生争执，肖在与赵发生口角

斗殴后自杀死亡。由于肖死与赵斗殴有关，初审判决赵赔偿肖妻李氏白银二十两。

分析案情，刘基发觉破绽百出，疑窦重重。既是斗殴自误，那么为何一无验尸记载，二无死者自误致死现场勘察报告，三无乡邻群众旁证材料？其判决依据，只是赵某一家的口供证词。

天网恢恢，竟敢如此草营人命！

难怪受害人之妻李氏不服，喊冤上诉，并写诉状诗一首："不要白银二十两，只要公平把命偿，阳世不报杀夫仇，阴间做鬼捉魑魅。"

仇切痛深！

刘基沉思，对一件人命案件，这样不负责任，如若不是受了被告重贿，定是一名糊涂官吏。

第二天，他就与随员一起，乔装打扮，分别扮为农夫、商贾、游客，走街串巷，广泛接触乡人，仅半天就从群众口中探查到了许多新的案情。

原来，这根本不是一桩什么为宅基地斗殴自误致死案件，而是一桩地地道道的谋妻杀夫、蓄意杀人重案。赵某是当地一大恶霸，凭着自家宅深势重，横行乡里，欺辱百姓，无恶不作，人称"新州霸"。由于平时游手好闲，时常去受害人肖某的铁匠铺子骚扰滋事。这天，赵某酒足饭饱，又带着一帮狐朋狗友无事生非，偶然碰见了为肖送饭的妻子李氏，见她花容月貌，便生歹意，上前调戏。谁知李氏稳重大方，给了一帮流氓难看。赵某便恼羞成怒，唆使走卒借故挑衅，掀翻肖的铁匠炉子，大打出手，肖在自卫时，被赵一锤打在头上，顿时血流如注，不治而亡。当时，上百围观群众义愤填膺，纷纷上书要求官府惩恶除霸，伸张正义。这本来是一桩十分清楚的案子，凶手犯罪事实明晰，证据确凿，理应伏法，谁知打起官司，却不那么简单。

赵凭借自己的势力，与正义展开对抗。先用银两开道，买通了一位蒙古乡绅，又通过此人行贿，收买了本案审判官。那贪官拿了人家的银子，便贪赃枉法，敷衍了事，一不查，二不访，任凭被告信口胡说捏造的事实，胡乱录下口供，便判被害人自误身亡，将被告从轻处罚二十两银子了事。

一纸判决，苦了肖妻李氏。她孤苦无援，哭天喊地，叫天天不应，呼地地不灵，声声冤屈无处申诉，拖着一双幼小的儿女可怜地哭喊着，听见者无不潸然泪下。谁知这天碰见一顶官轿迎面而来，她便拉着孩子不顾一切地扑了上去喊冤。正巧，这是一位江西籍翰林学士的轿子，当呈上诉状一看，那翰林就热血上涌，他想不到在家乡竟有如此不法之徒，又怜惜李氏红颜薄命，动了恻隐之心，帮她把官司打到了行省。

当刘基从群众和肖妻处了解到这些血和泪控诉的事实后，再也按捺不住内心的愤怒。他想，自己吃民之俸禄，受朝廷之信赖，如若不审清案情，为民伸冤，乃天理不容。

谁知回府不到一个时辰，还不等他把案情理出头绪来，便有当地一蒙古绅士求见，让刘基宽待赵某，维持原判，并答应事后一定重谢。听着来者刚一开口，刘基便气不打一处来，浩然皇天，竟敢如此辱欺圣律，堂堂府地，原来这般污浊，包龙图疾恶如仇，刚正不阿，才得以杲杲清名，万古不磨。他当即义正词严地批驳了来者的狡辩之词，将其轰出门去。

翌日，便升堂审案，传唤李氏和数十名证人，当场与凶手对证事实，签字画押，把赵某下了死牢。连夜，刘基在灯下展砚，一口气给行省写出了审案详情，将赵某罪行一件件、一桩桩列举不漏，禀报上司：赵为谋人妻，有意挑衅，蓄谋杀人，铁证如山，理当开刀问斩，以偿非命。初审之官身负当地父母之责，却受贿渎职，应革职查办。不久，行省同意刘基呈报，十恶不赦的凶手被押赴刑场，那个贪官也被削职为民。

谁知，在当地百姓欢呼"刘青天"时，刘基却遭到新州路几乎全部蒙古乡绅恶势力的联手攻击。他们罗织了种种罪名，把刘基说得一无是处，并捏造他"图谋不轨"的罪名，想方设法对他竭尽说假造谣、

诬蔑陷害之能事。最令人气愤的是，与刘基同坐一堂的县尹，不顾刘基辛劳操持，为自己解脱了多少麻烦，反而害怕刘基名声高过自己，把干将当作对手，也诬告刘基"目无正堂"，投石下井。无奈，行省明知刘基廉正、耿直，一心为朝廷负责，深受百姓爱戴，还是感到"众怒难犯"，不得不把刘基调离高安，让其到行省担任管理簿书文件的掾吏。

　　恶人的陷害并不能让刘基退让。刘基到行省后，不改初衷，依然要按孟子的教诲，做一个"富贵不能淫，贫贱不能移，威武不能屈"的"大丈夫"，一身正气，一心报国，胸怀公心，光明磊落，耿直不阿。他对人对事，有话便讲，有理便说，不趋炎附势。无论是蒙古官吏，还是汉人权贵，他只要眼见不平，碰到枉法者，总是予以揭露，给予抨击，据理不让。结果，在那纲纪不振、阿谀成风的社会中，时间一长，他又遭到许多忌恨。不久，刘基便与幕僚意见不合，本来自己所见于朝廷与民众皆是有利，却得不到任何支持，渐渐地，刘基对元朝官场的腐败之风有了一定认识，感到心灰意冷。

　　他想，这几年华夏大地天灾人祸不断，仅至元二年，就接二连三地发生了河南水灾、秦州山崩、泾水泛滥、黄州蝗虫等严重自然灾害，江浙一带更是半年无雨，发生了大饥荒。当官为吏，本该为民着想，上下齐心，协力闯过难关。谁知自己枉怀一腔热血，虽有雄心壮志，却无奈于这些不顾百姓、胡作非为之辈把持朝政。难怪这几年造反作乱屡屡不绝，至元三年，先是广州增城百姓朱光卿造反，接着，汝宁府陈州人棒胡聚众造反，广西瑶族造反，合州大足县朝法师造反，惠州归善县聂秀卿、谭景山造反。至元四年，又有袁州周子旺、漳州路南胜县李志甫作乱。至元五年，河南省掾吏竟然也拉起了反旗。天灾人祸，皆系心起。心不正，行不端，天怒之，祸不断，天灾严重到京都之地红沙从天而降，信州上天竟下起土来，以致连天上的太阳都呈赤褐色，镇江丹阳县突然红雾滚滚，花草树木和行人衣裳全成了一色的红色世界。这一切，简直是人犯天怒！刘基想，自己为官短短五年，仅为一小小掾吏，怎能有回天之力呢？

恰在这时，有几件事使他受到强烈刺激。一件是至元二年八月，顺帝下诏："强盗全部处死，盗牛马的处割鼻之刑。盗驴骡的额上刺字，再犯处割鼻之刑。盗羊、豕的在颈上刺字，再犯在额上刺字，三犯处割鼻之刑，割鼻后再犯处死。"可是，皇家外戚中有人在陕西行省执政时，任意践踏法律，胡作非为，别人揭发他的罪行并进行审查，此人抛弃家眷府地，连夜出逃，皇帝竟下诏不要逮捕审问。第二件是至元三年，顺帝下诏："中书省、枢密院、御史台、六部、宣慰司、廉访司以及路、府衙门的长官，一律都要用蒙古人和色目人。"至元三年、五年，又两次下诏，汉人、南人、高丽（今朝鲜）人不得执拿武器，这三种人有马统一由政府拘收。第三件是，刘基好友钱士能，因不趋附蒙古族上司的淫威，愤然拂衣辞官而去。联想到自己这场冲突，刘基感慨万分：当今之世，政不清明，官不讲廉，风气不正，法度废弛，尤其是当官不为民做主，互相倾轧，钩心斗角，不去乃等何时。遂于至元六年（1340），呈上辞书，携上娇妻富氏，挑上一担行李，回南田侍奉父母高堂去了。

无官一身轻，离开钩心斗角的官场，一晃将近十年。刘基利用这天宽地阔、与世无争的宝贵年华，游瓯江，逛杭州，进京都，遍访江南名山寺院，修性养志，研古观今，读书著文，无不潇洒。

广交天下朋友，是刘基闲云群鹤般生活的一大乐趣。官府人物，文人墨客，寺庙僧人，侠客义士，他都谈得拢，合得来，以诚换心，以行感人，以才服众，无不受到大家的爱戴。

但好景不长，这天下午，刘基刚与寿宁寺主持和尚照玄上人等几位文友从灵隐山登峰赋闲归来，未等解衣洗歇，只听门外有人报访。踏出门来，原来是江浙行省右丞浦可素身着便装，前来拜访。

这浦可素身材魁伟，肩宽体壮，眉宇间透出轩昂之气，虽满脸官相，却实实在在是江浙行省显贵中有名的笔客之一，与刘基算是知己文友，时常在一起赋诗研文，讨论国是。浦虽身居江浙高位，却非常

敬佩刘基的才华横溢和对时世的真知灼见。只要刘基来杭州，他们都要相见叙谈。而每每见面，浦总要规劝刘基再次出仕为官，谁知刘基都以这样那样的理由屡屡予以婉谢。

刘基心想，自己这次来杭州本是会友，先看望了几位不在官场的画家、诗人、僧人，还未来得及去浦可素府上拜访，他倒消息灵通，捷足先登，看来必有大事。上午就听照玄上人提醒说可能江浙行省要他再度出山，并且当时，他向这位脱俗人士讲了自己的苦恼。这多年奔波于青田、杭州、京都之间，沿途见到百姓的艰辛，虽然"丈夫事耕稼，妇女攻纺绩，清晨荷锄出，暮夜不遑息"，但也逃不出被"恣刻剥"、"渗漉尽涓滴"和"狼藉多盗贼"的厄运。如若任凭那些贪官污吏残酷地盘剥百姓，任意挥霍百姓血汗，还不如站出来替百姓说话，尽其之能，为安邦定国贡献一点微薄之力。但一则当朝施政屡屡提防汉人、南人出头揽权，想方设法给予限制，不论你才学是否出众，言行是否利于社稷，总免不了左一个掣肘，右一个防范，迫使多少名流学者、社会贤达愤然离去。再则官场圈里的文章又是那样狰狞可怕，搞不好，"欲加之罪"看来也在所难免。但照玄上人一再劝他，要有所作为，必走仕途之路。

刘基双手一拱，"贵客亲临，有失远迎。右丞大人近来无恙乎，倒是越来越发福了！"

"福不可及，倒是伯温先生近来可好？有福之人不在急哪！"浦可素一语双关，一边拱手相还，一边抬脚踏进门槛。

"不知先生可有雅兴，今晚一起前去西湖赏月凑兴？"刚一落座，浦可素一手接过刘夫人递上的茶杯，也不客气，呷一口后便直言道明来意。

听到这一邀请，刘基明白这次可能不再是劝说，也许朝廷诏书已下。本来自己是要拜访浦可素的，现在正好可以顺水推舟，"有劳大人操心破费，恭敬不如从命，大人既亲临赏脸，岂敢不予奉命。"说完，两人便一起乘轿来到白沙堤岸。

028

杭州西湖，三面环山，夕阳铺水，红日西沉，万里无云，湖水波澜荡漾，岸边垂柳掩映，苏堤春晓、三潭印月、断桥残雪等名胜古迹一览无余。踏着绿毯般的嫩草，刘基不禁随口吟出苏轼"欲把西湖比西子，淡妆浓抹总相宜"的诗句。

随从扶着二人跨入右丞早已派人准备好的楼饰游船，只见船上灯火通亮，吹箫击鼓，好不热闹。刘基虽然并不喜欢这套官船气派，但也只能客随主便，与浦可素来到一张八仙桌旁。

早有几位右丞请来的原来与刘基交谊较深的朋友在等待着。其中，一位是江浙行省参政苏天爵，字伯修，人称滋溪先生。此人博学多才，文章多彩生动，为人耿直，疾恶如仇，虽仕途坎坷，政绩斐然，深受刘基敬重。他虽然已近花甲之年，但与刘基却以挚友相待。其中还有一位是现任江浙省橡的老朋友葛元哲。

见到几位官场的老友在座，刘基高兴异常，大步向前一一问候致意，众人纷纷与刘基寒暄，询问他近年周游收获及家中情形。当得知刘基添了一个白胖小子后，都高兴地向他祝贺。

寒暄过后，刚一入席，浦可素即开门见山，"伯温先生去年喜得贵子，想必近十年来博古研今，满腹经纶，对今后可有考虑？"

刘基见避之不过，便随口答道："基已到不惑之年，想张骞自荐通西域，班超投笔从戎显本色，皆为民族之需，社稷之托。时下当朝人才济济，未有招谕之意，不才岂敢有非分之图！"

"妙！不愧为当今江左人物之杰。"见刘基虽未直接道出愿意为官之意，倒也并无坚辞之词，较以往有些松动。浦可素知这位才人并不愿就此庸庸碌碌了此一生，只要环境允许，还是想为当朝做事的。而且他更深知，这些文人多受孔孟之道影响，忠孝节义在脑中深深扎根，只要诏命下达，王法难违，刘基必定会听命赴任的。所以，当刘基刚一住口，他便首先给予赞赏，接着又叹息道：

"先生十年苦读广钻，博闻强识，明于治礼，智力过人，才思敏捷，如若置之不用，乃我江浙之大损矣！"

"是啊！进士进士，进而有仕，只有进得门来才能有仕途上的成功。目前国家正需人才，我江浙更是需要像伯温先生这样的名士给予辅佐。既然浦丞大人一再力荐，想来先生是不会推辞的。"苏参政真可谓娴于辞令，话虽不多，却句句有音。

浦可素看火候已到，便不再躲避，直接端出了这次宴请的目的："苏参政说得对，经江浙行省奏请皇上恩准，授予先生江浙儒学副提举之职，不日便可送去官服，望先生不要推辞，不忘皇恩浩荡，努力为之。"言毕，便持杯站起，"来，请先生接了我这一杯敬贺之酒，到时再请先生为江浙之地出力献策。"

葛元哲也站起来举杯，"来，我亦敬伯温一杯，一贺喜添小侄，了却高堂一桩心愿；二贺皇恩浩荡，伯温为国之志终可派上用场。咱们在行省大人提携下，共举江浙之事，报效国家，感谢皇恩。"

看几位友人真切、谦恭，刘基虽然还在顾忌官场之深浅，但看来再辞亦不合时宜，干脆就势答道："不才既蒙错爱，授命于时，一定尽忠守职，请诸位大人代我谢主隆恩！"

此时，不仅承下了官事，而且也承下了酒事，大家痛痛快快地豪饮起来。

这样，杯来盏去，转眼已到亥时。周围船上，有的乡绅、豪贵带着名媛闺秀，嬉笑打趣，传波送嗔；有的名妓闲僧，浅斟低唱，箫琴之乐轻柔细缓；有的则帏幔垂落，情侣身影时隐时现，一派醉人之象。

望着初升新月，刘基心中叹道："如果官场变为美丽诱人、含睇宜笑的西子湖，那天下百姓不知会有多大的福气啊！"

接到品秩与官服，刘基即上任报到。这行省儒学提举司"统诸路、府、州、县学校祭祀教养钱粮之事，及考校呈进著述文字。每司提举一员，从五品；副提举一员，从七品；吏目一人，司吏二人。"刘基不改为国之志，恪尽职守，只要是与儒有关之事，无不尽力去做。他特别重视兴学育人，上任伊始，就根据杭州人口众多，商业发达，繁华兴盛，但书院、学校太少的实际情况，大力倡导兴办义学，结交了一大批有名的儒者、僧人。

海宁（今浙江海宁）名绅贾希贤，家境富裕，为人忠厚，看到乡村子弟皆因贫穷读不起书，自筹资金，购屋买田，聘名儒为师，使乡里俊秀、闾巷童儿，都能有求学的机会。来此求学的学生，笔墨纸砚、饮食住行，一概由他供给保障。刘基闻得此事，立即前往查看，予以表彰，号召人们向他学习，并与贾希贤结为挚友，赞许他说："先生此举，不但益于乡民，更乃利于社稷。如若人人都像先生这样重视办学育人，当今之世必能实现'三代'之繁荣。"

这天，刘基来到杭州西湖东南的南屏山慧日峰下的净慈寺，与该寺僧人柯上人促膝交谈。原来，柯上人是客游净慈寺的，净慈寺主持推举他负责寺内事务。柯上人认真尽心，一丝不苟，把寺院管理得井井有条。主持升天之后，僧人们都推举柯上人做寺院主持，并联名呈报了宣政院。不料，寺内另一个和尚也想当寺院主持，他知自己能不如柯上人强，德不如柯上人高，望不为寺内僧人所重，故想方设法打通关系，贿赂有关官员，以求一逞。谁知此事被宣政院知道后，不问青红皂白，两人都不予任用。刘基到净慈寺，是专程来做柯上人工作的，刘基指着"运木古井"对柯上人说："人生在世，乃需刚正无邪，但也要讲究谋略方式，大师不以利役其身，正是道济大师的道德体现，但你我二人今后都需学习道济的大智谋略。"

所指道济，就是民间传说的济公。济公原名李修缘，也叫道济，江浙临海人，南宋时先在灵隐寺慧远禅师座下为弟子，传说被长老点醒了灵性，能悟彻未来，但恐人说破，假作癫狂，以混世人之耳目。后到西湖四大丛林之一，与北线灵隐寺共誉为"西湖南北两大名刹"的净慈寺做了书记僧，在疯疯癫癫之中，济贫民，惩邪恶，为净慈寺的建设做出了巨大贡献。

刘基所指"运木古井"，即是济公的一段神奇传说。宋嘉泰年间，火神在阴历六月二十三生日这天，变为一名青年妇人假装进香来烧净慈寺，被济公识破，将她阻于门外，谁知正遇寺内老方丈路过，以为

刘伯温传

济公嬉弄妇女，责令其不要阻拦。济公退去，火神乘机进寺点燃悬帷，将大雄宝殿焚毁。重建大殿需要粗围一丈二尺、长六丈之大木，老方丈无力解决，就叫济公去化缘木材，济公允诺不出三日即可运回木料开工建寺，老方丈批准，济公只身前往四川化募木材。山林主是位大富豪，平日待佃农十分刻薄，一根干柴也别想从林中带出，他见济公疯疯癫癫，说话语无伦次，就有意取笑地问："你要多少木头？"

济公答道："小僧不敢贪心，只求施主给一袈裟足够了。"

林主认为，你袈裟再大，也包不了我一根树木，即慷慨答应，"方圆百里皆我之林地，你看上哪里就在那里包木材吧。"不料济公取下袈裟嘻嘻哈哈向空中一抖，眼前的一座青山竟全被盖了去。林主惊得目瞪口呆，却又不敢再言不字，只好忍痛任济公砍伐。

济公从山中砍下一百棵大树，滚溜到山下江中，顺长江而下，经东海进钱塘江。

此时，三日已到，方丈不见济公踪影，正在着急，忽听济公在寺外喊叫："木头到了！木头到了！"

方丈出门一看，济公双手空空，远近无一车一卒，何来木头？

济公却不慌不忙地说："我从四川化募百根大木，现已运至钱塘江中，寺内'醒心井'与钱塘江相通，只要在井上搭起吊架，一根根吊上来就是了！"

方丈立即安排大小僧人搭架吊木，架子刚一落成，往井里一看，嘿！果然有一根木头已露出水面。众僧徒七手八脚地往上吊木头，吊上一根又冒出一根，一直吊到九十九根，刚要再吊时，工匠却说："够了！"话音一落，这最后一根木头却使再大的力也吊不上来了，这就是"运木古井"的来历。

当上儒学副提举后，由于刘基才学颇负盛名，经常有人请他写文题词。杭州仁和县（今属杭州市）北三十里，有一条义溪，南宋嘉定年间，有个叫陈迥的人，在溪边盖了一所房子，落发为僧，称这所房子为"福严"。陈迥死后，他的弟子继承其衣钵，日积月累，经五六传后终于建成寺院，佛阁、僧堂、大雄宝殿、通殿、库院、山门、钟楼、轩厅、丈室等，无一不备。松门石径，黄瓦红墙，绿树掩映，溪水环绕，翠云飘荡，很有气派，庙宇名气渐渐大了起来。该寺住持和尚要竖立石碑以示纪念，想来想去，碑文还需请杭州文笔第一大家刘基来题写，于是派人去请刘基。这时，刘基不巧正在江边住所生病卧床，实在不能起身前往。谁知来人怕回去不好交差，便请别人以刘基的名义代写了一篇碑文回寺交与住持。住持虽然觉得此文写得不是很好，但又想毕竟有刘基大名跃然纸上，也不好再说什么，立即叫石匠楮奂刻石，制作石碑。谁知楮奂是刘基的朋友，并且经常为人刻写刘基的题词，一眼就认出此文不是出自刘基之手。于是两人一起来到病榻前看望拜访刘基，要刘基待病愈后一定亲笔为其写一篇碑文。盛情难却，刘基便专门抽出时间为其写出《杭州实庵和尚福严寺记》，远近僧人听到这一过程，无不为之感动。

虽然刘基对职内诸事兢兢业业，在民间威望甚高，但在官场仍然不如意。

先是与提举生隙添怨，一发不可了结。

事情的起因还是为办学引起。至正十一年（1351），刘基身体一直不大好，在家养病的时间多了一点，提举司的事务多由提举一人执掌。

这天，有个叫沙班的人跑来找刘基诉说：他祖居杭州，虽不及官邸，但也算得上殷实人家。这多年来，看到杭州学校、书院只有四所，远远满足不了人们需要，一直想为杭州父老乡亲尽一点微薄之力。前几天一个朋友赠予他一块空地，有五十余亩。他响应提举司号召，想用此地兴学育才，为民众做点好事，为祖上增添阴德，为国做点贡献。但办学不比经商，经商只要有本，雪球一般会越滚越大，投资也易于筹集。办学则属无利之营，如若白手起家，钱财不是那么容易凑齐的。鉴于此举是为民谋利之业，他满怀信心踏进提举府门，不料刘基因病在家，便找提举求之以助，帮他在杭州富豪显贵中筹集部分银两，并表示一定尽力办好学校，为杭州学界争一荣耀。谁知提举

非但不予支持，而且拒不接见。细一打探，才知自己两手空空，人家不愿管这"闲事"。等到他回家准备重礼再去拜访时才终于见到这位提举大人，说明来由后，这位达官贵人虽同意按他提供的方案向杭州富贾、商绅谋以资助，但事成之后，必要从中抽取三分之一的酬劳。

"这不是明目张胆索取不义之财吗？"沙班气愤不已。

"身为行省提举，此事本是分内之责，他非但不帮我兴办义学，还要索贿强夺，这还讲不讲公理？"沙班的诉说变为控诉。

刘基本与沙班只一面之交，只是他任职以来，多次深入杭州街头巷尾，访贤交友，凡是有一些志向者，大都有过交往。

听到自己的同僚竟是如此不讲德行，巧取豪夺，刘基义愤填膺。他决心打掉自己顶头上司借办学集资中饱私囊的如意算盘，当即表示，坚决支持沙班的义行，愿意无条件帮助沙班完成此愿，并与沙班这般耳语一番，沙班便兴高采烈地回去筹划了。

第二天，凡在杭州城中有点名气的富商大户、在朝官吏，皆收到一份精美请柬，灵隐寺住持慧净大师出面恭请杭府命官及各位显贵到灵隐寺做法事，共商资助义学之事。

香烟缭绕，佛号激昂，钟声、鼓声、磬声连成一片，"十大名刹"之一的灵隐寺热闹非凡。当天，就集得白银近百万两，不但为沙班修建义学，而且为提举司整修乡试院也都集足了资金。重视办学的刘基、沙班等人欢欣鼓舞，那提举则因刘基一计，使其失去数万白花花的银子而对刘基恨之入骨，又不能言明，哑巴吃黄连——有苦说不出，但暗流从此开始。

再者有一个监察御史，不务正业，不负责任，该监的未监，该察的不察，反而为巴结权贵，无故致死人命。刘基素性耿直，不改初衷，忍不住上书进言，要求严惩不法之徒。这就不但惹了监察御史，而且犯了众怒，甚至牵扯到行省最高长官。这帮声色犬马之辈，非但不吸取教训，反而串通一气，抨击刘基。看到官场腐败之风日甚一日，刘基愤愤不已，他以辛辣的笔调，借"卖柑者"之口，道出了自己的满腔积愤和疑问：

今夫佩虎符、坐皋比者，恍恍乎干城之具也，果能授孙吴之略耶？峨大冠、拖长绅者，昂昂乎庙堂之器也，果能建伊皋之业耶？盗起而不知御，民困而不知救，吏奸而不知禁，法教而不知理，坐縻廪粟而不知耻，观其坐高堂、骑大马、醉醇醴、而饮肥鲜者，孰不巍巍乎可畏、赫赫乎可象也？又何往而不金玉其外，败絮其中也哉！

这番精辟论述何等深刻！"金玉其外，败絮其中"这句流传后世的名言乃是对欺世盗名、名不副实的骗子的有力鞭笞，表明了刘基对当朝统治者的信任发生了动摇。于是，他找了一个借口，再次愤然辞职避开这块人见人怕的是非之地，归向故里青田武阳村。

怀才不遇

这次回归，刘基没有上一次辞官那么潇洒。

退仕之后，刘基率一家人从杭州乘船，沿富春江逆流而上到兰溪，然后换陆路经金华、永康、缙云、丽水，再乘船从瓯江顺流而下到青田。本来，合家团聚，天伦之乐，刘基应该放下沉重的官场负担，心情舒畅地放松一下了，可他却怎么也舒展不了眉头。为国之事受到抨击，思想上的压抑，只是一己之失，作为通晓古今、满腹经纶的学者贤达，刘基并不十分在意。关键是这一年，天公不作美，接连发生了许多不祥之灾，给人以警示，使这位精通阴阳卜算"奇勋绝学"之人，从内心感到不寒而栗。

入春，正月十七，兰阳县有红星大如斗，自东南坠西北，其声如雷。与此同时，清宁殿一把大火，焚毁各种宝物以万计。

四月，冀宁路（今山西太原一带）属县多次地震，持续乃至半月，损失不计其数。孟州（今河南济源、孟州市一带）发生地震，声大如

雷，房屋倒塌，压死者甚众。彰德府（今河南安阳）下冰雹，形状如斧，伤人畜。

后来，又有饶州天降黑子，大如黍米、豆。

五月，己酉朔（初一），日食。

十一月，己酉（初三），西方有彗星，出现于翠娄、孟胃、须昴、筋毕等宿之间。

如若天灾不与人祸相行，或许世间还称太平。但刘基虽身在武阳，却从同僚故友一封封来信中得知，偏偏上天滋意生事，使元顺帝的日子一天比一天难过。先是江浙方国珍起义，接着，江淮一带的刘福通、韩林儿，徐州一带的芝麻李，江西、湖广一带的徐寿辉等，群起生乱，四方造反，攻城略地，占山为王，天下大乱。

这方国珍是台州黄岩人，早在至正八年，其在海中作乱时，刘基就主张坚决镇压，但官小位卑，无人理会。

方国珍乃世代盐贩子，在当地有相当名声和一定势力。他生得高大，脸面黧黑，显得威武沉勇。当时有个名叫蔡乱头的，在海上抢掠，官府发兵追捕，使得许多无辜平民遭受牵连。当地有个姓陈的仇家告发方国珍与强盗勾结，方国珍遭到诬陷，便新账旧账一起算，一怒之下杀了仇人。官兵前来捕捉，他只得带上其兄长国璋，弟国瑛、国珉逃入海中，很快，就聚合了几千人抢劫漕运粮食，抓了海运千户。朝廷派江浙行省参知政事多尔济巴勒总领水军捕捉，反被方国珍战胜捉拿，逼朝廷受其降而任命他为定海县尉。

也是在这时，为了治理自至正四年（1344）以来黄河的多次决口灾难，元朝丞相脱脱不听工部尚书成遵等人劝阻，接受了原漕运使贾鲁的主张，任命其为工部尚书兼任总治河防使，疏通黄河，开挖南粮北调的大运河。这是一个庞大的工程，征发了汴梁、大名等十三路民工十五万之众，仅调集负责监工的官军就达二万多人。

工地上，人群如蚁，刀光剑影，杀气腾腾。万名士卒手持皮鞭，监督施工，引起了参加工程老百姓的极大愤慨。

栾城（今河北省石家庄市东南）人韩山童、颍州（今安徽省阜阳市）人刘福通听到这个消息，认为时机已到，秘密筹划起义造反。他们先是以白莲教的名义，烧香拜佛，组织民众，根据河南和江、淮人们对元朝残酷压榨政策不满的情绪，宣传"天下大乱，弥勒佛下世"，并唆使数百在工地上的教徒传播一首歌谣："石人一只眼，挑动黄河天下反。"一传十，十传百，河南、江淮一带的老百姓全信了。接着，让石匠暗地刻出一个石人，在背后刻下"莫道石人一只眼，此物一出天下反"十四个大字，利用夜幕，将石人悄悄埋在将要开挖的河道上。

没有几天，老实忠厚的民工们在工地上挖出了一个沧桑斑驳的石头人。

民工们一看地下"蹦"出一个石人，回想起天下到处流传的歌谣，迫不及待地将其冲洗干净，仔细一看，果然只有一只眼。

这一来，几万民工顿时骇得目瞪口呆，一时人心骚动，整个工地沸腾起来，"快来看呀，石人出世了！"民工们心中的烈火被燃烧起来。

几名白莲教徒乘监工的士兵不注意，有意为石人翻了一个身。

"咦，快来看哪，好像石人背上有字！"

"石人背后刻的是什么字呀？"

"我看看，"一位认得几个字的民工走近石人，用手指比画着一个一个地念出来，"莫道石人一只眼，此物一出天下反。"

"'此物'是啥呀？"

"哎呀，这不明摆着，'此物'就是石人嘛！"

"那不就是说，天下要大乱了？"

"可不是嘛！"

"这字是谁刻上去的？"

"这哪是人刻的，是佛祖的开示，告诉人们天要变了！"

听到这一串串对话，看到工地上的民工情绪，韩山童、刘福通等人抓住时机，立即聚集三千人在白鹿庄召开了各地白莲教首领参加的秘密会议，宣传韩山童是宋徽宗的八世子孙，改名更姓，逃亡海外，

如今不忍天下百姓受苦，从海外借来精兵，要与蒙元争夺天下。刘福通自称是宋朝大将刘光世的后人，这次出山是帮助旧主起义，恢复宋室江山的，并打出灭元复宋的口号，号召人们下定誓死推翻元朝的决心，"虎贲三千，直捣幽燕之地；龙飞九五，重开大宋之天"，宰杀白马、黑牛，歃血盟誓，最后约定当年农历八月十五日起义，共同拥立韩山童为明王。

不料，事不机密，韩山童被擒惨遭杀害，其妻杨氏带着儿子韩林儿趁乱逃出，躲进武安山（今永年县境内），隐姓埋名，等候消息。刘福通冲出重围，回到自己的老家颍州，与起义首领杜遵道、罗文素、盛文郁等人一起商议，决定提前于农历五月初三起义。

五月初三，旭日东升，霞光万道，起义的教徒，按照事先约定的装束，个个头扎红巾，宣誓祭旗，之后，人流涌进附近的恶霸地主家，该杀的杀，该打的打，开仓济民，惩恶除霸。一时间，满身泥土、上下伤痕累累的起义农民，不约而同地扛起竹竿锄头，与工地上的河工汇流，长枪板斧，呐喊声声，一片血红。攻颍州，占罗山，抢汝宁，一个月来，红巾军队伍已发展到十几万人。当时，中国大地从大都到江南，流传开一阕《太平小令》，大人小孩皆能脱口而出：

堂堂大元，奸佞当权，开河变钞祸根源，惹红巾万千。官法滥，刑法重，黎民怨。人吃人，钞买钞，何曾见？贼做官，官做贼，混贤愚，哀哉可怜！

见着，听着，想着，刘基心重如山！
谁知这一发不可收拾的沉重大山越压越重。
至正十一年农历八月初十，在刘福通红巾军打下朱皋镇的第二天，邳州（今江苏睢宁县）人李二又与老彭、赵君用联手揭竿而起，攻陷徐州。

这李二绰号芝麻李，在饥荒的年头，他家只有一包芝麻，全部拿出来救济穷人，故得此名。当时黄河工程大规模展开，人心不安，韩刘造反消息传来。芝麻李和他家所在地的社长赵君用商量道："颍上起兵，官军对他们毫无办法，这正是男子汉谋富贵的好时机呀。"赵君用介绍，城南彭二为人骁勇而且有胆略，没有他，大事难成，我和他是至交，可动员他一起参加。于是联手八人，口含牲畜之血立誓同盟。当天晚上，来到徐州城下，芝麻李让赵君用等四人伪装挑河的民工，仓皇到徐州投宿，他和其他四人在城外。约莫四更时分，城中点起火把，城外也举火响应，起义队伍夺过守门军人的武器，打开城门冲进去，一个时辰，整个徐州城已掌握在义军手中。当天，便有几万在死亡线上挣扎的人们加入到了起义军行列。芝麻李又乘胜进击，很快攻陷了宿州（今安徽省宿县）、虹县（今安徽泗县）、丰（今江苏省丰县）、沛县等地。

徐州在刘福通所占据的朱皋镇之北，与之呼应，朱皋镇南面，又有彭莹玉、徐寿辉在蕲州（今湖北蕲春县境）揭竿而起。

这彭莹玉，又名彭和尚，袁州（今江西宜春市）东村人。从小家贫如洗，生活无着，因而到南泉山慈化寺出家当了和尚。他聪明伶俐，出家期间，由于认真背诵经文而认了不少字，并且学会了采草药，医百病，在当地群众中颇有名气。当韩山童、刘福通在北方利用白莲教组织百姓起义的时候，他也在南方进行同样的宣传组织活动。

徐寿辉是蕲州罗田人，身材魁伟，质朴倔强，以贩布为生，信奉白莲教，利用经商之机，云游四方，宣传"弥勒佛降生，明王出世"的教义。

由于这两人信仰一致，结识后便很快成了朋友，经常在一起商议起义大事，遂联络了黄州麻城人邹普胜、倪文俊等人，誓师起义，亦以头扎红巾为记，称为"南方红巾军"。沔阳渔民陈友谅听到这个消息，便也投奔了起义队伍。

起义之势，如火如荼；大元统治，风雨飘摇。作为这个朝代的忠实命官，刘基"食君之禄，为君分忧"，怎能潇洒得起来？他虽然身置府、州、县一线阵地，接触各类人士，了解民众疾苦，憎恨那些腐败

透顶的官吏，但还是十分想捍卫朝廷的统治。

世路险恶，其表征之一是贤士无路。刘基讲过这样一个故事：

蜀地有三个商人，都在集市上卖药。其中一位专卖好药，根据买进的药价定出卖价，不贱卖，也不肯赚钱太多。另一位同时收进上等和下等药材，药材的贵贱只看买者的心愿，要贵的就给他好药，要贱的就给他差药。第三位从不收进上等药材，只管多收，卖价低廉，顾客要求添点，他就给添点，不大计较，于是顾客争先恐后到这儿来，以致他家的门槛一月一换，一年多的时间，他就成了大富翁。那个兼卖上下等药材的，顾客来得虽然少些，两年之后，也富了起来。那个专卖上等药材的商人，生意最坏，即使在大白天，他的铺子也像夜晚一样冷清，生意萧条，以致他吃了早餐，就没有晚饭。郁离子见到这种情况，感叹道："现在做官的，也是这种情况吧！从前楚国边境上三个县的县官，其中一个很廉洁，但不能博得上司的欢心，离任的时候，穷得连雇船的钱都没有，人们无不笑话他，认为他太傻。另一位，常瞅准机会，能捞的时候就捞一点，人们非但不予指责，反而称赞他贤明能干。第三位无所不贪，用聚敛的钱财巴结上司，对待部属爪牙像对亲儿子般地关怀，对待富家大户像对宾客似的热情，不到三年就被举荐，当上了管理法制的官，就连老百姓也称赞他好，这不是很可怪的事吗？"

故事中的三个商人、三个县官，代表了三种不同的类型，他们品德各异，结局有别，概括说来，是好人遭殃，恶人得势，刘基借以讽刺了元末贤士无路、不肖当道的现实。刘基一向信奉儒家传统的人格理想，生活在如此浑浊的社会风气中，既然不愿"鹏其泥而扬其波"，就只能在"众人皆醉我独醒"的悲剧处境中忍受排挤与仇视。

一面是"君门九重虎豹多"，"芳兰委弃同蒺藜"，一面是刘基对元朝廷仍"一枝一叶俱有心"，"欲凭魂梦到君所"。"相思"愈深，失望愈重；失望愈重，痛苦愈大。

连孔子、孟子这样的圣贤尚且沦落不偶，何况他刘基？松柏摧折，荆棘如山，已是无可改变的现实状况。当刘基痛苦地意识到这一点时，他发出了"长相思，断人肠"的悲鸣——然而，对于他的这一片"相思"之情，元蒙贵族却并不懂得珍惜！

贤士易遭谗毁，这本是中国历代贤士的共同感慨，《韩非子·内储说上》载：

魏国大臣庞葱即将陪同太子作为人质，前往赵国都城邯郸。临行，庞葱问魏王："假如现在有人告诉您，说闹市上有一只老虎，大王相信吗？"魏王道："我不信。""假如有两个人说有虎，大王相信吗？""我还是不信。""假如有三个人说有虎，大王相信吗？""那我相信。"于是庞葱归结说："闹市上没有老虎，这本是明摆着的事情，但是，因为三个人都说有虎，听者就信以为真。现在，邯郸之于魏国，比街市要远得多，说我坏话的又超过三人，愿大王明察。"后来，庞葱从邯郸返国，听信谗言的魏王，竟没有召见他。

"三人成虎"，比喻说的人一多，就容易使人误假为真。庞恭事先向魏王说明了这一道理，魏王还是犯了错误，足见谗言毁人。

《郁离子》中有《噪虎》一则，摹写世情，入木三分。

郁离子因言论触忤时人，为执政者所厌恶，想杀了他。有的大臣荐举郁离子，说他颇为贤能，厌恶郁离子的人怕他受重用，在大庭广众之下诋毁他，当时在场的，多随声附和。有人问随声附和者："你认识郁离子这个人吗？"答："不认识，但听说过。"

有人将这种情形告诉郁离子，郁离子笑道："女几山是喜鹊搭巢的地方。一天，丛莽中出现了一只老虎，喜鹊连忙飞集一起，乱叫起来。八哥听见了，也飞集一起，乱叫起来。鸭鹏见了，就问他们道：'虎，这是陆地上行走的动物，它能把你们怎样？竟这样地乱叫一气！'喜鹊答道：'虎啸生风，我们恐怕风把我们的巢吹翻，所以叫起来，想把它赶跑。'再问八哥，八哥无话可答。鸭鹏不禁笑道：'喜鹊的巢搭在树梢，怕风，所以看到虎就担心地叫起来；你们住在洞穴里，并不怕风，干吗也跟着乱叫！'"

一犬吠影，众犬吠声，其结果是众口铄金；众口一词，可以混淆是非。这，也许是贤士易遭谗毁的原因之一。而在元代，蒙古贵族猜疑汉官，还有更大的原因，即种族偏见。

感士不遇，本是中国古代知识分子经常抒写的一个传统主题。刘基的行路难之叹，一方面包含了人心叵测的生活体验，另一方面也寓有感士不遇的情怀，但应该特别指出：在感士不遇这个传统主题中，刘基融入了全新的内涵。

元朝是蒙古贵族统治者在中国建立的一个王朝，他们规定汉族人和女真族人只能担任次要的官职，主管长官都由蒙古人或色目人充当，推行一种民族歧视政策。这使许多有才能的汉族知识分子得不到施展抱负的机会。刘基对此深有感触，许多年后，他写《郁离子》这部寓言集，还以异常沉痛的笔墨，反复讨论这一问题。

《千里马》是《郁离子》的第一篇。郁离子的马产了一匹驶提，人们都说："这是一匹千里马，必须送到皇帝的御马房去。"郁离子非常高兴，遵从人们的意愿，把这匹千里马送到了京城。皇帝派太仆去察看，太仆看了，说："这马确实是一匹好马，但它不是冀北出产的。"于是，这匹千里马竟被安置在皇宫外的马房里。

用千里马的遭遇来比喻才智之士的遭遇，这是一个来历久远的主题。《列子》中的"九方皋相马"，《战国策》中的"骥遇伯乐"、"买骏骨"，都为许多读者所熟知。而韩愈的杂文《马说》，发挥"千里马常有，而伯乐不常有"的命意，亦颇为精辟。

刘基的千里马故事仍着眼于才智之士的遭遇，但却有着鲜明的时代色彩。马虽然是千里马，只因不是冀北所产，便得不到千里马的待遇，这是对元代的民族歧视政策的讽刺。

在元朝的社会政治生活中，民族等级是逐渐明确起来的，一共分为四等：蒙古人、色目人、汉人和南人。蒙古人，包括蒙古民族共同体的大约四十余个部落。所谓"色目"，是"各色各目"之意，包括蒙古人以外的其他少数民族。所谓"汉人"，指原来金朝统治下的汉族和汉化的女真、契丹等族。所谓"南人"，指忽必烈攻灭南宋时仍在南宋统治下的汉族。蒙古人最高贵，色目人次之，汉人已相当低下，最卑微的是南人。这种民族之间的等级差别，表现在社会政治生活的各个方面。比如，在官制方面，中书省、枢密院、御史台的首席长官都由蒙古人担任，色目人担任的很少，汉人、南人更只能担任副贰职务；在军事方面，兵籍和用军是机密大事，一概由蒙古人掌握，汉人、南人被排除在外；在刑法方面，蒙古人因争斗或酒醉殴死汉人，征烧埋银，断罚出征，而汉人只要殴伤蒙古人，就会被处以死刑。刘基的《千里马》，一方面抨击了元朝的这种民族歧视政策，同时也流露出他本人怀才不遇的愤懑。

《郁离子》的另一篇《八骏》，也对因不平等的用人制度而造成的畸形社会生活现象进行了抨击和讽刺。寓言首先赞扬了穆天子和造父根据马的良驽来区别待遇的做法，这样，"上下其食者莫不甘心焉"。但是，后来的马政管理者却不会识别马之良驽，而只能以产地来区别其待遇，其结果是可想而知的。《八骏》描述道：

穆王死了，造父死了，八骏也死了，对于好马、劣马，再无人能够识别，遂只好按产地和毛色来区分。因此，冀北一带所产的纯色马，被列为上乘，养在天闲厩，用来驾周王的乘舆；其中的杂色马，被列为中乘，养在内厩，作为驾乘舆的后备，或作战时使用；冀州和济水、黄河以北所产马，养在外厩，为诸侯、公卿大夫及出使四方的使臣驾车；长江、淮河以南产的马，是散马，只能传递消息、运送东西，或干各种杂活，重大的事儿，没它们的份儿。那些养马人的待遇，依照马的等级，仍遵循造父时的旧例。到了周夷王末年，强盗蜂起。按规定，内厩的马应该参战，可这些肉满膘肥的马，娇懒惯了，听到钲鼓声就吓得后退，望见旌旗，就吓得逃窜。没法，只好搭配一些外厩的马。内、外厩的养马人，因而闹起了意见。不久，跟强盗相遇，外厩的马先上阵，打败了强盗。强盗逃走后，内厩的马，却又争着先上，冒充是自己的功劳，于是外厩的人和马感到心灰意冷。强盗

趁机来攻，内厩的人、马四散奔逃，外厩的人、马见了，不去援救，也逃走了。夷王害怕极了……

《八骏》的描述，是对元末情形的隐喻，刘基提醒读者：作为元朝国家机器重要组成部分的军队，衰败废弛，元朝的统治行将瓦解。元蒙统治者可说是自食其果。

在用人的问题上，刘基与执政者之间曾发生过一次耐人寻味的争论，刘基问："如今用人，是仅仅为了充数呢，还是为了选拔优秀人才，靠他们管理好国家？"执政者答道："当然是为了选拔优秀人才，发挥他们的作用。"刘基说："这样说来，相国的政治举措与相国的言论是不相符的。"执政者反问道："这是什么意思？"刘基解释说："我听说过，农夫种田，不用羊负轭；商人载货，不用猪拉车，因为，知道它们不能胜任这种事，怕将事情弄砸了。所以，夏、商、周三代选拔人才，一定要学习一段时间才具备做官的资格，一定要试用一段时间才正式任命，不考虑他的出身（如种族等），只问他是否贤能。如今的监察部门，乃朝廷的耳目所寄，是特别重要的机构，难道只讲究仪表、服装和言语吗？而您在选用官员时，不从天下贤能中择取，却尽任命那些世家子弟中长得漂亮的，可见，您对国家的爱，还比不上农夫之爱田、商人之爱车。"执政者听了，口头许可刘基的话，心里却感到恼火。

刘基的这些意见，旨在批评元蒙统治者在用人问题上的种族偏见，这也是当时众多汉族儒生的共同不满：他们满腹经纶，却不为元朝所用。

中国历史上的"治人者"即国家管理人员，大体上经由两条途径形成。一类是"生成的"，即靠血统、家世取得统治地位，这在"封土而治"、"分地而食"的西周，是一种主要的途径。一类是"做成的"，即靠某种学识、能力或治绩取得统治地位，所谓"学而优则仕"、"以学干禄"，就反映了这种情形。秦汉以来的中国，以"做成的"为主，"生成的"也没有绝迹，历代的"皇亲国戚"便以血统、家世、门第为首要条件；而元蒙贵族又进一步扩大了"生成的"作用：蒙古人、色目人即使不学无术，亦不妨身居高位；汉族知识分子无论学识、能力多好，也难以占据要津。

这是历史的倒退。

"不知腐鼠成滋味，猜意鹓雏竟未休。"这是唐代诗人李商隐的名句，典出《庄子·秋水》。大意是说：鹓雏这种鸟，目标远大。它从南海飞往北海，沿途非高大的梧桐树不栖息，非洁净的竹实不入口，非清甜的泉水不饮用。这天，一只贪馋的鸱鹰得到一只腐烂的老鼠，当鹓雏从上空飞过时，鸱鹰唯恐鹓雏争食，抬头怒目而视，吼叫道："吓！"

雏是凤凰的一种，它怎么会去争一只臭老鼠呢？庄子以凤凰自命，表明了自己不屑于世俗利禄的高贵品格。

凤凰是栖息在梧桐树上的，而眼下双桐叶落，凤凰已无枝可依。贤士无路，报国无门，字里行间洋溢出莫可名状的凄凉意绪。此处的"凤凰"，即刘基本人。

中国古代的知识分子，其人生道路大体呈现为"达则兼济天下，穷则独善其身"的格局。所谓"独善其身"，典型的方式即是隐居：一方面，当事人借此抚平内心的伤痛，另一方面，隐居也是等待时机东山再起的必要过渡。

隐居已成为刘基的合适选择。

放弃对富贵的追逐，这在刘基或许不难做到，但作为一个不世出的豪杰，要他完全抑制其豪杰气概，却是不可能的。清初黄宗羲《南雷文定》后集卷一《靳熊封诗序》说："从来豪杰之精神，不能无所寓，老庄之道德，申韩之刑名，左迁之史，郑服之经，韩欧之文，李杜之诗，下至师旷之音乐，郭守敬之律历，王实甫、关汉卿之院本，皆其一生之精神所寓也。苟不得其所寓，则若龙挐虎跋，壮士囚缚，拥勇郁遏，垒愤激讦，溢而四出，天地为之动色，而况于其戮乎！"那么，对刘基最富于魅力的"所寓"之处是什么呢？是在动乱迫近的年月展示他的谋略！其《武陵深行》所表达的正是这样一种向往：

刘伯温传

武陵溪，一何深。
水有射工射人影，陆有丹蛇长百寻，
嗟哉武溪不可临。
溪之水深且阔乌，
不敢飞龙不敢越。
海气连天日月昏，菌露著人肌肉裂。
呜呼！丈夫宁能沙场百战死，
有骨莫葬武溪水。

"武陵"即今湖南常德，晋代陶渊明所描写的桃花源就在这里。《桃花源记》以令人沉醉的笔墨告诉读者："晋太元中，武陵人捕鱼为业。缘溪行，忘路远近。忽逢桃花林，夹岸数百步，中无杂树，芳草鲜美，落英缤纷，渔人甚异之。复前行，欲穷其林。林尽水源，便得一山。山有小口，仿佛若有光，便舍船从口入。初极狭，才通人。复行数十步，豁然开朗。土地平旷，屋舍俨然，有良田美池桑竹之属。阡陌交通，鸡犬相闻。其中往来种作，男女衣着，悉如外人；黄发垂髫，并怡然自乐。"在陶渊明笔下，桃花源不仅幽美恬静，而且风俗淳朴，"直于污浊世界中另辟一天地，使人神游于黄农之代"。但刘基却突出描写武陵溪的令人恐怖的情景，并用"隐居亦不能躲避灾祸"的副主题反衬出他内心的强烈愿望：这位风华正茂的豪杰，宁愿战死于沙场，也不愿在隐居中默默无闻地耗费掉自己的生命！他的《出塞曲》不妨说就是对想象中的自我风度的展示："居延风高榆叶空，狼烟夜照甘泉宫。将军授钺虎士怒，蚩尤亘天旗尾红。麒麟前殿催赐酒，已觉此身非己有。猛气遥将日逐吞，壮心肯落嫖姚后！雁门城外沙如雪，玉帐霜浓铁衣折。长剑须披瀚海云，哀笳莫怨天边月。北风烈烈刁斗鸣，回看北斗南方明。惊箭离弦车在坂，不勒燕然终不返。"如此雄心勃勃的字句，刘基迟早是会出山的。

第二章

韬略过人 知遇新主

经好友举荐，刘基再次入仕，讨伐方国珍，初现其过人的军事才能，由于谏言得不到采纳，弃官归家而作《郁离子》，虽然归隐在家但对外界的动态无所不知，好友推荐，朱元璋三请出山。

百战奇略

这天，刘基暂时放下心中的烦恼，在家中阅读《孙子》十三篇，修改续写他所著的《百战奇略》兵书。

这本著作其实是在他第一次辞官后就开始写作的。当时，只是一种札记式的钻研，当他在家闲居，阅读宋朝的兵书总汇《武经》后，对《孙子》《吴子》《六韬》《司马法》《三略》《尉缭子》《李卫公问对》这七书兵法有了深入的了解，由此而一发不可收拾，他越来越对武学产生了浓厚兴趣。后来，他陆续收集了从春秋到五代一千七百多年间散见于史籍的许多古代杰出战例，例如春秋时期的齐鲁长勺之战，战国时期的围魏救赵，西汉时期平定吴楚七国叛乱之战，新朝时期的昆阳之战，三国时期的赤壁之战，东晋时期的淝水之战等等，然后将《武经七书》的各种观点，逐一汇总提炼，按照作战双方的军事、政治、经济和自然条件等加以分门别类，以自己的感想，辅之以古代战例，形成自己独特的"兵书"《百战奇略》部分初稿。由于缺乏实战总结和运用，书稿写作时写时断，迟迟没能完成。现在，再次归家闲居，加上时局如此动荡，刘基总感到应该做点什么，于是再次展开了《孙子兵法》，继续自己的武学研究和兵法的提炼写作。

《百战奇略》的内容结构，明代李贽在其所作序言中曰："其命名之法，多取"孙武子""五经""七书"，盖以"孙子"为经，百法若传，每法既如其所以，复引古将帅所行之有合者，证之，可谓极用兵之妙。"

今人对刘基的《百战奇略》曾做深入研究，认为此书"是他把读"武经"札记结合读史心得整理而成的。虽然书中内容多是辑录而成，但是经他精心选择和重新结构，面貌一新，已是新的军事著作"。

刘基这本兵书的写作手法是，每一战法都有鲜明标题，如卷一：计战、谋战、间战、选战、步战、骑战、舟战、车战等；然后，写出正文，解题明则，旁引兵家名言警句或实战之结论；正文之后，再援引古代战例给予说明、证明、引导。

刘基正在聚精会神地写作，只听夫人喊他，"快来。"走出书房一看，刘基被眼前的情景逗乐了。四岁的大儿子刘琏拉着妈妈的衣襟喊着要给他解裤带上厕所，咿呀学语的二儿子刘璟却含着乳头吸吮着不松口。刘基与母亲、大夫人富氏都看着这天伦之乐的景象，笑得前仰后合。

无巧不成书，正在这时，突然家童来报，行省有诏命送来。刘基急忙出门迎客，却意想不到来的竟是二位知己朋友，丽水的叶琛和龙泉的章溢。

叶琛与章溢，不但都是当地的大户富豪，在浙南一代甚有名声，而且都文思敏捷，下笔万丈云霄，与刘基早就结纳为友。

说起来，这两人之间还有一段神奇故事。章溢出生时，其父梦见一只雄狐，顶着月光，半夜三更横冲直撞，如入无人之境，直抵章母床前，章父见状急忙用力去拉，非但没有拉住，而且那狐竟然一下子卧在章母床上不动了。章父惊得大喊一声，睁眼一看，儿子已经落地到世，四足乱蹬，叫声异常。其父以为不祥，一把抱起刚出生的章溢竟丢在了门口的河中。谁知叶琛的父亲五日前，路遇一个道人，对他说道："叶公，叶公，此去龙泉地方，五日之内，有一个婴儿降生章家，他父得了奇梦，要溺死小儿，你须前往搭救，二十年后，这孩将与你儿一起，同时辅佐真主。"叶父闻之，急忙依言前往，果然正好碰见章父丢弃小儿，他一个健步冲上前去，捞起水中挣扎的章溢，抱到章家，细说缘由，章父感动得泪流满面，一再表示悔恨，并以溪水涌溢保全儿子为由，取名唤做章溢。叶父行善救人在章家休息一日后回家，看到村头一群人正围在一起，热闹非凡，到跟前一问，方知前日暮时，只听一声轰轰作响，倏忽间，西北角上冲出一条紫红间绿的彩

虹，五彩缤纷，金光闪耀，半天游移不定，人们见状都感奇异，突然彩虹一头扎进叶家，叶妻竟为其生下一个白胖小子。叶琛父亲快步进宅入户，见妻子正抱着儿子望着自己啧怪，"自己儿子降世不在，却跑去救人家的孩子！"叶公不胜欢喜，心想，"孔子注述'六经'，有赤虹化为黄玉，上有刻文，便成至圣；李特之妻罗氏，梦大虹绕身，生儿为巴蜀王侯。虹为蛟龙之精，凡此虹化，皆为瑞祥。"因此，两个孩子长大后，家人便以兄弟相待，同吃同住，你来我往，习字写文，茁壮成长，成为当地有名的博学多才之士。

叶琛字景渊，小刘基七岁，生得身材又胖又短，浓眉大眼，膀宽腰圆，身着淡色紫袍，脚蹬一双黑明发亮的软皮高靴，一看就知出身富豪人家。俩人踏进门来，一边拱手问候刘基和家中老人，一边走到孩子身边，一人抱起一个。叶琛快人快语："几年不见，刘兄连得二子，还不快请为弟喝上一杯？"

"来来来！二位贤弟快请进屋，什么风把你俩吹到这山沟密林来了？"刘基一边说着，一边示意二位夫人接过孩子，把两个朋友请进了书房。

进门一看，刘基书桌上摆满了兵书，叶琛和章溢先是对目一笑，然后入座道明来意，并掏出了行省对刘基的任命文书。

原来，这俩人是受浙东宣慰使石抹宜孙之托，来请刘基参与戎事的，江浙行省任命刘基为浙东元帅府都事。

"宣慰司，掌军民之务，分道以总郡县，行省有政令则布于天下，郡县有请则为达于省。有边陲军旅之事，则兼都元帅府。"浙东道宣慰司都元帅府，置司于庆元路（今浙江宁波），分管庆元、婺州（今金华）、温州、衢州、台州（今临海）、处州（今丽水）、绍兴等七路。

关于刘基的这次复出，一则因朋友力荐。刘基离开杭州后，先是苏天爵认为他再次愤然辞职实在可惜，眼看形势一天比一天严峻，官兵无能，盗贼在江浙行省境内到处蔓延，红巾威势日渐壮大，江西的饶、信、宜、铅山、广德，浙西的常、湖、建德，全部失守，虽然后经收复，但终不得安宁。苏天爵知急需有统兵谋略之才的人出来收拾局面，而且亦晓刘基苦读兵法，又懂天文、地理，熟悉江浙一带民情风貌，便竭力予以推荐。接着石抹宜孙升任后，想稳住浙东形势，保护当地利益，听从章溢、叶琛、胡琛几位浙东名士贤能、豪家贵族的意见，也上书予以荐求。二则正好此时，特哩特穆尔上任江浙行省左丞，此人了解刘基的才华，并知他对方国珍一直反对招安，与左丞思想在这一点上一脉相承，于是上报朝廷，同意了这一任用，使刘基得以参与军务，辅浙东以为之。这时，叶琛、章溢正因防务之事与石抹宜孙共事，因他们急需刘基给予帮助，便自告奋勇，亲临武阳请迎刘基出山。

看着这任用文书，望着眼前两位不辞劳苦的朋友，刘基还能说什么呢？他深为国家社稷担忧，深为江浙命运担忧，深为百姓的疾苦生计担忧，更深为他所代表的阶级利益担忧。他决心扶持地方，保民护家，把自己的才学，用于济世之行。

威震方党

告别家人，踏上刀与戎的里程，从叶琛、章溢口中，刘基才知当前的形势比自己在家中所知的还要严峻。

近一年时间，徐寿辉的势力已不可收拾。先是于至正十一年十月，占据蕲水，定为国都，国号天完，自立为帝，建元治平，任命邹普胜为太师。接着，又派遣丁普郎、徐明远攻陷汉阳，占领武昌，连克安陆府、沔阳府，杀死知府绰噜、山南廉访使济尔克敦等多名州府要员，而且还收拢了沔阳渔民陈友谅、倪文俊，正咄咄逼人地向更多地域挺进，或许，杭州亦是其进攻目标之一。

接着，定远人郭子兴起事。这郭子兴是定远县有名的豪杰，原是曹州人，他父亲到定远卖卦相命，积累了一些钱。有一家大财主的闺

女，长得体面，可惜是瞎子，嫁不出去。他父亲娶这个姑娘，得了一份大财产，生下三个儿子，子兴是老二。子兴一来家财丰厚，二来素性慷慨，平日交结宾客，接纳壮士，焚香密会，盘算做一番大事业。正好碰到红巾起事，天下大乱，便拿出自己的财产，杀牛斟酒，举旗造反，钟离定远的贫民，抛去锄头，拿起兵器，一哄就团聚成几万人。地方官员平时只会贪赃枉法，看到这种阵势便吓得吭都不敢吭一声，睁一只眼，闭一只眼，只装不知道。二月二十七日，郭子兴带了几千人趁黑夜先后偷入濠州，半夜里一声号炮，闯入州衙，杀了州官，与孙德崖、张天佑等人，都称濠州节制元帅。

山东、陕西、河南等地亦不太平，还有竹山民众造反攻陷襄阳，荆门、郑州等地也相继失陷。

眼前，最令江浙沿海一带官府头痛的是方国珍反复无常，时而归降，降而又反。至正十年，方国珍再次叛乱。至正十一年，方国珍兄弟入海，对沿海州郡烧杀抢掠。当时任江浙行省参知政事多尔济巴勒奉诏讨伐，不但被方国珍杀得一败涂地，官兵掉入水中淹死一半，多尔济巴勒本人亦被方国珍擒住，再次受方胁迫为其说情，要朝廷招降方氏兄弟，授予官职安抚。

谁知这方国珍归降是假，立稳脚跟、扩大地盘、充实实力是真，不论朝廷如何招降，他都不丢一兵一卒，不受府县节制，自成体系，强取豪夺，搞得地方不得安宁。

回顾近年来国家局势的发展，看到眼前全国到处红巾举旗，江浙形势亦是一天紧于一天，方国珍之流及"盗贼"、"山寇"打家劫舍，骚扰地方，无法无天，官军凶骄散漫，毫无招架之力，刘基深感自己这次肩上的担子十分沉重。

他仔细分析现状，感到局面之所以到了这种地步，主要是朝廷大臣、各地官吏以至军中守将贪赃枉法，扰民害国，逼民造反之过。就江浙一带的头号敌人方国珍而言，之所以其能称雄沿海，复降复反，主要是行省乃至朝廷中的一些贪官从中推波助澜。政治上的腐败，必将带来经济上的衰落和军事上的失利，军心难聚，民心涣散，社会不稳，越来越难于收拾。

如何才能组织力量与方国珍抗衡，阻止风起云涌的"盗贼"和"山寇"呢？刘基沉思，本为官者，应是一心为国家社稷与百姓之平安，怎奈自己却职微位卑，决定不了朝廷之大政，但眼前既然已参与浙东军务，就必须尽其所能为这方土地父老乡亲着想。世事不安，兵燹水火，最后遭殃的还是黎民百姓，反民贼盗固然可恨，可那绝大多数乃属被迫无奈而为之。试想，五尺男儿，生计不保，安宁不保，妻儿老小无以依托，本来富裕驰名的官粮之仓，竟然落到如此破败的地步，谁还能老老实实在家中待下去呢？很多人会觉得如若留在家中等饥、等饿、等劫、等死，还不如与贼结友，与红巾军为伍。冲杀之中当然有性命之险，但若苍天有眼，不失这条小命，非但可以混口饭吃，搞到一点在家中等不来的浮财，或许还可以闯荡出一点名分，光宗耀祖，也不是不可能的，这正是当时参与反事或"盗贼"、"山寇"队伍不断发展壮大的普遍心理。

他想，这浙东一带瓷窑兴盛，到处都是工场，这里聚集着数以万计的青壮年百姓。红巾军造反打天下，这瓷窑肯定是干不成了。那么，工人们的出路是什么呢？要么散伙回乡，无所事事，与贼为伍，结伙滋事，保一条生计之路。要么加入红巾军，也不枉活在世。而目前反军多起，各方有事，官军好一点的则到处救火，稍微自顾自的话，则装作没有看见，欺骗朝廷，放任自流。有责任意识的行省、府路大人欲敌贼寇，却苦无劲旅。因此，如果自己这次前往，能够说服石抹宜孙，请求行省乃至上书朝廷恩准，由当地豪门大户，出钱招募民兵，保一方平安，倒不失一种救急之策，"民间财富深埋、人才济济，犹如江湖大海之水，取之不尽，用之不竭，如若官府弃之不用，必然被红巾军取走矣！"

道理一通，计策得来，刘基的心里豁然开朗，眉目一下子舒展了许多。见到石抹宜孙后，顾不上品尝宴席上的美酒佳肴，便约石抹宜

孙进入内室，直截了当地提出了自己的见解。

这石抹宜孙是一位明智之士，加上原来就非常器重刘基，信任他的才能、为人，自己又负有浙东安全之重托，眼见官军数量不足，战斗力不强，各地请求派兵支援的函件一天数封，感到这是一种求之不得的良策，当即与刘基商定，暂时不要向上呈报，先由叶琛、胡琛、章溢等几个大户，分别在龙泉、丽水自筹资金，组织民军自保地方，锻炼队伍，然后再根据需要调动遣用。

于是，短短月余，章溢、胡琛在龙泉，叶琛在丽水，很快便组织了三千多军马。他们都是大户，向当地想要保住既得利益的富人发出号召，便联手出钱、出物、出地盘，军中建设也逐渐周全起来，骑兵、炮车、兵器应有尽有。且这些民军经过多方挑选，出身窑工，自告奋勇，年轻力壮，加上平时生活保障良好，整日操练，演习阵法，教授武术，灌输保卫家园的思想，民军的素质迅速得到提高，既高于无组织、无纪律的"山寇"、"盗贼"，也高于官军。

这天，刘基随石抹宜孙、叶琛一道到龙泉检查防务之事。

龙泉，属江浙南部山区，地势由西南向东北倾斜，四面高山，中间为河谷地带。该城山清水秀，瓯江溪源，经城镇流过，四周青山环绕，其中江浙最高山脉凤阳山的黄茅尖主峰，高近两千米，余脉直伸县城瓯江对面，势缓林密，为城镇增添了一份景色。龙泉青瓷以耀青流翠的釉色、优美古朴的造型和精湛独特的技艺而驰名中外，可称中华大地一颗璀璨之明珠，特别是所产"哥窑"和"弟窑"皆名誉天下，是历朝贡品。这里的宝剑，相传始于春秋战国时期，由古代铸剑大师欧冶子所创，以"坚韧锋利、刚柔并济、寒光逼人、纹饰美观"四大特色而驰名于世。

刚刚入夜，石抹宜孙得报，有一路人马从对面山上，用船渡江直奔龙泉而来，大概要趁夜色进攻龙泉城。石抹宜孙抬脚走进刘基寝室，见章溢、胡琛、叶琛已先于一步到了这里。

"刘都事，你看这路军队来自哪里，是夜袭打劫，还是攻城掠地？"

石抹宜孙开口便问。

刘基说:"宣慰使来得正好,我们正在商议,看样子,此路人马并非红巾军来侵,近闻黄茅尖林密山深,一些流寇几个月来陆续投奔集结,想必今晚趁夜色进城打劫。"

"守城兵卒不多,民军又刚刚组建,未经实战锻炼,此仗如何应对?"并不精于战事的石抹宜孙这时把一切希望都寄托在了刘基身上。

章溢接话:"据险而守,这龙泉城靠江倚山,悬崖绝壁,只要守住渡口,我看山寇就无法靠近。"

"凡战大意不得!现需一面尽快布兵迎敌,以防不测,一面尽快搞清敌情,再作打算。"说完,刘基便请几位一起登城观看敌势。

谁知等几位头脑人物登上城边最高处一望,先头攻防双方已经交起火来。只见对面山上火光冲天,无数火把把天空照得如白昼一般,满山遍野的人头在晃动,少说也有千人以上,呐喊着朝江边涌来。江中已有近十条小船在摆渡,江岸守城兵士约有百十号人马,一片慌乱,有的向敌船射箭,有的则奔跑叫喊,眼看敌船已到岸边,情况十分危急。

刘基没有想到官兵实战水平这么差,居然惊慌失措!虽敌众我寡,却是乘船渡江作战,只要依险而守,或放箭,或用硒石,皆可灭敌于江中。

于是,刘基急忙命章溢立即调一支精干的民军队伍火速赶来救援。

这时,龙泉城中已乱,喧哗四起,已经有大户人家弃宅乘车而走。江中敌船片刻已靠岸边,对岸山上,火把直移江边。百十名靠岸敌军已抢占滩头阵地,与守城官兵拼杀起来。看得清攻城的人虽没有红巾标记,但却个个奋勇,一时杀声大起,待有三五人倒下之后,就见有的官兵开始弃阵而逃,眼看官军已渐呈劣势。

不知谁喊了一声,官兵终于招架不住,全部调头朝城门跑了起来,后边敌军猛追。

城门之下,跑得快的逃进了城,其余全部被敌人杀死倒在城门

边上。

说时迟，那时快，刘基看到章溢调遣的民军赶到，立即布置五十人猛扑敌船，放火烧之，其余一百人以迅雷不及掩耳之势，向上岸的敌人猛扑了过去。

民军精养月余，正想借机展示一下自己的实力，只听领队一声令下，大喊一声"杀"！近百把明光闪闪的大刀便举到空中，跃下石崖，朝敌军砍去。敌军正在追赶前面逃命的官兵，忽然从两侧跳出这么多大刀队来，有的还未弄明白怎么回事，头颅已经落地，有的赶忙抽身前来招架，水边之敌见忽然冒出一支新军，慌忙推船向水中移动，五十名大刀队员追上去一阵拼杀，只顾推船的敌人哪有还手之机，早就人头落水，尸体漂流而下。

瞬间，瓯江面上十余条渡船变为一片火海。

这就砍掉了对岸来犯"山寇"之腿，只见对岸虽仍然火把闪闪，喊声震天，但因为没有船只，只得暂时等待，等寻找到新的运输工具后，方可再次组织进攻。

刘基心想，对面敌人众多，若再次搞到船只，必有一场恶战，谁胜谁负很难预料，于是建议石抹宜孙下令动员城中所有兵士、民军及城中百姓，集合江边，人人携带锣鼓和火把，以疑兵吓退"山寇"。

顿时，江边城边一片喧闹，鼓锣响成一片，火把也如对岸一样连成一片。

不久，果然对岸敌人呐喊一阵之后，调头撤回深山去了。

周围一片肃静，天上明月高挂，繁星闪闪，一场护城之战就这样结束了。

这次战斗虽然规模不大，却是既展示了民军的力量，为石抹宜孙增添了镇守浙东的信心，更提现了刘基组建民军之策的英明和指挥战斗之正确、果断。

龙泉父老在县丞的带领下前来感谢石抹宜孙一行的救城之恩，石抹宜孙指着刘基说："这一切都是因为刘都事指挥有方，要感谢就感谢他吧！"

刘基则微微一笑说道："全靠宣慰使掌舵坐镇，龙泉军民奋勇杀敌，功劳在于冲锋陷阵的民军。"

大家心里都明白这是刘基谦虚，县丞问他道："战斗之所以能在敌众我寡的情况下反败为胜，请问都事用的是何种战法？"

"此乃先战之法也。"刘基说："凡与敌战，若敌初来，阵势未定，行阵未整，先兵以急击之，则胜。法曰：'先声有夺人之心。'"

接着他又解释道："春秋时，宋襄公与楚国人在泓水边交战，宋军已摆好了阵势，而楚军还没有渡完河。司马子鱼对襄公说：'敌众我寡，乘他们还没有全过河，请君主下令攻击他们。'襄公不许。后来楚军全部渡过河，但还没有整理好队伍，子鱼再次请宋襄公发动进攻，襄公又不许。等到楚军整理好队伍再交战，结果宋军大败。"

大家听后，更加对刘基佩服不已。

刘基走马上任之前，方国珍就在沿海一带到处滋事，虽然成为浙南沿海一带的心腹之患，但官军却对此毫无节制措施。

刘基赴任刚到台州不久，就听石抹宜孙介绍了方国珍在黄岩作威的情况。三月，方国珍再次胁迫他的党羽下海，逼近黄岩澄江。当时，石抹宜孙看到方国珍势力强大，官兵抵御不住，便一方面与浙东道宣慰司都元帅泰不华率兵扼守黄岩的澄江，一方面又派遣义士王大用到方国珍那里，传达消息，要他不要再骚扰地方，只要回来归顺，会给他适当的地位。谁知方国珍根本不予理睬，不但扣留了王大用，而且派遣二百艘小船直冲海门，进入黄岩州港口，扑向马鞍山。

泰不华虽担任武职，却出自书斋，他对部属们说："我出身书生，身居要职，常常担心自己的学问不能应用。现在镇守海边，贼人刚归附，又起来叛变，你们帮助我攻打，如果取胜，是你们的功劳；如果失败，那么我就尽忠报国了。"部属群情激昂，决心与方国珍一拼高低。

这时，方国珍却使出了惯用伎俩，派自己的亲戚陈仲达送来书信，表示愿意归顺朝廷，不再攻打城池。

○57

泰不华缺乏警惕，没有识破方国珍的奸诈阴谋，轻率地率部属打起受降的旗帜坐船乘潮前往。将要和方国珍相遇时，泰不华招呼陈仲达商量归降的具体条件，突然发现陈仲达眼转又气喘，神情紧张，才知道中了方国珍的诡计，立即拔刀将陈杀死，随即冲向敌船，一连杀死五人，贼徒跳入船中，又被他一刀砍死。这时，方国珍的士兵从四面围了上来，集中用槊刺他的头颈，泰不华被杀，年仅四十九岁。

听到这一情况，刘基气得捏断了手中的笔杆。他分析，当前红巾军节节进逼取胜，这方国珍在浙南一带绝不会就此罢休。一来方的势力范围在沿海，虽然官军多方阻止其发展壮大、扩充地盘，但自从这反复无常之盗贼走上造反道路后，基本上没有吃什么大亏。要么掠财夺物，充实军饷，补充给养，打了就走；要么争城夺池，割据一方，享一阵霸主之乐；即使最不如意时，也可用重金贿赂，买通几个贪官，为其呐喊奔走，授个官职。而这些送贿之财、之物、之宝，民间取之不尽，有夺必得，反正方国珍本人是不会有什么大损失的。所以，他肯定会不断夺城夺地扩大影响，以示其威，让红巾军知道他的存在，不敢来此争夺地盘。否则，若红巾军打将过来，他要同时在两条战线上争斗，后果怎样，方国珍心中应该是有数的。二来红巾军正在各处造反，官军难以应付，方国珍必会乘机破坏，攻城占地，进一步扩大自己的势力范围。

一连七天，刘基夜不能寐。他查阅了方国珍自至正八年作乱以来历次骚扰打劫，降又复反的记录卷宗，深入分析了其谋乱过程，行动规律，人物性格，队伍装备，以及手下谋士、统领，乃至兵卒出处等详细情况，终于形成了制约、阻止、打击方国珍的行动方案。

这天，石抹宜孙召集刘基等浙东道宣慰司都元帅府的幕僚出席军事会议，"各位大人，卑职受禄朝廷，听命行省，担负浙东安宁之重托。当前局势各位都是清楚的，不但全国红巾军起事之势日渐扩大，浙东一带，龙泉、庆元、建宁等地'闽贼'、'山寇'不断添乱，方国珍又一再不顾朝廷恩泽，反复无常，叛乱不已。是战是和，是打击还是招安，望大家发表高见。"

石抹宜孙开场白后，元帅也忒迷失、叶琛等人相继发表了意见。平乱讨征"闽贼"、"山寇"，大家看法一致，坚决听令行省，由石抹宜孙亲自率兵前往"平乱"。对待方国珍，大家都不赞成与之议和或招降，但是如何与之交锋，如何才能阻止其接连不断的骚扰，苦于拿不出计策。

这时，刘基开了口："这方国珍恶贯满盈，罪行滔天，对他，不能被动迎之，必须坚决出击，尽全力挫其锐气，灭其威风，断其魔爪，使其不敢贸然作威逞凶。"

也忒迷失说："这方国珍狡猾异常，舰船庞大，贼兵众多，又有大海之地利，如何才能达到目的呢？"元帅也显得缺乏必胜的信心。

是啊！刘基何尝没想过这些呢？就目前官军之状况，即使加上已经组建的各地民军，无论是军力、财力、民心、军心，要歼灭方国珍这支力量都是非常艰难的，但是，将不守土，要之做何？

"兵不厌诈！"刘基坚定地说，"用兵之道，以计为首。料敌制胜，计险厄远近，上将之道也。"

他给大家详细讲出了自己的计谋筹划："与方国珍之战，只能软硬兼施，声行并用。

"具体说，一曰心战，二曰不战，三曰主战。

"心战，心声之战也。声者，张虚声也。声东而击西，声彼而击此，使敌人不知其所备，则我所攻者，乃敌人所不守也。法曰：善攻者，敌不知其所守。

"不战在我。敌众我寡，敌强我弱，兵势不利，以退为守，以守为攻，筑墙挖沟，宜坚壁持久以蔽之，则敌定可破也。

"主战者，因势利导，反客为主，渐握机要，乘隙而出，坚决、有力之打击，必能使方国珍望风而逃，灭其气焰矣！"

一席话，使在座各位茅塞顿开，马上有了主意，你一言、我一语地制定、完善了与方国珍斗争的作战方略。

五月，朝廷正式下令，命江南行台御史纳琳发空名宣敕，募集濒海各县"民丁"，组成义军，集中力量打击方国珍势力。

刘基等人大肆渲染，广造声势，一时间，临海、淑江、黄岩、三门，乃至温州一带，到处都可以听得到朝廷有诏灭方国珍的消息，上至县州官吏，下到平民百姓、窑工流民，家喻户晓。又有台州富豪陈子由、杨恕卿、赵士正、戴甲等"倾家募士，为国收捕"，好不热闹。

方国珍一看，全民皆愤，同仇敌忾。他没想到，江浙之地，竟然会对自己下这么大功夫？他更不知道，什么时候这千夫所指的厄运会降落到自己的头上。当然，他也明白，要是把广大百姓真的发动起来，他的兵力再强大，也会落到灭亡之下场。于是，这个曾经不可一世的地头蛇，终于收缩了伸出的头，率领船队远远地逃到了远海龟缩不前，先前的骄狂之气，一下子被压了回去。

这时，不幸的消息传到了台州。七月初十，徐寿辉部将丁普郎，带兵从徽州、饶州，越过昱岭关，进攻杭州。事发突然，城中毫无防备，行省参政樊执敬率众抗敌不过，被杀身亡，杭州城破。红巾军入城后，以"弥勒佛出世"作号召，不杀人，不奸淫妇女，凡是居民愿意投附的，便在簿册登记姓名，将仓库中的金、帛全部运走。虽然徐寿辉的红巾军最后被江浙平章嘉珲部将董抟霄率兵打败，但杭州城却遭到严重破坏。

杭州一失，刘基便感到方国珍可能要伺机报复台州，立即建议元帅也忒迷失，加紧修筑城郭，加强防卫，采取"不战"之策，使其阴谋不能得逞。元帅尊重刘基的意见，一面命庆元、台州、温州各地军民着力筑城固墙，一面组织浙东驻防官军、民军共同加强备战，储备充足粮秣、武器，几天工夫，各地便准备就绪，每个县城都戒备森严，兵士林立，战旗猎猎，护城河沟深水清，城墙上弓箭上弦，滚石、竹镖应有尽有，一派众志成城之景象。

果然，八月初三，方国珍耐不住寂寞，率领部众浩浩荡荡开出深海，向台州发起了进攻，因防范严密，只落得兵败而退。

此刻，刘基的名声在浙东大震，威望迅速提高。

但是，刘基并没有被胜利的喜悦冲昏头脑，他知道，方国珍两次失败，都没有受到致命打击，其实力还很强大，必然要寻找新的地域以逞其威。刘基便及时提醒石抹宜孙和元帅也忒迷失，温州地处瓯江入海口，进可四通八达，退可入海避风，守可制约诸州，地理位置十分重要，历来是兵家必争之地。方国珍两度在台州没有得手，很有可能调转船头直指温州，必须立即着手部署，否则，要吃大亏。

十月，待石抹宜孙一行赶到温州时，已得到了方国珍船队朝温州方向驶来的通报。

刘基的分析没有错，方国珍攻台州不下，恼羞成怒，他决心要报这一箭之仇，不惜血本，一定要拿下这座江浙沿海重镇。于是，他几乎集中了全部战舰，大小七百二十多艘，发兵五千，图谋一举攻陷温州城。

这次，他又要碰壁了。

因为，他遇到了以前从未遇到过的对手。

"以刘都事之见，这次与方国珍之战应该如何展开？"石抹宜孙问。

刘基道："贼兵人多势众，数倍于我，且舰船众多，如果与其硬拼，只有失败之理。记得史上记载，汉灵帝中平元年，朝廷派皇甫嵩和朱隽率兵镇压黄巾。朱隽与黄巾将领波才交锋，被打败，而且波才还将皇甫嵩部队围困在长杜。波才率部在草丛中安下营寨，此时正好刮起大风，皇甫嵩于是命士兵扎好火把，登上城头另派一些精锐力量偷偷越出包围圈，向黄巾营地放起火来，并且大声呼喊，城头士兵点起火把予以配合，皇甫嵩擂响战鼓，带兵直冲敌营，黄巾将士惊慌失措，四处逃窜。这时，曹操带兵赶到，两军联手，击垮了黄巾军，杀死一万多人。"

"你是说采取火攻？"

"对，出其不意！"

"昨天晚上，我仔细观察了天象，发现月亮周围有一个很大的昏黄

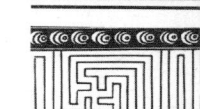

风圈，今晚必有南海大风自东而来。我意先由元帅率十艘舰船从正面迎敌，然后选十艘空船装满油柴等易燃物品，从敌侧后绕过，再挑选五百名武艺高的青壮年精兵迎战上岸之敌，埋伏两队战船各二十艘从敌两侧出击。"

石抹宜孙见军情紧急，便不再询问，立即传命做了安排。

刘基又令温州县丞组织城中百姓多备铜锣、皮鼓和火把，到时会派上用场。

这时，天已傍晚，隐约可见方国珍正站在一艘大船上，像一棵细高挺拔的白杨树。此时，他心中得意地想，杭州被陷，周围城池多处战乱不止，官军哪有力量来守这温州之地，此次出击必胜无疑！

正在他庆幸守城兵士毫无防备之时，突然，发现正面海岸冒出十艘大船，直迎他的舰队。

"哼，不量一下自己的身子长短，竟敢碰我这棵大树！"

谁知方国珍总是不会笑在最后。

他一面派出一百多条船只迎上那十艘船队，一面继续指挥庞大的船队向着海岸既定目标扑了过去。突然，在船队离码头不到百步时，岸边上千支利箭飞雨般地射了过来，船上贼兵一时不备，百来人纷纷中箭，几十人落入水中，顿时，哭爹喊娘的惨叫声响彻了大海上空，贼兵这才举起了挡箭牌。

大战开始了。

然而，方国珍的水军并没有受到重创，整个舰队仍然速度不减，直逼岸边。到浅滩处，已经有兵下了战船，一边用牌挡箭，一边向岸边冲来。

刘基立即下令刀手们列队迎敌。

这时，海风已经刮起，方国珍没有注意。风声、喊声、刀戟声连成一片，杀声四起。先上岸的敌兵倒在了刀枪剑戟下，后面上来的又前仆后继，继续冲杀，顷刻，尸横遍野，官军也死伤众多。

刘基立即命两侧战舰出击。

一时间，四周遇敌，方国珍一惊，原来官军还是有准备的，"看来今天将是一场死战。"他在心里念叨着。

突然，一阵狂风从海上冲来，岸边顿时飞沙走石，摧枯拉朽。随着风声，温州城墙上的锣声、鼓声、号声也顷刻间纷纷响起，方国珍的士兵们刚冲上岸，就被风扑倒在地，有的竟然自己的刀朝自己人身上砍去。

刚刚靠岸的战船还未停稳，就被狂风吹得摇晃起来，船上的兵士或跌倒船上，或落入水中，舰船冲撞着舰船，人冲撞着人，海中一时大乱。

方国珍惊慌地回头一看，不好，数十艘船随风腾起熊熊大火向自己的船队冲了过来，战船拥在一起，士兵多又下船拼杀，一时间调头都来不及了。

随着"咚"的碰撞声，"哗哗剥剥"……方国珍的船队突然成了一片火海，风越刮越猛，火越烧越旺，一片惨叫之声，一片骂喊之声，一片疏散撤退的号令之声。这时，方国珍才知又一次上当了，只好丢下起火燃烧的近百只船，匆匆撤出海门，迎着大风向大海驶去。

全城的老百姓欢呼着，跳跃着，奔走相告，这是他们与方国珍对敌，打得最漂亮、消灭敌人最多的一战。

刘基却默默地一人向城内走去。他虽然也对今天的胜利感到高兴，但凭其直觉，这一仗只是打击了方国珍的威风，还远不到消灭他的程度，胜负的问题远远没有解决。

刘基的分析没有错。

温州之役结束后，方国珍为了报复，当年十月又亲率船队入瑞安飞云江掠杀半月余，所到之处，烧杀劫掠，无所不做，女哭男啼，尸山血海，好不悲惨。

十一月，朝廷再也坐不住了，圣命江浙左丞帖里帖木儿总兵讨伐方国珍。

这帖里帖木儿久经沙场，又极有主见。他认为，方国珍时降时

叛，朝廷一再宽让，到了今天这种"横莫能制"的地步，要讨要伐，谈何容易。

他想起浙东石抹宜孙几次写信介绍刘基的情况，知道方国珍无论攻台州不克，还是战温州不胜，皆是由于这个通兵法、谙军事、能文能武的浙东元帅府都事巧谋善断、果敢英勇。看来，对付方国珍，非此人相助不可。于是，左丞特招刘基赴杭州，共同研究讨伐方国珍的办法。

这时，方国珍也得到了朝廷命行省左丞总兵讨伐的消息。近来，他一直在琢磨，元朝天下大乱，到处造反。自从自己踏入谋乱道路之后，虽然也吃过亏，栽过一些小的跟头，但总体上说来，官兵从来不是自己的对手，普通百姓自身难保，谁还有心思关心争战之事。谁知一年多来，诸事不顺，先是朝廷发放空名宣赦，动员百姓对付自己，接着台州失利，温州惨败。经过多方打探，才知遇到的克星姓刘名基字伯温，是一个经学博才之士，兵法韬略无人能敌，看来，对手太强大了。

本来，自己是被逼起事，一再掠地扰民，是想趁乱世之时，要挟权贵，扩张势力。现在，偷鸡不成反蚀一把米，这左丞帖里帖木儿听说又不大好惹，加上有刘基相助，动员整个江浙兵力，如在此时与其争一高低，必是凶多吉少。

于是，方国珍立即找来几位兄弟商议对策，怎样对付官府这次征讨。

"这有什么说的，兵来将挡，朝廷那几个虾兵蟹将哪是我们的对手！"三弟方国珉对此不屑一顾。

"你懂什么？难道没有看到这几次我们碰到的对手是谁！"二弟国瑛毕竟年长几岁，还是有点头脑的。

"识时务者为俊杰，据我看，眼前宜以退为守。"方国珍的兄长方国璋一向比较稳重，方国珍对这位老兄平时基本上是言听计从的。

"哥哥谈详细点。"方国珍示意其讲下去。

"所谓退，即再次归降朝廷，之后再相机行事。现在的问题不在于降与不降，关键在于有这位刘基辅佐帖里帖木儿，他是否愿意接受我们投降。"

刘基决然不会同意。

就在方氏兄弟商量对策时，刘基正在与帖里帖木儿谋划着。帖里帖木儿已经设想方国珍为保住自己的地盘，尽量减少损失，可能会再次归降，是伐取？是招降？他一时拿不定主意。

只听刘基说："对付方国珍，万万招降不得。你试想一下，朝廷一再宽容方氏，而他却毫无悔过归顺之意，夺我城域，杀我命官。封位之后，又不听诏，反复无常。如果再予招降，必授其职，那么，天下人岂不嘲笑作乱有功吗？"

接着，他慷慨激昂地说，"如此一来，作乱滋事、反叛朝廷的将会越来越多，愿为国家效命平叛者将越来越少，发展下去，后果不堪设想！"

帖里帖木儿觉得刘基讲得甚有道理，便问："依刘都事之见，对方国珍应该采取什么手段呢？"

"招、捕兼之。招，即对胁从分子，跟随方国珍作乱的一般官兵，只要他们愿意放下刀矛，不再跟随贼头作乱，即可招而安之，以便溃其军心，失其兵力，懈其斗志，稳定治安，造福百姓。而对方国珍兄弟等祸乱之首，则要坚决捕而斩之，以正视听，以正压邪。

"而且，方国珍日前在浙东一带已成过街之鼠，人见人恨。又经过几次打击，其骄矜之气已受重挫，只要决意对其围剿，官军、民军联手行动，并对其下属区别对待，定会一举歼灭，彻底平乱，不难实现。"

刘基的分析，使帖里帖木儿十分佩服，他决定将刘基直接调往行省任都事，以参与军机，伐灭方国珍，并着手调遣军队，准备船只，训练水军，打算与方国珍决一死战。

谁知，方国珍这次却赢了，而刘基输得很惨。

原来，方氏弟兄商量结果，一致同意先降朝廷，渡过难关。至于江浙行省帖里帖木儿、刘基，以及浙东的石抹宜孙等，不同意招降，

这兄弟几人也有了对策，"有钱能使鬼推磨，手段照旧，贿赂朝廷有关人员，圣旨一下，江浙谁还敢抗旨不成。"

方国珍说："上次归降，满朝文武，竟没有金银买不动的，没有一人退回所贿之财。可见，朝廷命官，皆贪财之辈，只要甩的钱足，没有办不到的事。"

俗话说，官府不打送礼人。方国珍派方国璋亲自出马，带了满箱的金银珠宝，去以钱买路，游说命官。不久，回到海岛，给方国珍报告了自己的结果：朝廷诏书已到杭州，命江浙行省左丞帖里帖木儿、江南御史左答内失里招谕方国珍。

三个月时间，朝廷就有如此变化。刘基十分生气，在他的说服下，帖里帖木儿又专门奏了一份表章，详尽阐明了方国珍屡降又反，又杀朝廷重臣，时下山穷水尽，一举可灭，请朝廷不要轻信方国珍骗局，下诏坚决予以剿灭。

谁知，忠心不如贼心，精诚打不过金钱。是年十月，顺帝再次下诏，接受方国珍投降，答应给其官职，任命方国珍为徽州路治中，方国璋为广德路治中，方国瑛为信州路治中。并斥刘基作威作福，有损朝廷仁义之形象，削去官职，羁管绍兴，交由地方官看管，江浙行省左丞帖里帖木儿听其言，代为奏表，罢去左丞职务。

看到圣谕，刘基朝天"哈、哈、哈"大笑三声，"此朝无可救矣！"二话没说，携家来到绍兴，从此来往于山水之间，放荡不羁。两年以后，虽又因剿方国珍，复命他乃为江浙行省都事，但最后还是落得一个降回原级，夺去军权，仍以儒学副提举格任处州路总管府判。刘基从此心灰意冷，大失所望，不得不发出了"臣不敢负国，今无所宣力矣"的感慨，第三次愤然弃官，拂袖而去，回到阔别已久的家乡。

至正十三年（1353）十月，刘基因建议捕斩方国珍，为上官所驳斥，被羁管于绍兴。

这种生活，延续了将近三年。

黄伯生《诚意伯刘公行状》记载："公在绍兴，放浪山水，以诗文自娱。时与好事者游云门诸山，皆有记。"黄伯生的概述，就大体事实而言是对的，但忽略了刘基此时的内心痛苦，而这是不应忽略的。比较起来，道光《会稽县志稿·寓贤》的记载就具有更多的历史真实性："（上官）驳基擅作威福，羁管绍兴，基发愤痛哭，呕血欲自杀，家人力阻之。于是居绍兴，放浪山水，以诗文自娱，凡新、剡、萧、暨诸名胜，游赏殆遍，而盘桓云门诸山最久，俱有记。"

居绍期间，刘基作有《题王右军兰亭帖》，其文云："王右军抱济世之才而不用，观其与桓温戒谢万之语，可以知其人矣。放浪山水，抑岂其本心哉？临文感痛，良有以也。而独以能书称于世，悲夫！"稍微细心一点的读者都能看出，这是借他人酒杯，浇自己块垒，他是不甘于怀抱济世之才而不能建功立业的。

至正十三年（1353），刘基作《送顺师住持瑞岩诗序》。

说到武和尚，人们很容易想到《水浒传》中的鲁智深，但鲁智深毕竟是小说形象，刘基笔下的横舟和尚却是生活中的一个真实人物。

横舟和尚的经历，在刘基那个时代，是一个颇为敏感的话题。十八般武艺，他几乎样样精通，正是平定叛乱不可多得的人才之一，因此当刘基任浙东元帅府都事时，特礼聘他来到台州。方国珍接受招安，朝廷中一帮目光短浅的大臣趁机排斥异己，所有以兵事被提拔的人一律不再任用，横舟和尚虽因其德能受有司敬重仍得为瑞岩寺长老，但已不能发挥他的军事才能了，"绿驲骍疆不服驺，王良造父亦难堪"。元王朝自弃人才，令刘基不胜怅惘。

与刘基并称为一代文宗的宋濂，写过一篇传奇性的散文《秦士录》。秦人邓弼，字伯翊，体力雄壮过人，性格放荡不羁，能文能武，满怀英雄抱负，却无法实现，只能郁郁老死于山中，"天生一具铜筋铁肋，不使立勋万里外，乃槁死二尺蒿下，命也，亦时也。尚何言！"委之于"命"是无可奈何，委之于"时"则有理有据。一个扼杀人才的王朝，不倒坍才真是世间一奇！

刘基是不甘于无所作为地"衰朽"下去的！

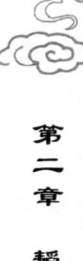

"放浪山水"和"以诗文自娱"是难以分开的,以游兴激发诗兴,以诗情渲染游情,可谓合则双美,离则两伤。

至正十四年(1354)春,刘基偕会稽诸位士大夫先后游历了萧山、南镇、宝林等处,赋诗唱和,殆无虚日。

几位友人偕游南镇,刘基兴高采烈。雨后初晴,和风吹拂,春日的郊野,花朵灿然。他们一会儿荡舟,一会儿登高;或仰观嘉木,或俯听泉声;或赏游鱼,或玩鸣禽。几位友人不仅举止得体,而且谈吐不凡,这些都使刘基恋恋不舍,"良辰岂易得?嘉会难再寻。愿作胶与漆,无为商与参。"他希望朋友们能经常聚首,不要分离,但这怎么可能呢?

饮酒唱酬,风日晴美,这是令人襟怀怡旷的。但目睹豺狼犹存、四郊多垒的现实,又怎么能不悲怅?"无思身外忧,适意聊复尔。"故作达观,更见得悲怅之深。如此世道,诗朋酒友相聚,也很难打起精神来。

顺便提一桩史实。与刘基等人偕游南镇同时,在安徽滁州,朱元璋遇见了他的第一位智囊人物李善长。朱元璋问:"四方战斗,何时定乎?"善长答道:"秦乱,汉高起布衣,豁达大度,知人善任,不嗜杀人,五载成帝业。今元纲既紊,天下土崩瓦解,公濠产,距沛不远,山川王气,公当受之,法其所为,天下不足定也。"朱元璋听了,大为高兴。

朱、李有志于图王之日,刘基却依然在为蒙古贵族治下的国计民生担忧,历史就是如此地富于戏剧性。

至正九年至十一年(1349—1351)闲居杭州以及至正十三年至十五年羁管于绍兴期间,刘基与僧人交往颇多。

元代后期的几位皇帝,如文宗、顺帝等,均一意佞佛。刘基对佛教则持一种审视、批评的态度,比如《郁离子·蛇蝎》篇,赞赏"楚人有见蛇蝎而必杀之者"的行为,而对"曲为之容"、"惟恐人之伤之者"加以非议,并毫不含糊地否定了佛教"不杀生"的主张:"毒人之虫，中之者不死则痍，而曰必待其伤成而后可杀，是以人命同于虫蛇，其失轻重之伦，不亦甚哉？近世之为异端者，以杀物为有罪报，而大小善恶无所别，故见恶物而曲为之容，私于其身为之，而不顾其为人之害，其操心之不仁可见。"刘基的是非感是很鲜明的。

如同唐代的韩愈，虽抨击佛教却与僧人交友一样，刘基与僧人亦过从颇密，并曾为他们写诗、作序，足见友情之深。试读几篇：

《送别灯和尚还乡序并诗》云："其为浮屠也，岂果惑于其术之说而为之哉？世治不古，为民者日困。农疲于耕，而终岁不饱其食。工疲于作，而终岁不得休息。士不谐于时，而累累无所即。追呼徭役之可怜，诛求征敛之无厌，皆足以累其身，愁其心。求全躯而苟安，舍是其何之乎？若师者其迹于是，而心则有所寓乎！"

《送柯上人远游诗序》："柯上人者予之同邑人也，客游于净慈。""今之为士者欲游四方，行李之往来，丰则患于盗贼，约则患于资粮之乏、裘马之敝，当何所取给哉？独浮屠以其徒为一体，所至则如归焉。穷山际海，何往而不可也？"

《竹川上人集韵序》："余初来杭时，识竹川上人于祥符戒坛寺。见其为歌诗，清越有理致，遂相与往来。今上人为佛屠而志于儒，不泯于流俗，而著书以为乐，年已老而愈不倦，是岂可以常人目之哉！自古有避世之士非一途矣，晨门荷蒉，偶耕卖药，亦各随其所处以求其志。若上人者，其避世之徒欤？"

这三篇作于居杭期间的文章，表达了刘基对几位元末僧人的独特理解。在他看来，他们之所以为僧，并非"果惑于其术而为之"，并非真的信崇佛教，他们的精神依归仍是儒学。只是由于"世治不古，为民者日困"，忍受不了徭役、征敛和盗贼的骚扰，才出家为僧，借以避世，他们与隐士殊途而同归。

至正十四年，刘基读到了王冕此前的所有诗作。

在居绍兴期间所写的《送张山长序》中，刘基提出了诗以讽喻为主旨的见解，其文云："稽山书院山长张君用中，受代将归。友生具酒

肴祖送越西门外。""老子曰：富贵者送人以财，仁者送人以言。""于是命楮笔各为歌诗，俾余序焉。余观诗人之有作也，大抵主于讽喻。盖欲使闻者有所感动，而以兴起懿德，非徒为诵美也。故崇奖之言，冀其有所劝而加勉；示事之告，愿其有所儆而加详也。然后言非空言，而言之者为直、为谅、为辅仁、为交游，相助而有益，而闻誉达于天下，而言与人相为不朽，不亦伟哉？"

刘基这段诗论，首先是就酬赠之作而言的。酬赠之作，多以诗为禽犊，即用作馈赠的礼物，因而肤浅浮泛，缺少兴、观、群、怨的精神力量。刘基强调，即使是酬赠之作，也应以讽喻为要素。

王冕，字元章，元末画家、诗人，号煮石山农、饭牛翁、会稽外史、梅花屋主等，诸暨（今属浙江）人。出身农家，幼贫牧牛，晚至佛寺长明灯下读书。学识深邃，屡试进士不第，即弃去，南入淮、楚，北游大都（今北京），历览名山大川。后归隐九里山，卖画为生。擅画竹石，尤工墨梅，学杨无咎，花密枝繁，用笔挺拔圆润。或用胭脂作没骨梅，亦具特色。明初宋濂的《王冕传》，说他"尝仿《周礼》著书一卷，坐卧自随，秘不使人观。更深人寂，辄挑灯朗讽，既而抚卷曰：'吾未即死，持此以遇明主，伊吕事业不难致也。'"伊吕即伊尹、吕望，王冕以伊吕自期，表明他的人生理想是做帝王师。其《白梅》诗云："冰雪林中著此身，不同桃李混芳尘；忽然一夜清香发，散作乾坤万里春。"在颂美梅花的芬芳中，寄托兼善天下的大志，既是咏梅，又是自喻。

刘基与王冕有过密切往还，至正十四年（1354），刘基作《王元章诗集序》，有云："予在杭时，闻会稽王元章善为诗。士大夫之工诗者，多称道之，恨不能识也。至正甲午，盗起瓯、括间，予避地之会稽，始得尽观元章所起为诗。盖直而不绞，质而不俚，豪而不诞，奇而不怪，博而不滥。有忠君爱民之情，去恶拔邪之志，恳恳烟烟，见于词意之表，非徒作也，因大敬焉。"

刘基"尽观元章所为诗"，对王冕的人生理想一定了解甚深，但在

《题王元章梅花图》中，却并不涉及他的济世之才，倒是极力渲染其艺术家的痴绝、洒脱品格，鼓励他画出不朽的名作。这里，刘基意在言外提示王冕：王冕的才华更适合于作艺术家。婉而多讽，刘基不愧为诤友。

王冕笔下的梅花与北宋诗人林逋（西湖处士）咏梅的名句"疏影横斜水清浅，暗香浮动月黄昏"之间建立起联系，突出的仍是一种偏于隐逸的艺术家品格。

据祝允明《野记》载，至正十九年（1359），"吕珍为张士诚守绍兴，皇祖（朱元璋）屡攻之，未克。珍有材略，善战，尝以牛革囊兵宵济以袭我师。每战，令战士及城中人为歌高噪，以诟胡公大海。王冕元章不肯附珍，诣我军献策攻之，然亦弗克。"虽为野史，想应有来历，王冕的谋略，是难以与刘基相提并论的。

刘基游览山水，别有苦衷。中国的知识分子，用世之志向来强烈；一旦恶劣的环境迫使他们从这一社会人生领域退出，其受到压抑的心灵的心量便需朝别的方面释放。这是迫不得已的释放，所以在力度上异乎寻常。刘基诗所谓"安得身如列御寇，翩翩高举出冥鸿"，向往矫首天外，即是其力度的显示。

"治世之音安以乐，其政和；乱世之音怨以怒，其政乖；亡国之音哀以思，其民困。"这是《毛诗序》中的一段论述，后世辗转引用，几乎已成老生常谈，但刘基却是在经历了长期的战乱后才真切地体会到其深刻性的。至正十六年（1356），刘基作《项伯高诗序》，序云："言生于心而发为声，诗则其声之成章者也。故世有治乱，而声有哀乐。相随以变，皆出乎自然，非有能强之者。是故春禽之音悦以豫，秋虫之音凄以切。物之无情者然也，而况于人哉？予少时读杜少陵诗，颇怪其多忧愁怨抑之气，而说者谓其遭时之乱，而以其怨恨悲愁发为言辞，乌得而和且乐也？然而闻见异情，犹未能尽喻焉！比五六年来，兵戈迭起，民物凋耗，伤心满目，每一形言，则不自觉其凄怆愤悁，虽欲止之而不可，然后知少陵之发于性情，真不得已，而予所怪者，

不异夏虫之疑冰矣。"

少陵即杜甫。刘基之于杜甫，与南北宋之际的陈与义颇有相似之处。早年的陈与义，只以为杜甫"风雅可师"，靖康之难爆发，"经历了兵荒马乱，才明白以前对杜甫还领会不深"。"但恨平生意，轻了少陵诗"，进入了与杜甫心心相印的境界。至于刘基，他早年读杜甫诗，"颇怪其多忧愁怨抑之气"；几年兵戈扰攘，刘基满怀怨怒，常情不自禁地借诗抒发，这才懂得，杜甫之"忧愁怨抑"，亦战乱使然。世有治乱，而声有哀乐，这是再自然不过的事。

投鼠忌器，典出《汉书·贾谊传》，"里谚曰：'欲投鼠而忌器'，此善喻也"。意谓老鼠靠近器物，要打老鼠，又恐伤坏器物，比喻做事有所顾忌，不敢放手进行。

《割瘿》的设喻，与投鼠忌器相近。夷门有个脖子上长大瘤的人，脑袋陷到肩胛里，那大瘤竟取代了头的位置，嘴、眼、鼻子、耳朵，全难以发挥作用。郢地管理疆界的官员可怜他，打算帮他割下来。有人劝阻说："这大瘤割不得。"管理疆界的官员不听。这大瘤终于被割了下来，过了两夜，那人就死掉了。都城的人都责怪管理疆界的官员，官员却拒不接受批评，他振振有词地说："我只知道去掉病害，他现在虽然死了，大瘤也没有了嘛！"都城的人，都掩嘴暗笑而退。过了些日子，有人憎恨春申君专权，想上言于楚王，杀掉春申君。荀卿听说了这件事，道："这不也和割瘤相同吗？春申君掌握楚国大权，已非一日，楚国的人都只知道春申君，一旦春申君被罢免，楚国也就跟着完了，你这是教楚王割瘤啊！"

刘基这篇寓言，也许是针对元顺帝罢免脱脱一类的事而写的。脱脱（1314—1356），字大用，他在年复相后，报复旧怨，日益专恣，与中书左丞哈麻不和，出哈麻为宣政院使。顺帝第二皇后奇氏与哈麻合谋，图立己子爱猷识里达腊为太子，曾遭到脱脱的反对。1353年6月，顺帝立爱猷识里达腊为太子，奇后母子对脱脱深为忌恨。1354年9月，脱脱集合大军，亲攻高邮张士诚，至十一月，张士诚军已准备出降，就在这一关键时刻，奇后、太子与哈麻指使监察御史弹劾脱脱"劳师费财"及弟也先帖木儿兵败事，连上三章。1354年12月，顺帝下诏削去脱脱官爵，安置淮南。诏书于1354年12月下到军中，全军大乱。脱脱军原从各地调集而来，闻诏纷纷散去。许多军士无所投附，遂倒戈加入红巾军。叶子奇《草木子》卷十三《克谨篇》载："丞相脱脱统太师四十万出征，声势赫然。始攻高邮城，未下。庚申君（顺帝）入丞相哈麻之谗，谓天下怨脱脱，贬之可不烦兵而定。遂诏散其兵而窜之，师遂大溃，而为盗有。天下之事遂不可复为矣。"

至正十五年（1355），有件事给刘基带来了短暂的喜悦：同知副元帅石抹宜孙率兵出镇浙东。石抹宜孙在反对招安一事上与刘基见解一致，这使刘基兴高采烈，大受鼓舞。

但石抹宜孙出镇浙东带给刘基的喜悦未能取代他内心的重重忧虑，"天下可忧非一事"，他的确很难摆脱时局所造成的心灵世界的阴影。至正十六年（1356），正月，张士诚遣弟士德渡江破常熟，二月，攻占平江（即苏州）。张士诚自高邮进驻平江，改名隆平府，立省院六部百司。七月，张士诚军攻破杭州。这一系列巨变，令刘基痛心不已。其《感叹》诗云："闻说苏州破，仓皇问故人。死生俱可悼，吾道一何屯。北去应无路，南藩自此贫。凄凉转蓬客，泪尽浙江滨。"《感兴》三首之一用这样两句诗来形容他的悲伤之情。

"去国杜鹃红泪尽，伤时庾信白头新。"

"去国"句用杜宇的典故。杜宇是传说中的古代蜀国国王，周代末年，在蜀始称帝，号曰望帝；后归隐，让位于其相开明；时适二月，子鹃鸟鸣，蜀人怀之，因呼鹃为杜鹃。相传杜鹃即是杜宇的魂所化，"伤时"句以庾信自比。庾信（513—581），字子山，南阳新野（今河南新野）人。出身贵族，自幼出入梁朝宫廷。侯景叛乱，梁都建康失守，他逃往湖北江陵，辅佐梁元帝。后出使西魏，在出使期间梁亡，因为当时的北朝倾慕南朝文化，以文学成就被强留在长安。北周代

魏，他更受重视，官位清显。但国破家亡，羁旅北地，他心境凄凉，常常想念祖国和故乡，故其后期诗赋大都抒写"乡关之思"和屈仕北朝的痛苦。他的《拟咏怀》之一云："榆关断音信，汉使绝经过。胡笳落泪曲，羌笛断肠歌。纤腰减束素，别泪损横波。恨心终不歇，红颜无复多。枯木期填海，青山望断河。"所谓红颜销蚀，与"白头新"意旨相近。刘基引以自比，表达出满腹的"去国"、"伤时"之忧。

引庾信自比的刘基，对时局的另外一些变化似乎还不甚了然。例如，至正十五年（1355）六月，朱元璋攻占采石、太平，改太平路为府，置太平、兴国翼元帅府。朱元璋自领帅事，以李善长为帅府都事，李习为知府，陶安参幕府事，初步建立了江南政权。陶安向朱元璋献言说："方今四海鼎沸，豪杰并争，攻城屠邑，互相雄长。然其志在子女玉帛，取快一时，非有拨乱、救民、安天下之心。明公率众渡江，神武不杀，人心悦服，以此顺天应人而行吊伐，天下不足平也。"朱元璋欣然采纳，帝王气象已隐隐可见。倘若刘基对朱元璋的所作所为有几分了解的话，这位伤时的"庾信"该作何想法？

东汉献帝末年，东都洛阳大旱，野草都枯焦了，连昆明池也干涸了。洛巫对父老说："南山山涧中，有种灵异的神物，可以召来降雨。"父老说："这是一条蛟龙，不可起用，它虽然能够降雨，但定会造成后患！"众人道："如今旱情太严重了，人都像坐在炭火中一样，朝不谋夕，哪还顾得上考虑后患！"于是，叫来洛巫，一起去南山山涧，祈求蛟龙降雨。三次献酒还没完毕，蛟龙蜿蜒而出，风飕飕作响，整个山谷都发出雷鸣般的响声。一会儿工夫，雷雨大至，树木连根拔起，整整三天没有停止。伊水、洛水、涯水和涧河里，水势暴涨，泛滥成灾，洛阳情势非常危急，众人这才后悔没有听信父老的话。

这篇题为《东都旱》的寓言，旨在告诫元末当政者：万不可病急乱投医，起用那些危害极大的实力人物。刘基的规劝是有现实针对性的。

比如苗帅杨完。元顺帝至正十八年（1358）八月，时张士诚据姑苏，元江浙行省丞相达识铁木儿担心被张士诚侵扰，遂召杨完率兵守杭，累授江浙左丞。杨完恃功骄横，虽然表面上尊事达识铁木儿，实际上生杀予夺，于己是决，达识铁木儿只能签签名而已。起用如此"蛟龙"，岂不是自贻伊戚？

刘基《次韵答石末公伤用三苗之作》写道：

> 周用羌髳功有赫，唐通回鹘祸无訾。
> 函歌郑曲非同调，楚服秦骖实背驰。
> 安得著鞭先祖逖，趋陪前跸学姚期。
> 扶持圣主中兴业，整顿乾坤去诡随。

"唐通回鹘"（"回鹘"有时也写作"回纥"）在历史上有好几次。755年，安史之乱爆发，唐东西二京相继陷落。756年，唐肃宗借回纥骑兵平乱，与回纥军统帅叶护约定："克城之日，土地、士庶归唐，金帛、子女皆归回纥。"所谓子女，就是年轻妇女。唐军和回纥军进克东京，回纥纵兵大掠，洛阳人奉上罗锦一万匹，回纥兵才停止掠夺。762年，唐代宗又向回纥借兵助讨史朝义。唐军收复洛阳，回纥入城大肆杀掠，杀人上万，火烧房屋一二十天不灭。唐地方官供应稍不如意，便任意杀死，毫无顾忌。鉴于"唐通回鹘"的历史教训，刘基反对起用苗帅，这是极有见地的。无奈"九衢车马如流水，尽是邯郸梦里人"，苗帅被委以重任，以至于"诸将旌麾非一统，大藩衣服变三苗"，身为弃臣的刘基，只能在天涯遥垂忧伤之泪了。

肉食不知田野事，布衣深为廊庙忧。

著《郁离子》

寒风卷着大雪整整下了一夜，整个世界都是白茫茫的。

肃穆与庄严，使大地显得更加深沉。

刘伯温传

南田武阳村，刘基家中寂静得出奇。左边书房中，一摞线装书整整齐齐地摆在案头，一支精美的狼毫小楷笔安静地躺在书桌洁白的纸上等待着。

右边客厅，二夫人陈氏一改往日那活泼开朗的天性，左手抱着老二刘璟，右手拿着一本画册模样的书籍，低声细气地给老大刘琏讲解着。

院子里，大夫人富氏陪伴着母亲坐在朝南的墙角下晒着太阳，做着一件小棉袄。

刘基靠在太师椅上沉思、发呆……

一家人大气不敢出一口。

三辞官职，三归故里，给刘基的心灵留下了极大的创伤。

他感到无比悲愤，心口亦隐隐作痛，于是站起，眼望窗外银装素裹，情绪怎么也提不起来。

是的，虽然幼读古籍，也知宠辱不惊，进退无意，乃丈夫之慨，男儿之志，但身为五尺之躯，以自己的志向、才能，靠艰苦卓绝的奋力拼搏，荣耀于世，光宗显祖，福荫三代，也不能不说是人之常情。

他想，自元统元年二十三岁登榜那日起，自己就抱有一个信念：忠心于天，一心为民，修身、齐家、治国、平天下。

为什么？

为什么"命世之才，沉于下僚；浩然之气，阨于不用"，一次一次遭受打击，一次一次为奸佞迫害？一桩桩、一件件往事反复从脑际流过……

苦思，冥想。

刘基的思绪，随着四十多年的光阴，随着二十多年的为仕之途，更随着研古知今后日益丰富渊博知识海洋，辗转着，争斗着，比较着，分析着，判断着……

他开始反省自己的作为。

重新认识自己为之效忠了几十年的元王朝。

元太祖立祚至今，已经一百五十年，改元十余次，其间亦有战乱，但与眼前不同，那是一方乱之，一地起事，而今却是四方造反，天下大乱。大地撼动，狂风、暴雨、雷电交织一起，如同火药库爆炸一般。起事的、造反的数不清，道不完，前面跌倒了，后面的又接上去，倒下去一两个，起来十个百个千个。

　　原因何在？当然有远因，亦有近因；有外部造成的，但更主要是自身引起的。

　　自身之祸，始于朝廷。先是蒙古贵族为争夺皇位，斗得你死我活。到成宗时虽然停止了皇位之乱，但元世祖忽必烈采用汉法立太子，确定皇位之世袭，却又不废选汗会议，于是，在汉地实行汉法的一派与仍在蒙古草原的贵族长期存在矛盾。汉法与选汗法交错而行，致使皇位继承者难以确定，蒙古宗王无不利用推选皇帝之事争权夺利。当朝的顺帝之登基，是得之于前朝宁宗懿璘质班早亡，而宁宗之登基，又是得之于文宗图帖睦尔早亡。文宗原本没有机会继承皇位，但泰定帝驾崩后，辽王与左、右丞相在上都拥立泰定帝幼子阿速吉八即位，金枢密院事燕帖木儿则在大都立图帖睦尔即位。元朝上都与大都各有一帝，相为对峙，于是发生了上都兵马南下攻大都之事，后来阿速吉八被燕帖木儿之师俘虏，图帖睦儿获胜。原本图帖睦儿为掩人耳目，宣布接其兄和世㻋到大都就让位给他，后又下毒害死其兄，文宗因此而得天下，但也招致四川、云南蒙古诸王发兵反叛。文宗之后，燕帖木儿主张立文宗幼子为帝，因遭皇后卜答失哩反对，只得立了顺帝。因此顺帝立足刚稳，就用伯颜之力除掉了燕帖木儿的势力。但伯颜专权，霸道朝廷，顺帝不容，又借脱脱之手除掉伯颜，同时将文宗之子燕帖古思流放高丽致死。之后，顺帝见脱脱权大，至正十四年，脱脱统百万之师大败张士诚于高邮，十二月，眼看高邮旦夕将破时，诏书到了，削去脱脱相职，安置淮安路，然后又诏使西行，第二年被左相奸臣哈麻矫诏鸩死于吐蕃境内。如果朝廷不乱，天下难道能乱乎！

同时，顺帝昏庸无能，荒淫无道，亦为各地贪官污吏贪赃枉法做了一个极坏的样板。先是至正十一年，不顾连年灾祸不断，百姓饥寒交迫，各地叛乱渐起，也不管清宁殿大火烧毁万件以上宝物，不听中书省建议，顺帝照旧要游皇城，动用上万之众，组织大车队、番部小乐队、男女各种杂戏，排场三十余里，制作各种铠甲、袍服、器仗，先后喧闹半个多月。顺帝除掉脱脱后，又由哈麻介绍西天僧，教授房中运气之术，并封其为司徒大元国师。从此顺帝广招天下美女进宫，日夜淫乐不止。那国师又招来徒弟，一时房中术流行朝廷，甚至与御弟宠幸十人，结成"倚纳"（即淫乐伙伴），君臣共被，互易妻室，相与猥亵，男女裸处，无所禁忌。又修建穆清阁，盖造海青鹰房阁，连续数百间，千门万户，美女如云，行大喜乐法，朝朝宴会，夜夜笙歌。这还不够，顺帝又亲自设计图样打造一条奇特龙船，长一百二十尺，宽二十尺，前面是瓦帝棚、穿廊、两暖阁，后面是吾殿楼子，龙身和殿宇都用五彩金妆，前有两爪。船上用二十四名水手，都穿紫衣，围金荔枝带，戴四带头巾，于船两旁各执一篙。驶动时，龙的头眼口爪尾都会相随而动，从后宫到前宫山下海子里往来游戏。顺帝每登龙舟，皆用彩女盛装，两岸列队牵挽，并附以丝弦铜鼓之乐，极尽奢华。看到自己的杰作，受到哈麻等朝官赞颂，顺帝又自制宫漏，高六尺，宽有高的一半，造楠木为柜，将壶藏在其中，运水上下，其柜上设置两方三圣殿，柜腰立玉女捧着时刻筹。时间一到，玉女就浮水而上。左右立二位金甲神，一边吊着钟，一边吊着钲，晚上神人自己能按更数击锣、钲，丝毫不差。当钟、钲响起来时，旁边的狮子、凤凰都会飞翔舞蹈。柜的东西有日、月宫、飞仙六人立在宫前，每到子时和午时，飞仙能成对而进，渡过仙桥，到三圣殿，接着又退到原来的位置，精巧绝伦，前无古人。

上梁不正，下梁歪矣！这样的天子治理天下，社稷能有不危乎！

这时，元朝又一再变更钞法。本来元世祖忽必烈时，阿合马与桑哥都曾设置专理财政的尚书省，钞法有相当完整的制度，发行也有定额，发行多少纸币，便有多少金、银做"钞本"，可以随时兑换成现金，与物价也有一定比例，在全国通行信誉很好。可是后来，由于朝廷及行省、各州、路、县的贪官污吏们骄奢淫逸，每一个新帝登基，都要慷慨一番，赏赐给贵族高官一大批金银钞币，又广修寺院，敬神祭天，国库因之枯竭。朝廷又公开卖官鬻爵，钱多官高，钞少官小，各级官吏都巧立名目，贪污勒索，巧取豪夺，盘剥广大民众，如拜见钱、撒花钱、追节钱、生日钱等。因为国库中的钞本都被花光了，变为不兑现的纸币，需要钱花时，只有加大发行，无限制印钞，于是，纸币越来越不值钱。至正十年，丞相脱脱为筹集镇压人民起义的军费而变更钞法，印造新型中统交钞，以一贯文省权铜钱一千文，准至元宝钞二贯，结果通货膨胀，纸币贬值，钞法大乱，五十锭钞换不到一斗米，老百姓视交钞为废纸。

钞法败坏，经济崩溃，使元朝各级官吏腐败益甚，百姓倍遭压榨，造反愈烈。

加之蒙古族贵族统治天下，对汉人、南人实施残酷的高压政策，驻兵监视防守，收缴各种械具，组织里甲防范等，民族矛盾日益尖锐。

看来，这个王朝已是病入膏肓，摇摇欲坠，无可救药了。就像一座破损不堪快要倒塌的房子，既缺好匠，又缺栋梁，是没有办法修葺了，它的倾倒崩溃只是迟早的事情。

刘基进而深刻地认识到，朝不等于"国"，自有史以来，朝代更换无数，华夏民族永远屹立东方。爱民忧国，不是非要忧这个朔漠帝业。

"天生我才必有用。"有志报国者，应该识时务，顺天意，从民心，当进则进，当退则退，腐朽的东西，要果敢地抛弃；新鲜的，则要有勇气接受。如若顽固不化，墨守成规，不顾事实，愚忠昏君，只能自讨苦吃，非但于国无利，且于己无益，悔之晚矣！当初自己不"唯古为美"，今天更需要勇往直前，另觅"王者之气"，"待新主出矣"。

他不由自主地提笔写下了两首《感怀》：

昊天厌秦德，瑞气生芒砀。入关封府库，约法唯三章。

英雄不出世，智勇安可当？叔孙一坚儒，绵蕞兴朝纲，逐令汉礼乐，远愧周与商。逝者如飘风，盛时安得常？寤寐增永叹，感慨心内伤。

四月阳用事，群物咸长荣。靡草虽就死，王瓜亦复生。

死生谁所致，时至莫能争。圣人洞神理，守分绝外营。修身俟天命，万古全其名。

思想通了，精神也好多了。

一家人又回到原本因刘基回家而沉浸的合家团聚、欢天喜地的幸福、快乐的日子里。

大家欢欢乐乐地过了一个欢欣、热闹的春节。

大年一过，冰消雪融，桃红柳绿，阡陌纵横，清风振荡。

蓝天、青山、绿树，一派春意盎然之景象。

这天，刘基收到文友宋濂的来信，得知这位家居永康、清洁自高的饱学之士，身处乱世而不乱其心，现正隐于深山书院，粗衣淡食，潜心学问，近来大作频出，不由得对其坚固心志发出敬佩的感慨。

当前世乱不止，各方争战，自己欲出不能，无所事事，满腹经纶，施展不了抱负，与其一天一天消磨下去，不如趁闲写点什么，把自己这多年来的所见所闻、政治军事、亲身感受，以及心得体会，予以总结，积蓄力量，也好静观天下，以待"明主"。

于是，袖口一挽，迅速摊开笔墨纸砚，他要用笔记录下自己对社会现象的深刻分析和辛辣讽刺，阐述自己对元末弊政的政治见解。

首先，写出了一篇《贾人渡河》：

济水的南面，有一个商人，在一次渡济水时，船被打沉了，他栖身于浮草之上大喊救命。有一个渔民用船去救他，还没有划到他身边，他就急忙叫喊起来："我是济水一带有名的富翁，你若能救我一命，我送你一百两金子作为酬谢。"当渔民用船把他送到岸上后，商人却只给救命恩人十两金子。渔民说:"你刚才许诺给一百两,现在却只给十两,恐怕不行吧?"商人勃然大怒,脸色陡变,大声呵斥道:"你不过是一个靠打鱼为生的人罢了,一天能有多少收入呢?此刻你突然间就到手了十两金子,难道还不知足吗?"渔民大为失望,无精打采地走开了。后来这个商人从吕梁洪乘船而下,船撞上礁石,又翻沉了。说来也巧,那个渔民正好也在那里。有人问他:"你何不去救他呢?"渔民答道:"这是一个答应了给酬金,但却不兑现的人呵!"说罢站在一边袖手旁观,这个商人就这样被淹死了。

刘基通过这一寓言,告诫元朝廷,言而无信,必将失信于民;失信于民,则失人心;失人心,则必失天下也。

他以医比喻政治,认为必须"切脉以知证,审证以为方","当则生,不当则死矣"。

他写道,治国首在爱民,关心百姓生活,如果"志利而忘民",则"国危矣"。治国又要能团结人民,"民犹沙也,有天下者惟能抟而聚之耳"。"以漆抟沙,无时而解";"以水抟沙,其合也若不可开,犹水之冰然,一旦消释,则涣然离矣";"以手抟沙,拳则合,放则散"。

针对元朝廷的腐败,他警示:"贿赂公行,必致丧失人心,家室不保。"告诫统治者,必须明赏罚,"以劝惩善恶",而且要注意"赏禁僭,罚禁滥"。

刘基痛恨元朝廷的腐败无能,十分反感各地官吏的贪婪本性,用寓言形式,揭露了元朝廷对广大劳苦民众的残酷压迫,揭示出"官逼民反,民不得不反"的深刻道理。

他在《郁离子·术使》中写了这么一个故事:

楚国有人以养猕猴采野果子为业,自己不劳而获,吃穿均有,什么事情都不想干了。他每天放猕猴到山里去,采来的水果不问多少,每只猕猴只准吃一个。猕猴吃不饱肚子,向他再要,就是一顿毒打。一个小猕猴非常苦恼,就偷偷地问别的猕猴:"这山上的果树

是不是主人种的?"众猕猴都说不是。小猕猴就向众猕猴说:"既然不是他种的,当然谁都可以去采,那么我们又何必在这里受罪呢?我还以为是他养活我们的,却原来是我们养活他啊!"众猕猴都觉得小猕猴说得对,到了半夜,看见主人睡着了,就把木栅弄开,全部逃到山林里了。这个人失去了猕猴,便在穷困中死去。

刘基借这一寓言指出:"世有以术使民而无道揆者,其如狙公乎?惟其昏而未觉也,一旦有开之,其术穷矣!"提醒统治者要吸取狙公的教训,改进统治的方法,对百姓做适当的让步,否则,等到人民觉悟而起来反抗的时候,就无法挽救了。

接着他把那些贪官污吏喻作"至死不悟的狐狸":

郁离子住在山里养了几只母鸡。有一天半夜,一阵鸡叫,狐狸从鸡窝里拖去一只鸡。郁离子连忙出去追赶,追得满头大汗,没有追到狐狸。郁离子猜到狐狸这次既然得了便宜,绝不会就此罢休,就在鸡坩旁边守着。果然,第二天半夜里狐狸又来了。为了不把狐狸惊走,郁离子沉住气,等狐狸进了鸡窝,又咬住了一只鸡,他才从后面把狐狸捉住。说来也怪,这狐狸虽然已经被捉,可是不管你怎样用力拉,它总死命咬着鸡不放。郁离子叹道:"贪心的狐狸啊!你真可以说是至死不悟了。可是像你这样的多着呢!有些贪财的人就和你半斤八两,相差不多。"

刘基坚决批判了元朝廷顽固坚持种族歧视,以种族分等级用人的荒谬政策:

郁离子之马,孳得驶騠焉。人曰:"是千里马也,必置诸内厩。"郁离子悦,从之。至京师,天子使太仆阅方贡,曰:"马则良矣,然非冀产也。"置之于外牧。

由于不是冀北所产,驶騠虽是千里马,又如之奈何,照样享受不了名马的待遇，被安置在外马房中喂养。正由于这种不合理的民族歧视政策，使刘基等多少"千里马"，一再得不到公平的待遇，屡受排挤和冷遇，长期得不到施展才华的机会，怎能不令人愤慨呢？

刘基认为，当今的元朝廷，犹如失掉喙和爪子的老鹰，昔日的雄风不可能再起了：

蚖山地方全是森林，到处是鸟雀歌唱之声。有一只老鹰喙很尖利，爪子也很尖利，一飞能够直上青云，因此这只老鹰便自然而然成了蚖山鸟雀的领袖，老鹰发号施令，麻雀、乌鸦、画眉等都完全依从，不敢违抗。有一天，老鹰感到自己的喙和爪子都很钝，和从前比较，大不相同，原来它已经变成一只斑鸠了。它在天空里飞着飞着，却忘记了自己已经是只斑鸠，看见森林中的鸟雀，又想摆一下威风，于是飞下去，发出老鹰的叫声。鸟雀们蹲伏着，吓得一动也不敢动。乌鸦很调皮，它偷偷地看了一眼，原来面前是一只斑鸠，根本没有老鹰，便大噪起来。所有的鸟雀也跟着乌鸦叫噪起来。已经变成斑鸠的老鹰见众鸟雀不服，很想显示显示自己的厉害，但是锋利的喙和爪子却没有了。

他在《火烧群蚁》中，着意刻画出了农民起义大火熊熊燃烧，元朝廷焦头烂额、穷途末路的丑态，揭示了他们必然灭亡的命运：

南山的山弯处有一棵大树，一群蚂蚁聚居在那里。它们打穿了树身做窝，把泥土堆积在大树外面。这样一来，大树朽烂了，而蚂蚁却日益蕃盛起来。众蚂蚁分别居住在大树的南、北枝干上，它们的蚁封看起来好像癞皮似的。有一天，野火烧起来了，那住在南枝上的蚂蚁往北枝逃，住在北枝上的蚂蚁又向南枝逃，不能逃命的只得渐渐迁移到野火暂时没有烧到的地方。后来，这群蚂蚁全被烧死了，没有一个活下来。

他经过分析、比较、认识，告诫人们，如今天下像庙中倒在地上

的鬼的偶像，是不可能把它再扶起来的了，人们若不远远地避开它，是不会有什么益处的，得到的只能是罪过，"今天下之乱，弗可起矣，而不避焉，无益，只取尤耳！"

就这样，他每天不停地思索着，写着，终于写成了《千里马》《燕王好乌》《八骏》《蜀贾》《贿赂失人心》《假人义》等一百九十五篇传世之作，内容从个人、家庭到社会，从政治、经济到军事、外交，从思想、伦理到神仙、鬼怪、野兽，无所不包。后来因朱元璋兵下婺州（今浙江金华），时局变化，影响浙东，刘基只好搁笔，将已写成的这些文章，汇成一册，共二卷十八章，起名《郁离子》。这是一本以寓言故事为主的散文集，郁离子，是作者假托的理想人物，刘基借郁离子之口，来表达自己的政治主张。

夫郁郁，文也；明两，离也，郁离者文明之谓也。非所以自号，其意谓天下后世若用。"斯言，必可底文明之治耳！"这是当时吴从善对《郁离子》书名之解释。

后来，刘基的学生徐一夔说："郁离者何？离为火，文明之象，用之其文郁郁然，为盛世文明之治，故曰《郁离子》。其言详于正己、慎微、修纪、远利、尚诚、量敌、审势、用贤、治民，本乎仁义道德之懿，明乎吉凶祸福之几，审乎古今成败得失之迹，大概矫元室之弊，有激而言之。牢宠万汇，洞释群疑，辩驳奇诡，巧于比喻，而不失乎正。骤而读之，其锋凛然，若太阿出匣，若不可玩；徐而思之，其言确然，凿凿乎如药石之必治病，断断乎如五谷之必疗饥，而不可无者也。"

洞时察世

刘基听到朱元璋攻克婺州的消息，放下手中之笔，思绪万千。

他虽然身居深山穷僻，但消息还是很灵通的，保持着与石抹宜孙、胡琛、章溢、叶琛等人的联系，为仕和辞官闲游时交结的诗朋画友，也不断地从各地给他传递着这样那样一些各地反军与官军作战争城的信息。特别是在乡里，老乡们知道他在外为官，多明世理，外出归来后，总喜欢到他家里闲坐小叙，海阔天空，或谈天说地，交流感想，或传递所见所闻，让他帮助分析，以明道理，满足心理。

刘基心想，难道这起于布衣的和尚朱元璋会异军突起不成？

他明白，日前局势，元朝廷气数已尽，苟延残喘，大厦将倾，谁也无法挽救这种败局了。

那么？谁会取而代之呢？

方国珍吗？不可能！此公虽称雄海上，但他是货真价实的见利忘义之徒，有利则投靠朝廷，无利则反叛滋事，他并不攻占许多城池，只在海边打转，以阻劫海运为主，既无打江山之志，更无闯天下之雄才大略，威不震众，德不服民，量不成器，成不了大事。

现盘踞天完的明玉珍，随州人氏。据说身长八尺有余，目重瞳子。当年徐寿辉起事，明玉珍也在家乡青山聚众千人，与官兵对抗。接着徐寿辉招之，封为元帅，驻守沔阳，后来，率战船攻粮川、峡间。这时，朝廷四川行省右相完者都募兵重庆，有红巾元帅杨汉应募而至，欲杀完者都，以并其军，谁知失利，杨汉逃到峡间，恰好碰见明玉珍，告曰："重庆无重兵，完者都与大将哈麻秃又不和，若奇袭必克。"明玉珍于是派战舰攻重庆大获全胜。明玉珍将擒获的元将献于徐寿辉，徐大喜，设四川为天完国行省，授明玉珍陇蜀行省右，率重兵驻守重庆，稳占一隅，保境安民，无意与群雄争高下。

称帝的倒是有徐寿辉，发展也很快，至正十一年八月起事，十月即定都自立为皇帝，先陷饶、信两州，又攻克湖广、江西，并一度占领杭州，破昱岭关。所占据的都城汉阳，又是水陆交通之地，似乎倒有一点作为。但近来又传闻，说其本事不大，凡事由太师邹普胜所制，大权旁落，且丞相倪文俊也自有一套人马，麾下领兵元帅陈友谅足智多谋，战功卓越。征战途中，江山未统，君臣却先生隙，君弱臣

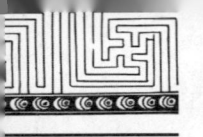

威，山头暗立，看来要一统天下亦非常之难。

还有张士诚，这个从泰州白驹场起家的盐户，原来以驾船贩盐为业，为报复欺压、侮辱自己的富户，与兄弟张士义、张士德、张士信联合壮士李伯昇等十八人揭竿而起，至正十三年攻陷高邮后，定为都城，国号大周，称为诚帝，并建年号为天佑，其势不可忽视。尤其是当初元朝脱脱丞相率百万大军围剿，虽然最后因朝廷之变而兵散，但张士诚却以抵御百万大军而声威大起，并收容许多溃乱官兵为部下，实力大增。但听说此人虽据吴中殷富之域，却不思远图，不事开拓，日渐骄奢，怠于政事，且已请降元廷，授为太尉，声誉狼藉，处境日蹙。而且其所占领地与韩林儿、刘福通地盘相连，一国不可能有二主，"卧榻之旁岂容他人鼾睡"，迟早会见二虎相争，谁胜谁负还难见分晓。

韩林儿根基亦不浅，立国号为宋，又自称为宋徽宗之九世嫡孙，这便是名正，名正则言顺，言顺则事可成。但这支红巾军所占的土地大多在中原一带，给朝廷带来的威胁又大，朝廷必与之决一雌雄。

根据各方面来的消息，刘基觉得当前最值得研究的是这个攻克婺州的朱元璋。

这朱元璋，生于元天历元年（1328），幼名重八，改名兴宗，投身起义军后又改名元璋，字国瑞。祖上居沛县，后徙居句容，再迁徙泗州。到父亲朱世珍时，才迁居濠州（今安徽凤阳东）钟离县太平乡。

朱元璋出生在一个贫苦农民家里，祖祖辈辈给地主当佃户。相传，他降生的那天傍晚，红光满天，乡邻望见十分惊讶，以为朱家起火，急忙奔往营救，到朱家后，看到一切正常，大家更为惊异。

朱元璋自小就替人看牛放羊，生活十分困苦。但他勤奋好学，敢于实践，足智多谋，最会出点子闹着玩，与他年龄相仿的孩子都喜欢听从他的指挥，在小伙伴中颇有影响。他们最常玩的一个游戏是做皇帝，虽然光着脚，一身蓝布短衣全是窟窿补丁，朱元璋却会把棕树叶子撕成丝丝，扎在嘴上做胡须，找一块车辐板顶在头上当平天冠，弄一条黄布包袱披在身上,土堆上一坐,自己就做起皇帝来,让孩子们毕恭毕敬地双手拿着破木板子,当作朝笏,一行行,一排排,整整齐齐地三跪九叩,同声齐喊"万岁、万岁、万万岁"!

他又特别会恶作剧。有一天,他的肚子忽然饿了,时候早又不敢回家,怕田主骂。一同放牛的周德兴、汤和、徐达等伙伴也都嘴馋起来,大家越说饿,肚子就咕噜得越厉害。这个说有一碗白米造饭吃才好呢,那个又说真想饱吃一顿红烧肉,个个的嘴都说得涎水直流。朱元璋眉头一皱,猛然间一喊,"有了!"大家齐声问他,"吃什么?"朱元璋说,"你们真傻,现放着肉不吃,真是呆鸟!"大家丈二和尚摸不着头脑,只见朱元璋牵过一头花白小牛,用放牛绳捆住后腿,周德兴看了,赶紧抄着砍柴斧子,当头就是一斧。有的孩子帮忙剥皮割肉,有的孩子捡干柴树叶子,就地生起火来。大家一面烤,一面吃,个个眉飞色舞,兴高采烈,不一会儿,一条小牛娃只剩一张皮一堆骨头一根尾巴了。这时太阳已经落山,到该回家的时候了。蓦地一个孩子省悟了,小牛吃了如何回主人的话。大家都面面相觑,想不出主意,担不起罪过,互相埋怨,乱成一团,小一点的孩子竟"哇哇"地哭了起来。朱元璋一见这样,心想主意是自己出的,责任也该担起来,一拍胸脯说:"算我的事。"他左右看了看,顺手把牛皮骨都埋了,把小牛尾巴插在山上石头缝里,说小牛钻进山洞里去了,只留下尾巴,拉了半天出不来。孩子们齐声说好。到了晚上,朱元璋理所当然地挨了一顿毒打,被赶回家。虽然吃了苦,丢了饭碗,但朱元璋从此更得孩子们的信任,大家都心甘情愿地把他视为头目。

朱元璋长大后,身材魁伟,黑黑的脸,高高的颧骨,却又大鼻子,大耳朵,就整个脸盘看,恰像一横摆着的立体形山字,脑盖上一块奇骨隆起,像一个小山丘。粗眉毛,大眼睛,样子虽看着叫人不喜欢,却很匀称,显得威严而沉着。至正四年,十七岁时,朱元璋家乡遭旱灾、蝗灾并兼瘟疫,父母兄弟相继去世。因生活难以为继,在走投无路的情况下,为了混口饭吃,朱元璋入皇觉寺当了和尚,把头剃

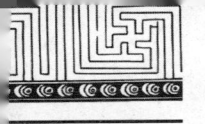

成葫芦头，披上一件破衲衣，扫地、上香、打钟、击鼓、念经，寺内见人叫师父，登门来人称施主。元顺帝至正十二年，1352年春，寺庙被火焚毁，这时天下已乱，朱元璋便到濠州投奔了郭子兴的红巾军队伍。之后他勤学苦练，作战勇敢，又有计谋，深得郭子兴的赞赏，被调到身边当亲兵，担任九夫长，郭子兴把自己的养女马氏配给元璋为妻，后来又提升他为镇抚、总管。但朱元璋一直不甘居于人下，至正十四年，他招降了定远张家堡驴牌寨三千民兵，后又收编定远人冯胜兵马，攻占了滁州，不久又攻占和州。至正十五年，郭子兴病死后，刘福通建立的宋政权又任命朱元璋为左副元帅，郭的旧部全部归朱元璋指挥。同年，他又收编了巢湖水军。至正十六年（1356）三月，朱元璋带兵三攻集庆（今南京），破城后杀守将福寿，元帅康茂才以城降，改集庆为应天府。小明王韩林儿又升朱元璋为枢密院同金，设立江南等处行中书省，任朱元璋为行省最高长官平章，诸将则奉他为吴国公。

刘基听人说，这朱元璋虽起于布衣，但战略思想却极宏伟，有气魄，他深知"兴国之本，在于强兵足食"，这样才能建立起稳固的战争基地；强调"惠爱加于民，法度行于军"，"克城以武，安民以仁"，要求全体将士严守纪律，爱护百姓，如有违犯，严惩不贷。因此，他所率领的军队攻无不克，战无不胜，于至正十七年，先后占领了长兴、常州、宁国、江阴、常熟、徽州、池州、扬州等地。十八年底，终于克婺州，浙中、东一带眼看就是其盘中之餐了。

"这朱元璋势不可当，当以着重观察之。"刘基一边分析，一边自言自语地说着。

其时，江浙名儒之一，亦是刘基文友的宋濂已经接受了朱元璋之招，只是刘基还不知道罢了。从朱元璋身上，刘基认识到这些造反起义的红巾军看来并非"贼兵"、"盗匪"，而元朝廷亦不是自己捍卫的对象。天意难违，挡之不住。刘基隐隐约约感到，自己所期待的东西不久将会到来，国家可能要发生翻天覆地的变化了。

三请出山

这一天转眼到了跟前。

至正十九年十月,秋高气爽,气候宜人,西边天上飘着一丝白云,慢慢浮动着。

《郁离子》整理完毕后,刘基静心静意地增写着自己的《百战奇略》,聚精会神之时,忽听家人来报:"朱元璋派使者来见。"

刘基一愣,"来得好快啊!"

朱元璋在征战之中有一个很重要的特点,在于他懂得并十分珍惜各方面的人才,时常给身边的人说:"要打天下,没有一些有学识的人可不中啊!"因此,每到一地,都要访贤求士,网罗人才。早在进兵江浙之前,他就对前锋将军胡大海说:"江浙地方,百姓富足,知书识礼的人很多,必有一些有才之人、有识之士,你要留心察访,以备我用。"攻克婺州后,先将宋濂征了去。

这天,朱元璋审视完宋濂整写的安民告示,非常满意,便顺口问道:"浙东一带还有哪些人可以招用?"宋濂便与胡大海一起,一致推荐了刘基、章溢、叶琛。朱元璋一听,与郎中陶安给自己推荐的一样,看来刘基他们几人还真是人才,当即就派人带上书信和银两去聘请他们。

当然,这一切刘基暂时还是不知道的。

不论愣与不愣,刘基心想,我正好要看看朱元璋的情况,吩咐:"快请客人!"

使者跨进门即说:"我要见浙东名士刘基先生。"

刘基答曰:"不敢,不敢。在下即是,不知阁下从何而来,有何贵干?"

此人一听面前就是大名鼎鼎的名士刘基,纳头便拜,并从怀中掏出朱元璋的亲笔信说:"在下乃受我家元帅吴国公派遣,前来请先生出山的。"

使者接过刘基家里给倒的茶水接着说:"我家主公为灭胡元,兴汉业,聚兵起义,近来连克浙东。先生才高识广,智谋超群,名震浙东,胡大海将军一再向主公推荐,说先生怀伊尹之志,具子房之才。今小人奉主公圣谕,特来聘请先生去应天与我主公一见,助我主公救民于水火,归神州为一统。"

刘基一听,果然这朱元璋与众不同,与所闻情形大体一致。

但是,他不想马上就答应,他有自己的想法。一则官场仕途深不可测,自己刚刚从屡受挫折中缓过劲来,心灰意冷虽不是自己的禀性,但这次出山一定要反复掂量,绝不能重蹈覆辙,再走老路,他还要再看一看。二则要试一试朱元璋是否图一虚名,如若只是做个样子给世人看,那么不去也不会后悔。三则自己原属元朝之仕,朱元璋不嫌弃,理当投靠以报之,但有请必到,则显得急不可待,反而还会把事情搞砸。于是,他决定采取冷处理的办法,先谢拒聘请,放一放再说。

刘基说:"基闻你家吴公逐鹿中原,英雄有为,多谢看重刘某。但因我已到天命之年,决意隐居,又弃于胡元,再难事身明主,天下贤士众多,你家主公帐下人才济济,想必不因基之一人耽误国之大事吧!"

相求。

推让。

再恳请。

同样坚辞。

并一再谢绝使者带来的礼物。

无论来人再怎么相求,刘基只是解释不能复出的原因,不答应应聘之事。

那人见说不动刘基,只好回去复命。

朱元璋对刘基是真诚的。

他派出使者之后,天天盼着刘基前来受命,谁知过了一日再一日,使者回来却禀报说:"那刘基异常执拗傲慢,在下再三劝说,他就是不肯归顺，连礼物都退了，天下人那么多，要他何用？"

"胡说！"朱元璋非常生气地制止了使者，"当年刘备邀请诸葛亮，三顾茅庐，也不厌烦，咱们才请一次哪有微词可放？何况我还未亲自去请，便要责怪人家，不是显得我太没有诚意了？"

他又吩咐："再去请他，一定要让他来我这里做官。"

再又一想，青田仍属处州管辖，便又传命新任处州总制孙炎道："青田名士刘基，很有才学，我执意要请他做个差事，他不愿受聘，你要好生劝说，切勿延误。"

谁知这孙炎恰巧与刘基有些旧交，他知刘基在元朝为仕颇不得志，而且胸有大志，又能深谋远虑，知当今吴国公为民除害，复兴汉室，料想刘基一定会给他面子，便写了一封热情洋溢的信，当然也少不了备些见面之礼，派人送与刘基。

刘基打开信一看，是孙炎的，便为难了，去吧，时机不到，不去，面子过不去。而且孙炎目前又是处州总制，属一方主宰，由他出面，公私兼顾，实难应付。他思前想后，还是决定暂且拖一段时间再定。但是，怎样回复孙炎呢？既不能答应孙炎的聘请，又要让他看到自己不受命于朱元璋，并不存在反对的问题。

于是，他收下了孙炎带来的礼物，然后把自己一把心爱的龙泉宝剑回赠孙炎，表明了自己刀枪入库，不再复出的态度。

孙炎收到刘基的宝剑和复信后，开始感到不快，觉得刘基忤人面子。忽然，他望着这把剑，便有了主意，认为刘基这回是不会再推辞了，于是，他展纸挥笔，给刘基写了一封信。

他在信中说："剑当献之天子，斩不顺命者。我为人臣，岂敢私受？"随信把那宝剑送还。

这一下刘基吃了一惊。

本来他是有意拖一段时间，再出来辅佐"明主"，可是，孙炎却没有这样想。他再三品味孙炎"斩不顺命者"这句话，暗中念叨，这个帽子他可是戴不起呀！

看来若再不去应命，怕是过不去了。

就在这时，已经归顺朱元璋的陶安、宋濂等人也都写信赠诗，告诉他朱元璋的雄才大略、为人品格及夺取天下的宏伟计划，劝他出来辅佐新主，建功立业，造福天下。刘基的母亲也看出了其中的情形，劝他道："如今朝纲不振，群雄四起，元朝的气数已尽。朱元璋兵多势大，威震江左，如能助他成就大业，一统天下，也不枉你的一生抱负。"

母亲的话说到了刘基的心坎上，他感到出山的时机已经成熟，目的已经达到，而这时机不是随时都有的，来如电光火石，稍纵即逝，他决定必须下决心抓住才是，当即便道："出世以来，求展宏图，今遇知音，不去待何时？"立即向使者回复愿意应命，收拾行李，辞别八十岁老母，安顿好两位夫人与幼子，第二天就踏上了去金华的路途，与宋濂、章溢、叶琛等一起去应天辅佐朱元璋。

对于刘基出山，按民间传说，则是朱元璋亲自请来的。

朱元璋率领起义军打下金华后，心想东南一带，峰高林密，山清水秀，当有奇人隐居。若能得一张子房，我愿足矣！一日，他对宋濂说起此事，并想外出寻访贤士能人，共图大计。

宋濂听了，蓦地想起故人刘基确是栋梁之材，便对朱元璋说："我有个好友，姓刘名基，字伯温，青田县南田人。此人才智过人，因天下大乱，他辞官隐居石门洞，著书立说。都元帅若得此人，何愁不能统一江山！"

朱元璋高兴地说："瓯越之地，钟灵毓秀，果出奇才。"就命大将胡大海带着自己的亲笔信，前往青田聘请刘基。

胡大海是个身材魁梧、满脸胡子的闯将，他飞马来到石门洞口，便大声喊道："里边有人吗？"

只见石门旁边钻出一个小童，询问客人来意。胡大海声如洪钟，回答道："我乃元帅朱元璋麾下将军，奉命前来请刘基出山。这里有都元帅的亲笔信，你去通报一下，叫他赶快出来见我。"

过了一会，小童出来回话说："先生吩咐，今天有要紧事情，一概不接待客人。现有回信一封，请你带去给都元帅，便知分晓。"

胡大海回到金华，禀报朱元璋说："刘基好大架子，自己不出来见我，只捎来张字条儿。"朱元璋拆开一看，信中说："承蒙都元帅厚爱，不胜感激。惟山野村夫，才疏学浅，难当重任，务乞恕罪。"

朱元璋将信递给宋濂说："你看，刘基不肯来，怎么办？"宋濂看过信，又向胡大海问明去请刘基的详细情形，心里想，原来如此，难怪他不愿出来啊！便对朱元璋说："欲求贤士，定要虚怀若谷，一片至诚，才能成功。"朱元璋听了颇觉有理，又差总制孙炎再去请刘基，临行时再三叮嘱，一定要恭恭敬敬，虚心求教。

孙炎带了随从，走过重重山，涉过条条溪，到了石门洞，看见一个童子正倚门看书，便迎上前去说："请问，刘先生在家吗？"童子答道："先生正在看书。"孙炎讲明来意后，对随从说："我们不妨稍等片刻，切勿打扰先生。"观童子文雅有礼，好奇地问："你看的什么书？"童子微笑说："闲来无事，看看屈子的《离骚》《九歌》解解闷儿。"孙炎想不到连小孩子也会读屈原的书，大为惊奇，就同他攀谈起来。孙炎又问起刘基的才学，童子骄傲地说："谁不晓得刘先生有孙膑之谋，孔明之才，他胸中藏有宏文千卷，雄兵百万，不出石门洞，能知天下事。"

孙炎听了，就请童子引见。童子点头进内，一会儿出来说："先生有请客人。"孙炎随着童子步上青石阶，来到读书处，但觉松风拂面，飞瀑溅身，阳光下飘着毛毛细雨，彩虹如练，蔚为奇观。正看得出神时，只见一位文雅洒脱、神采奕奕的长者，从石亭内走了出来，拱手说："贵客到此，失迎失迎！"孙炎双手奉上宋濂书简，备说都元帅仁德豁达，志向远大，惜民爱众，礼贤下士，又说："良禽择木而栖，贤臣择主而事，万请先生不要辜负都元帅一片诚意啊！"

刘基见朱元璋看了那封回信并不责怪，又遣孙总制来请，心里有几分感动。但他对朱元璋到底是个什么样的人还不很清楚，暗想，耳闻为虚，目睹为实，可不能莽撞呀。于是，他和颜悦色地对孙炎说：

"都元帅麾下能人不少，文有宋濂、叶琛，武有徐达、胡大海等，基乃山村野夫，碌碌庸才，年近半百，精力已衰，军机大事，实难胜任，烦请将军代为婉言致谢。"

孙炎见他执意坚辞，只好起身告别。

朱元璋听了孙炎回禀，紧皱眉头，叹了口气说："贤人难请，金锁难开啊！"

宋濂在旁说道："这有何难？一把钥匙开一把锁嘛！"

朱元璋经宋濂一点，如梦初醒，说道："我真是聪明一世，懵懂一时啊！当初周文王亲自去请姜太公，还替他拉车；刘备三顾茅庐，君臣情同鱼水。好，我还是自己去吧！"

却说将胡大海、孙炎打发走后，刘基料定朱元璋会亲自前来。这日上午，小童入室报道："宋先生带一行人渡江来了！"刘基就吩咐小童在观瀑亭、藏经楼、谢客堂摆起东西来，想试一试朱元璋的志向。

朱元璋在宋濂的引领下，来到读书处，只见刘基正在聚精会神地写《郁离子》，稿纸堆满石案。两人一直走到刘基身旁，宋濂突然高呼："伯温，都元帅亲自拜访你来了！"刘基忙转过身来，躬身一揖道："贵人降临，未及远迎，恕罪恕罪！"朱元璋也向刘基深深一揖道："久仰大名，元璋今日得见先生，真是三生有幸！"刘基还礼说："基无才无德，何劳都元帅远道屈驾！"

当下分宾主坐定，童子献茶毕，朱元璋送上《吕氏春秋》原本，说了一番求贤心切的话，坚请刘基出山，宋濂也帮着讲了许多话。刘基却岔开话题，风趣地说："难得贵人到此，且请到各处消遣消遣吧！"就领朱元璋一行人去游山观景了。

他们来到观瀑亭，看见石桌上摆着泥土、花卉、金银。朱元璋走近桌边，双手捧起黄澄澄的泥土，看了又看，赞叹道："好土呀好土！金银不足惜，花卉容易谢，惟此泥土，才是根本！"

主人又领他们到藏经楼，只见壁上挂着《耕织图》《山水图》《仕女图》三幅画。朱元璋走到《耕织图》面前停步欣赏，连声赞美说：

"好图呀好图！男耕女织，勤劳创业，国强民富，也是根本。"

他们又来到谢客堂，只见八仙桌上摆着三个大盘：一盘是稻穗、麻布、草鞋，一盘是山珍海味，一盘是绫罗绸缎。朱元璋别的一眼不看，只是用手指着稻穗、麻布、草鞋，意味深长地对刘基说："我元璋深爱此三物，先生不吝，请以此三物并《耕织图》、盆土见赠。"

刘基听了此话，激动地握住朱元璋的手说："都元帅不忘根本，定能建树大业。为了拯救天下百姓，伯温今日就跟都元帅下山！"当下便命小童收拾书籍、行装，同朱元璋、宋濂一行渡过瓯江，飞马向金华进发。

虽然此故事属于虚构，但流传甚广，一方面说明了朱元璋当时得刘基确是不易，另一方面也说明当时几请才出山，刘基确有分析、考验、认识朱元璋之意。

第三章 初建勋业 出谋划策

初到应天,刘基就显示出卓越的军事才能,朱元璋深感佩服,一败陈友谅,再败陈友谅,成为辅佐朱元璋的功臣,自幼熟读兵法的他帮助朱元璋一次次度过危机,再次彰显了他过人的军事才能。

龙韬虎略

刘基与几位浙东故友一路风尘，赶往应天。

朱元璋异常高兴，当即换装易服，率李善长等众官出见，并亲自下阶相迎，以宾主之礼让座，显得十分客气。

刘基第一次见朱元璋，看这位三十多岁的都元帅，年富力强，目光炯炯，反应敏捷，龙行虎步，执礼甚恭，平易近人，先是喜欢了几分。

大家坐定之后，朱元璋开门见山道："我为了夺取天下委屈了各位先生，真诚地希望各位能就天下大计赐教于我。当今天下乱作一团，怎样才能使其安定下来呢？"

章溢立即答曰："天道无常，惟德是辅，得民心者得天下。"

宋濂、叶琛也都就如何施以仁政、以德治人、治乱平天下谈了自己的看法。

朱元璋一边虚心地听着，一边不住地点头称许。对于朱元璋来说，他现在手下已有不少谋士，参与军机，为其出谋划策，制定方略。

想当初，在至正十四年，朱元璋领大将徐达等夺取战略要地到达定远，谋划夺取滁州，途中遇到定远人李善长，李少读书有智计，习法家言，预言和谋划的事情多应验和成功。朱元璋曾无拘束地请教他天下会在什么时候平定，李善长说："秦朝时天下大乱，汉高祖平民出身，心胸开阔，气度不凡，知道并善于根据每个人的长处加以使用，不乱杀无辜，经过五年的奋斗就完成了帝王的功业。当今元朝政治腐败，天下土崩瓦解。您出生地濠州，距离沛县不远，山川有帝王的灵气，想必您已经感受到了。效法汉高祖的英雄行为，平定天下还有什么难的呢？"朱元璋深为赏识，认为他是一位不可多得的人才，将其比作萧何，把他留在身边作为书记幕僚，参与军机谋略的筹划。

还有定远冯氏兄弟冯国用、冯国胜二人，自幼喜爱读书，精通兵法，朱元璋曾谦虚地向他们讨教平定天下的大计，冯国用说："金陵龙蟠虎踞，是帝王建国立业的都城，先把它夺取作为根据地，然后再四处征战攻伐，倡导仁义，收买人心，不要贪图美女钱财，天下不日可定。"朱元璋十分高兴，让他们住在幕府内。

为朱元璋所喜欢的儒士还有攻下太平后投奔的当涂人陶安、李习，高邮人汪广洋。陶安，字主敬，少敏悟，博涉经史，尤长于易经。朱元璋攻下采石，当地名儒陶安、李习率父老以迎，陶安献言："当今四海鼎沸，豪杰并争，攻城屠邑，互争雄长，然其志皆在子女玉帛，取快一时，非有拨乱、救民、安天下之心。明公率众渡江，神武不杀，人心悦服，以此顺应天下而行吊伐，天下不足平也。"朱元璋嘉许，留参幕府。

夏煜、孙炎、杨宪等都是读书人，他们来投时，也大都向朱元璋提出了施仁义、不妄杀人等主张。

英雄所见略同。

因此，当朱元璋听了章溢、宋濂、叶琛三人的意见之后，虽然也觉得有不少新的见解，但总的说来与他原来的几位谋士所讲差不了多少。

因此，他只表示了对这几位先生的重视，并没有露出声色。

这一点，善于审时度势的刘基已经看出来了。他想，这几位浙东名士以及朱元璋已得的几位儒士，讲的策略大致相同，可谓老生常谈，但这些都是血的经验之结晶，一代帝王的立世之根、治国之本、成功之道，可称为帝朝大厦根基，必须处处注意，时时牢记，不能有丝毫动摇。夺取天下，如若对此丧失警惕，为政不仁，治国乏德，则必然失去民心，国将危矣！

但是，这些话刘基不便直说。几次为官不顺的经历，使他变得日趋成熟、老练。这朱元璋虽然风华正茂，一心求贤辅佐，处于知人信

人用人之际，但毕竟是一方霸主，号令三军，天摇地动。

仕途之艰难，刘基在天命之年已经深悟，他要用自己的语言来说服朱元璋，使这位自己将全身托于斯，将国家和民众百姓前途命运托于斯的人，听得进，信得了，行得好，造福于国，谋福于民，成为一代天骄。

"先生有何高见？"朱元璋的目光转向了刘基。

刘基开口便道："主公胸怀宏愿，志在天下，可钦可佩。刚才，几位先生所说均为至理名言，基听后受益匪浅。观元朝廷之弊政，正在于皇室腐烂，荒淫无道，贪得无厌，残酷无情，搞得民不聊生，国家千疮百孔。主公顺应天意，挥师讨伐，得乎民心，所向披靡，势如破竹。所到之地，及时赈济百姓，不杀无辜之人，不许将兵掠民，并且想方设法且耕且战，减轻民众负担，更是民心所向，战无不胜，攻无不克。因此，几位先生的策略高见，正是主公当前取胜的根本法宝，当持之以恒。基以为，用武而不忘仁德，倡勇而不忘计谋，则霸业可成矣。"

看到自己一边说，朱元璋一边微笑着点头赞许，刘基便顺手拿出了在家时，结合写《郁离子》，总结归纳出的治世安民的《务时十八策》，递给朱元璋道："这是基几十年来观时事变化，研古析今，逐一写出的十八条不成熟之策略心得，若还有用，请主公过目。"

朱元璋当场打开，见满篇皆是帝王治世务实的具体方略，包括修身明志，审时度势，用贤治民，军事政治，经济发展，无所不有，具体生动，禁不住大喜过望，当即向刘基作揖道谢，说："先生真不愧为一代名贤，我早已等候像你这样的人才多时了。"

谁知刘基接着说既要考虑长远大计，又要"治世务实，着眼当前局势，只有远谋近取，一步一个脚印地扎扎实实前进，才能实现久远宏图"

"噢！快请先生仔细讲来。"朱元璋道。

刘基说："当前，主公最为在意的是群雄并立，天下未定，急于剪灭枭雄，平定大乱，一统江山。"

"此乃当务之急也！"朱元璋添了一句。

"正是。"刘基接着说，"几年来，群雄四面造反，各地战局复杂多变。先谈北面，小明王韩林儿和刘福通自龙凤元年退走安丰后，经过整顿补充，养精蓄锐，已兵力复振，西破武关（今商县东），下商州（今陕西商县），进攻关中（今陕西南部），东克中书省东南部（今山东省北部）。龙凤三年，刘福通又分兵三路，攻取了晋、冀、鲁等地许多城镇，一路甚至打到上都（今内蒙古多伦以北），又东下袭取辽阳（今辽宁辽阳），进而到达高丽（今朝鲜）。这支军队从西北折向东北，围着元朝的都城大都北边兜了一个半圆的圈子。龙凤四年五月，又攻下卞梁为首都。他们因缺乏长远大计，只顾长驱直入，攻城略地，不建立稳固的后方基地，因此，一旦撤离，所夺之地又被元军收复。虽然如此，却吸引了元朝之主力，元军望风披靡，只好拿出全部兵力与其周旋，没有太大力量对付我军，这就为我们创造了一个良好的条件，这支队伍是为我军之友。再说南方，虽有方国珍不断扰乱，主公已经给其以严厉制约，暂时也成不了什么大气候。当前，兵力最强、势力最广，地盘亦最大，也可与我军为患的主要是东西两路，即占据东吴的张士诚和雄心勃勃的陈友谅。"

朱元璋凝心静气，在座各位亦集中精力，他们一下子觉得这番话说到了点子上。

看到这种情形，刘基接着分析："我军处于其二敌之间，腹背受敌。如果要取胜的话，首先必须避开两面作战，而各个击破之。再说，张士诚自至正十三年起兵以来，雄踞大江下游，这里土地肥沃，兼有渔盐之利，因而兵多粮足，图我之心不可不防。但他又地处鱼米之乡，贪图安逸享乐，将士们大都不愿意打仗。据我掌握，其士气萎靡不振，暂时可先不考虑，关键是这陈友谅。此人近几年发展很快。他攻克江州（今江西九江）之后，虽然把徐寿辉接来，仍尊为皇帝，但却自封汉王，一切大权都攫取到手中，而且拥有精兵大舰，踞我上

游之地，野心勃勃，势必存亡我之心。因此，要说务实之策，我看当前我军在军事上应主动出击，把主要矛头对准陈友谅，集中主要兵力主动歼之灭之。而对东面张士诚，应力求缓和，保持平静局面，免得他扰我后方。陈友谅被歼灭后，张士诚就成了孤军作战，一举可歼。然后，我军再挥师中原，不怕大业不成呵！"

朱元璋听了刘基的这番韬略，非常高兴，当即站起来抚着刘基的背激动地说："先生一席分析，透彻至极，真我子房，可称'卧龙'啊！"接着鼓励刘基："先生今后有妙计，勿惜尽言，我定敬而信之，以图宏谋。"

这可能是朱元璋对其谋士、将帅的最高褒奖了，他还下令兴建礼贤馆，供刘基等人居住使用。

刘基等人离去后，朱元璋问陶安："刘基四人之才如何？"

陶安答："臣出谋划策比不上刘基，文才学问比不上宋濂，治理百姓的才能比不上叶琛、章溢。"

不久，朱元璋下令，宋濂为江西等处儒学提举司提举，遣世子受经；章溢、叶琛为营田金事，唯图刘基任以心膂，留用中枢，参与机密谋议。

自此，刘基的政治、军事才能始得充分地显示和发挥，他不仅取得了朱元璋的全面信任，"留帷幄"策划全局，而且几乎参与了每次战役的决策。

见过朱元璋后，刘基并没有闲下来。他要一一拜访朱军各位英豪，了解掌握他们的主要世身、脾气性格和特长优势，以做到知人善任，用之当也。

他首先见的是徐达（字天德）。这是朱元璋手下的第一员大将，自跟随朱元璋后，就一见如故，言语投机。他少有大志，长身高颧骨，刚毅武勇，其气度、襟怀、才干堪称一流。他得到朱元璋的充分信任，治军极严，令出不二，且能与士卒同甘共苦，部下往往感恩效死。他率队作战攻无不克，拔采石、取太平、下集庆、克镇江，在常州、宁国、宜兴等重大战役中，均立首功，在军中和民间享有极高威望。朱元璋对其评价为："受命而出，或功而旋，不矜不伐，妇女无所爱，财宝无所取，中正无疵，明乎日月，大将军一人而已。"

再下来见的是汤和（字鼎臣），也是濠州人氏，原来跟随郭子兴起事，后跟随朱元璋。身长七尺，倜傥多计略。他虽与元璋同乡，且年长三岁，但严于律己，谨慎持重，英勇顽强，深得朱元璋认可。

花云，怀远人，貌黑身伟，骁勇绝伦。朱元璋攻克滁州时，指派其为前锋，带领几个骑兵引导大军前行。突然遇到贼众数千人，花云举起长矛，拔剑跃马，掩护朱元璋。经过几个回合交战，敌人惊恐万状，都说："此黑将军甚勇，其锋不可挡也！"

常遇春（字伯仁），怀远人，其貌伟，勇力绝伦，猿臂善射。二十三岁时，在强盗刘聚部下，后看其只知抢掠财物，缺乏远大志向，遂又投朱元璋，临阵亲冒石矢，胆壮气豪。在攻太平、克采石、夺宁国、取波州、婺州、衢州等地中屡立奇功。善计能谋，特别是在攻打采石时，用奇兵分散官兵力量，而以正兵与官军交战，战斗开始时又出奇兵冲锋，放火焚烧官兵连接在一起的战船，大获全胜。以其英勇善战有功取得了上下信赖，与徐达齐名。常自称能率十万兵扫天下，因此，大家都称之为"常十万"。

胡大海（字通甫），虹州人，长身铁面，英勇善战，在滁州时归附朱元璋，即为军前统制。而且胡大海好士，每到一处，都要查访人才荐于朱元璋，人谓大将之才。

还有周德兴、朱文正、李文忠、沐英等虎将文士，刘基均一一相见，所到之处，军容整肃，士气高涨，军民相安，秋毫无犯。越看他心里越是激动，这朱元璋麾下竟然聚集了这么多英才名士，陈友谅必败无疑了。

天下者，非朱元璋莫属矣！

二败陈友谅

骄兵必败，乃规律也。

这天，刘基正与朱元璋商讨如何对付陈友谅之军机，突然得报，陈友谅率大舰百余艘，战船数百条，绵延数十里，从长江上游顺流而下，矛头直指应天。

刘基心想，这个傲者动作好快啊！

原来，至正二十年五月下旬，陈友谅以舟师十倍的兵力，直捣太平（今当涂县），战死朱文逊，杀死守将花云、院判王县、知府许瑗，取得显著战绩。

这时，陈友谅气志盈满，觉得自己兵强马壮，这朱元璋部队根本不在话下，自己却不能名正言顺地号令天下，时时需打着徐寿辉的旗号，心里很不是滋味，于是急谋僭窃，生出一计。

他引徐寿辉到采石，谎称汇报军事上的战果。徐寿辉虽受人节制，但毕竟还是名义上的皇帝，不知有计，乃登舟随之前往。这时，只见几位军士来到徐寿辉面前行礼，徐寿辉正要摆手让其免礼时，只见身后闪出一名壮士挥铁奋击，当下徐寿辉便首碎身倒，丧命黄泉。

当即，陈友谅便通告全军，皇帝因暴疾突亡，国不可一日无主，遂以采石五通庙为行殿，自封皇帝，国号汉，改元为大义，委任邹普胜为太师，张必先为相，张定边为太尉。

称帝之后，陈友谅的第一个目标便是拿下应天。

他一边派人与张士诚联系，相约东西夹攻，一举吞掉朱元璋，一边亲自督战，率军开拔。

一时间，只见长江内船舶相继，旌旗掩日，好不气派，煞是吓人。

朱元璋得报后，立即升帐商议军事。

陈友谅打上门来了，且倾巢而出，兵力数倍于朱元璋。

消息传开，军营上下为之震动。

军事会议上，众将献计献策，各抒己见。

有的认为，时日陈友谅正值盛时，敌众我寡，兵力装备差距很大。好汉不吃眼前亏，主张不如先降了其以保存实力。

有的则反对投降，但认为应天难以守住，不如弃城据守钟山。

亦有人主张决一死战，战不胜再走不迟。

只有刘基一人独坐而一言不发。

朱元璋见状，立即召其入内，问道："现在敌强我弱，陈军声势浩大，不知先生的意见如何？"

刘基毫无思索，便斩钉截铁地说："言退者罚，言逃者斩！以免动摇军心，辱我士志。"

"啊！莫非先生已成竹在胸吗？"

"非也！陈友谅劫主称帝，骄横一世，无一日忘灭金陵。如今他既然来了，必欲决一雌雄，你能逃得了、躲得过吗？只有坚决还击，坚决抵抗才是唯一出路。"

"那我们有把握取胜吗？"

刘基笑笑，十分镇定地答道："'天道后举者胜'。我们就是利用他的骄傲情绪，采取后发制人的战法，设下埋伏，以逸待劳，使计诱其深入，一鼓可破矣。"

朱元璋听了刘基这一番独到见解之后，顿感大悟。

是啊，这陈友谅既然挑战，必欲灭我而后快，退是退不掉的，与其等着挨打，当然不如主动迎战，当即叹道："先生真不在卧龙之下。"立即与其细商具体战法。

刘基想，这是与陈友谅第一次大战，务须走好棋步，保证万无一失，才能稳定军心，大长士气，为歼灭陈友谅打下一个良好的基础。

他问朱元璋："军中有无陈友谅部归降之人？"

元璋问："先生想做什么事？"

刘基说："眼下，陈友谅求胜心切，我可利用其这一急迫之情，派人诈降，引其迅速进入江中我之埋伏圈，灭其骄嚣之气。"

朱元璋想了想，"噢！指挥康茂才曾是陈友谅旧交，听说关系甚

密，可借之以用。"

当即便密召指挥康茂才，朱元璋道："现陈友谅大举进犯金陵，吾意欲其速到江东桥决战，你可有办法？"

康茂才一听，顿时精神大振，"养子康玉曾服侍于陈友谅，深得信任，如其携书前往，陈肯定不会生疑"。

刘基一听，当即大喜。朱元璋让康茂才给陈友谅写了一封密信，命康茂才派康玉即刻动身，前往见陈友谅。

接着，刘基为朱元璋调拨各路军马，做以下严密军事部署：

首先，下令胡大海，着其带领所属从婺衢西攻信州（今江西上饶），以牵制陈友谅之后。

接着，命李善长连夜撤至秦淮河入口处，将江东桥换成铁石桥；

命冯国胜、常遇春率帐前五翼军三万人，埋伏于石灰山侧；

命徐达陈兵南门之外，以杨景调兵大胜港；

命张德胜、朱虎率舟师出龙江关外，战起即抄江竟入大洋，掠截汉军所有船只，拒其退路。

刘基则与朱元璋一起，统大军屯于狮子山。

并传命各军以旗为号，执旗者偃黄旗在山的左边，偃赤旗在山的右边，敌人到了则举赤旗，黄旗举则伏兵齐出，各路军马要严阵以待，随时歼灭来犯之敌。

一切就绪之后，刘基突然又言："龙江处需留三百船只于江南边，以待汉军败退奔渡。"

元璋听后，不得其解，问曰："此举宜令其片甲不留，军师何以留船与渡？"

刘基说："兵法曰：'陷之死地，须开一角，以示生路。'即'围师必缺'。昔日项羽渡河，破釜沉舟，以破章邯；韩信背水列阵，以破赵军，俱是此法。主公细想，如若汉军三十万逃奔采石，无船可渡，必与我死战，胜败就难得而知。若留此破船，待他争先逃渡，若至江心，我军奋而歼之，破船十无一存，始为全胜矣。"

朱元璋赞许，诸将听令行事。

站在狮子山头，掠过长江吹来的夏风，一丝清凉的感觉顿时洒满全身，刘基用手抹了一下嘴角的八字胡须。

回眸远望，看着张德胜、朱虎的百余艘战船，千樯排阵；岸上，徐达、冯国胜、常遇春的战车和步卒，遮天盖地、满山遍野，刘基的心情好极了，感到从未有过的勇武和力量在周身膨胀，在上下散发，在呐喊，在摇动，有一种立即就要挥军厮杀，立即就要建立不朽功勋的欲望，不可抑止。

这才可以称为军师，称为谋士！

这才是叱咤风云！

这才有军人的气度！

直到这时，他才感觉到了满身豪气，肝胆相照，日月同辉，荣光耀祖，气度不凡，等等，等等。

再说陈友谅，正在营中踌躇满志地观看军事地图，忽报朱元璋营中有一叛卒来见，看是康玉，便惊问说："你今随尔主在金陵，怎么跑到这里来了？"

康玉不言，左顾右盼。

陈友谅知其意，即令诸人退出帐外，只留张定边、陈英杰二人在旁。

康玉见人已退，遂从怀中取出康茂才致书，递于陈友谅。友谅拆开，读道：

负罪康茂才顿首，奉启汉王殿下：尝思昔日之恩，难忘顷刻。今闻师取金陵，虽金陵有兵十万，然诸将分兵各处镇守，已去十分之八。城中所存仅万，半属老羸，人人震恐。今主公令臣据守东门，江东大桥，乞殿下乘此虚空，即晚亲来攻取，当献门以报先年恩德。倘迟多日，常遇春、胡大海等兵回，势难得手。特此奉闻，千万台照。

陈友谅大喜："天助我也。"

他当即高兴地忘乎所以，心头马上想起这个靠老婆起家的和尚，怎么有资格与自己一争天下。论兵马，你不在话下；论装备，你哪有我这么精良；论疆土，你又比之不及。这不是癞蛤蟆想吃天鹅肉吗，真是不知天高地厚！这下够你瞧的。

便问："江东桥是木是石？"

康玉道："是木桥。"

陈友谅交代："你回去呈报你主人，吾于今夜领兵到桥边，以呼'老康'为号，万勿有误，事成之后保你富贵。"并赠康玉金银各一大锭。

当即吩咐陈英杰守营，自己与张定边带领二十五万大军潜取金陵。

闰五月十日乙丑，陈友谅舟师进泊大胜港，一路威风凛凛，杀气腾腾。

朱元璋手下大将杨璟整兵相迎。

港狭，仅能渡过三艘船，陈友谅看舟不能并进，便引船经大江直捣江东。

这次有康茂才作为内应，陈友谅不禁得意扬扬，好一派已经胜利在望的景象，又取胜心切，即令所有船只加速前进，直奔江东桥。

谁知到桥前一看，却是一座石桥，心里一下子凉了半截。

忙喊："老康！老康！"

无人答应？

陈友谅一惊，方知中计，连忙命令战船转舵回头，与其弟陈友仁率舟退向龙江，赶快遣人登陆立栅。

未等立足，谁知这时突然一声雷电炸响，接着电闪雷鸣，瓢泼大雨哗地一声倾了下来。只见赤旗举起，接着黄旗又起，鼓声大震，随着虎啸风吼般地一阵呐喊，冯国胜、常遇春伏兵从四周的岩石后、沟壑间、树林里跃出，成千上万的兵士挥刀上小船，直向陈持枪，奔涌着朝陈友谅军中杀来。

徐达兵马正好赶到，张德胜、朱虎之舟师亦赶来参战，内外合击，一场混战。

陈友谅军一看有埋伏，大乱，号令全无，急忙挤着登船逃窜。

谁知这时又恰值退潮，船只陷进滩中动弹不得，朱元璋乘势指挥各路兵将勇猛冲杀，见船就夺，见人就砍，枪影飞舞，刀光闪烁，没有几个回合，陈友谅大军便死的死，逃的逃，降的降，溃不成军。

陈友谅率部分兵士夺得刘基留下的三百只破船逃至江心，又遇火炮大作，破船带人沉没一半。

陈友谅见势不妙，只好换了一条小船败逃而去。

这次龙湾大战，朱元璋获得全胜，全歼来犯的陈友谅主力军，击毁战舰数百艘，斩敌十四万三千多，生俘两万八千，接着又乘胜收复太平，攻下安庆、信州、袁州，挫败了陈友谅的锐气。

张士诚见状，亦不敢轻举妄动。

大半个南方似乎宁静下来。

龙湾大捷后，朱元璋甚是得意，满心欢喜。

在他看来，这次大战，对实现自己的宏伟目标是一个不可多得的转机。本来，自己处于劣势，结果却大获全胜，不能不称为奇迹。

当然，这里边有军师刘基的一份功劳，可谓不可灭也。

于是，奖赏功臣，赐银封官，热闹至极。

但刘基却不愿受赏，原因既简单又复杂。

刘基是何等人也？虽然在登上狮子山的那一瞬间，他看到了自己的力量，雄心再现，壮志凌云，直冲青天。

但马上头脑清醒了许多。

当时，烈日当空，艳阳高照，朱元璋立于山之顶峰，一身紫衣戎甲，站在巨大华盖下，好不威风凛凛，满脸得意之相。

是啊！为人之臣，不可有半点非分。刘基不禁心头一阵发酸，自己本是元朝旧臣，初来乍到，万万露不得锋芒。

"木秀于林，风必摧之；堆出于岸，流必湍之。"古人之言，切当

时时牢记于心。

同时，驰杀疆场、洒血献身的，是那些奋不顾身的将士们，如若离开了他们，即使是一个有千钧之力的奇人，也败不了陈友谅几十万雄师啊！

其三，他认为，这一场争战虽然取得了辉煌战果，给陈友谅以重创，但其兵多将广，实力甚厚，不可能走到山穷水尽的地步。这一箭之仇，迟早是要报的，血与火的考验还在后面，眼前不是欢庆胜利的时候。

而且，朱元璋的敌人远不止陈友谅一方，四方皆虎视眈眈，稍有不慎，即满盘皆输，作为军之谋士，人之为臣，怎能忘乎所以，吃得下这庆功之酒呢？

因此，当朱元璋诚心要赏刘基时，他诚心诚意地坚辞不受。

朱元璋不得不暗叹："此乃真君子也，贤德无人能比！"

刘基的分析是有道理的。

就在朱元璋借龙湾胜利之机，继续用兵，收复太平，夺取信州，攻克安庆之时，北方局势发生了意想不到的变化。

刘福通派往北上作战，进攻官府的三路大军相继失败。元大将军察罕帖木儿率军击败刘福通，克复汴梁后，连战连胜，西定陕西，东征山东，小明王韩林儿败退安丰（今安徽寿县），元军大有南下江淮之势。

这对一心想剪灭陈友谅、张士诚，称雄天下的朱元璋，不能不说是一个险峻的形势。

这时，原来已假意归附朱元璋的方国珍又出现了反复。

他看到朱元璋大败陈友谅，张士诚占领着从淮南到平江的大片土地，感到后悔了。自己原本起事最早，如今各路英雄皆大显身手，广占疆土，若不想办法及早挣扎，势必被朱元璋、张士诚吞没。他便又暗度陈仓，与朝廷接上头，准备乘机扩充自己的地盘。

这样，朱元璋就坐不住了，他传刘基谈了自己的想法，准备借当前空隙，先去温州拿下方国珍。

谁知刘基不同意。

他知道，当前形势不是很好，如果元军的战况再向好的方面发展，待整个北方出现安定迹象，抽得出手来，必定会南下江淮。那时，朱元璋便多了一个对手，形势将会更趋复杂。但眼下之计，不是要灭方国珍。原因是与陈友谅之战，只能算作初胜，离要达到的目标相距甚远。而且张士诚一直在坐山观虎斗，如果攻打方国珍，容易被其钻空隙，使浙中领地两侧受敌。更重要的是，对方国珍，刘基太了解了，这个海上起家的流寇，即使打败了也不过是奔走海岛，依朱元璋目前兵力，无法将其铲灭，不久还会复起。

于是，他向朱元璋献计说："当前，应该采取的策略是：稳住元朝廷，震慑方国珍，固好我城池，缓和张士诚，再攻陈友谅。"

他认为："如果我浙中地区有稳固的基地，即使元军到来，也奈何不得。何况，要能在元军抽出手来之前歼灭陈友谅，那么，张士诚和方国珍还在话下吗？"

朱元璋听后，深以为然，感到还是刘基"深谋远虑，高人一筹"，立即着手办了两件事。

一方面，令常遇春修筑太平城。原来太平城墙紧贴江边，所以上次陈友谅得以指挥士兵沿船尾攀矮墙而上，使城丧失。这次，朱元璋根据刘基的建议，将太平城向后移离姑溪二十余步，增加修筑矮城楼，比以前坚固了许多。

接着，派遣夏煜致书告诉方国珍："福基于至诚，祸生于反复，诡诈者亡，负固者灭，隗嚣、公孙述的教训可引以为鉴。我们大军要是出来了，可不是闹儿戏啊！"

不久，使者便带回了方国珍所献的纯金五百两，银五千两，锦缎五十匹，还有玉石马鞍等贵重礼物。朱元璋见到后冷笑一声，"今日方知人皆云方国珍善诈，果名不虚传也，迟早定要灭掉这无常之徒！"

恰巧，在刘基与朱元璋担心元军南下的时候，元军内部却出现了

自相残杀的事情。握有重兵的大将军察罕帖木儿以皇后奇氏与太子为靠山，不断向同样握有兵权的大将索罗帖木儿施加压力。索罗帖木儿则在皇舅的支持下，不断与察罕帖木儿争城夺地，打得不可开交。朝廷的又一大将李思齐也怀了异心，不听调用，想方设法扩充自己的地盘。利用这个难得的好机会，朱元璋便暗中与察罕帖木儿通好，以稳住北方元军，使其不急于南下，以使自己有更多的时间实现刘基献上的"征讨大计"。

办完这几件事后，朱元璋决心再次攻打陈友谅。

当然，起因一方面是刘基的既定方针，一方面却是陈友谅自己引火上身。

原来，至正二十一年夏末，陈友谅不甘心自己在龙湾的失败，不想失去自己在浙中的势力，更主要的，是他不服气朱元璋这个和尚，不能让他骑在自己的头上，又重整旗鼓，调兵遣将，派大将张定边进攻安庆，李明道进攻信州。李明道被朱元璋大将胡大海击败擒获，解送应天，但安庆却被张定边攻破，守将赵仲中逃脱归来。

见到逃将败归，朱元璋大怒，立即下令斩首示众并准备马上出兵收复安庆，与陈友谅再决雌雄。

刘基一看时候到了，便与朱元璋商议先摸清陈友谅的底数，他说："主公，用兵之道，以计为首。兵法曰：料敌制胜，计险厄远近，上将之道也。战之前，先料将之贤愚，敌之强弱，兵之众寡，地之险易，粮之虚实。计料已审，然后出兵，无有不胜。"

朱元璋叫来已经归降的李明道，与刘基一起详细询问陈友谅的近来情况。

李明道将陈友谅败归后备战招兵、充实粮草，以及兵马人心等诸情形作了仔细汇报，说道："友谅杀主，将士离心，且政令不一，擅权者众多。骁勇之将如赵普胜等，又多被他忌而杀之，虽然兵多将广，但大多数已经不与他一心了。"

于是刘基果断地告诉朱元璋："昨天晚上我观天象，金星在前，火星在后,这是出师取胜的先兆也,师出即胜。"

于是,八月初,朱元璋命徐达、常遇春发兵。

十一日晚,刘基一直站在浓黑的夜色中观察着,他看到眨巴眨巴眼睛的满天星斗,放射出亮晶晶的光芒,蓝蓝的天空没有一丝云彩,自语道:"是主帅出发的时候了。"

第二天,朱元璋偕同刘基登上新造的龙骧巨舰,亲率舟师溯流而上。

八月廿日戌师到达安庆,张定边固守不战。

朱元璋一面令部分兵力每日佯装攻城,一面令廖永忠、张志雄等率舟师先破了安庆周围的水寨,破敌舟八十艘,然后再加紧攻城。谁知从早上攻到晚上,一连两天两夜,这安庆城仍是岿然不动。

这时,刘基觉得不应再硬攻安庆了。

他想,兵法上早就有敌变我变之说。这次西征,按理应该是速战速决。陈友谅虽然上次战败而逃,但目前又恢复如初,兵仍强壮,若他在我们攻城时发舟师来援,使我军水陆腹背受敌,则大为不利。另外,若张士诚知我大军西征,应天府空虚,趁机攻袭,一战不胜,又招两强来攻,是兵法之大忌也。

于是,他来到正在观战的朱元璋面前。

"先生可有良谋,请速与我。"朱元璋已经猜到刘基有主意了。

"我意可采取声东击西之法,偏师围城,只做疑兵,主力水师则继续溯江而上,直捣江州,出其不意,攻其不备,一举可破陈友谅!"

"好!我也正在考虑是否可直捣陈友谅老巢,攻其一个措手不及,其城若破,安庆何足道!"

朱元璋当即表示同意,命留陆军继续加紧攻城造势,自己亲率主力水师,由徐达为先锋,急速溯江而上,奔袭江州。

途经小孤山,先是陈友谅的部将丁普郎、傅友德不战自降。这傅友德是宿州人,起初为刘福通同党,从山东进入四川,归顺于明玉珍。由于明玉珍对其不信任,便率领自己的队伍到武昌投奔了陈友

谅，又看到陈友谅心黑手狠，杀主篡权，自己没有施展才华的机会，心中一直闷闷不乐。这天听说朱元璋率大军前来，立即主动归降。朱元璋大喜，认为这次攻克陈友谅看来有天意相助，必胜无疑。

谁知二十四日大军到达湖口，接近江州时，水上突起大雾，一片茫茫，三米之外不见人影。

刘基心想，这雾来得奇怪，船队须倍加小心，当即传令徐达小心留意，船队靠紧行驶，以防敌军借雾突袭，并且与朱元璋主帅之舰左右成犄角之势行进。

瞬间，船队过一山湾，又是一番天地，浓雾半点全无，一派丽日蓝天。

徐达抬头一看，顿时大惊失色：一队陈友谅的巡逻舰队正顺流而下，近在数丈，两军船队几乎都毫无准备，忽砰然相撞！他一声令下，全力予以攻击。

霎时，短兵相接，杀声四起，朱元璋兵士人多势众，又是有备而至，个个奋勇向前，江中一片混战。

这陈友谅巡逻舰队本身毫无戒备，一看碰上"天兵天将"，加上左右两边开弓，早已如丧家之犬，不到一刻，便死的死，伤的伤，降的降，全军覆没。

"朱元璋攻打江州来了！"战报很快传到江州城里。陈友谅得报连摇其头，"不可能，才得军报，朱氏率军正在急攻安庆，怎能如此之快来战江州呢？"他想，莫不又是那刘基出的计谋，骗我上当不成？

可是，话还未出，就听到城外果然鼓角齐鸣，杀声震天，城墙上已是火光闪耀，叫声、骂声连成一片。

"完了！朱元璋真是从天而降啊！"陈友谅立即一跃而起，整顿兵马，下令全城军勇一齐上阵，据城死守，不允许朱元璋军卒进入一根毫毛。

这江州（今九江），城建于鄱阳湖之入江口，自古乃兵家必争之地。陈友谅又是久经沙场，对防守的重要性还是非常明白的，经其多次修筑，又凭依山环水之天险，果然易守难攻。

连攻两日，又是不下。

陈友谅先惊后喜，"朱元璋啊朱元璋，这江州可不比龙湾，待你久攻不下时咱们再见高低吧！"

朱元璋忧心忡忡。

这刘基怎么不见人影呢？你难道不知我们是劳师远征，如若再拖下去，恐怕陈友谅要反攻啊！

朱元璋开始在心中对刘基埋怨起来："当初我攻安庆，你要移师江州，称可一举得胜。现非但攻不下，且伤亡损失不少兵力。眼下你又避而不见，用意何在？"

刘基不着急吗？

可他懂得，作为这次战役的组织者和主心骨，自己不能有丝毫的急躁。特别是在战斗处于关键时刻，更要沉得住气，稍有一点其他情绪，或骄矜，或喜悦，或彷徨，或疑虑，或焦急，都会影响主公的抉择，影响将士的士气。

他更知道，在当前，就眼皮下这场你死我活的拼杀来说，是他指挥朱元璋，而非朱元璋指挥他。

他要让朱元璋坚定破城之信心，他要找出破城之策略，他要打赢陈友谅，他更要让朱元璋在战争中了解自己！"主公，破敌在今晚也！"正在朱元璋万分急切的情况下，刘基回来了。

原来，刘基见两天攻城不下，关键又是安庆与江州同时攻而不克，心中想道："看来硬攻不行，需得巧夺。"他秘密地出营测得城墙高度，满怀信心地禀报朱元璋："江州城紧靠水边，当以战舰为基，搭上天桥，乘夜登城，这样，陈友谅不会防备，一举可破也！"

没想到得来全不费功夫。朱元璋顿时转忧为喜，连连点头。

但刘基转回时当然也瞧见了朱元璋焦急中有一种另外的目光。

现在不是他多想的时候。

当即，令各兵营在船尾赶造天桥。

入夜，只见数十艘大舰驶于城下，船尾上的一架架天桥直抵城墙，朱元璋犹如神兵天降，很快杀入城中，陈友谅措手不及，无法抵挡，匆忙中带着家小，拼命杀出城去，乘一小船，连夜逃到武昌去了。

佐命功臣

《明诗别裁集》评刘基《题太公钓渭图》诗云："通首格高，隐然有王佐气象。"朱元璋曾称刘基为"吾子房"，今人王馨一则多次以历史上的诸葛亮比刘基。作为谋略家，刘基在中国文化的长廊中有着显赫的地位。

刘基的这首《题太公钓渭图》诗中的"偶应非熊兆"，用姜太公吕尚之典。据《史记·齐太公世家》："西伯（周文王）将出猎，卜之曰：'所获非熊非螭，非虎非罴；所获霸王之辅。'于是周西伯猎，果遇太公于渭之阳。"按"非虎"，《宋书·符瑞志》作"非熊"，是说周文王将遇吕尚。《武王伐纣平话》铺叙姜太公吕尚那种"轩裳如固有"的气象，颇为传神：

却说姜尚在磻溪岸上，手持钓钩，自叹曰："吾今老矣，年已八十，未佐明君。非钓鱼，只钓贤君。"自咏叹一首。诗曰：

吾今未遇被妻休，渭水河边执钓钩；
只钓明君兴社稷，终须时至作王侯。

姜尚叹息罢，忽见正北一道气色甚好，姜尚道："更待三日，必有王侯至此。"

果然，三天后，周文王率领人马求贤至此，"求贤远远到溪头，不见贤人见钓钩；若得一言明指教，良谋同共立西周。"姜尚从此踏上了周文王的佐命功臣之路。千载以下，刘基仍如此思慕姜太公的际遇，表明他也渴望遇见"真命天子"，风云际会，一展宏图。刘基后来的人生经历将渴望变成了现实，"王佐气象"遂由"隐然"而臻于显然。

作为朱元璋的智囊，刘基所受的礼遇规格甚高。《明史·刘基传》记载说：朱元璋每次召见刘基，总要单独和他密谈许久，刘基亦自谓不世之遇，"知无不言"，"遇急难，计画立定，人莫能测，暇则敷陈王道。"对刘基的议论，朱元璋总是恭恭敬敬地倾听，常称之为"老先生"而不叫姓名，又称赞他道："吾子房也。"子房即刘邦的佐命功臣张良，字子房，是中国历史上出类拔萃的谋士。

朱元璋以刘基比张良，大体说来是不错的，但二人也有若干不容混淆的区别。

最容易观察到的区别是其外貌。张良的外貌曾令《史记》作者司马迁发出惊异之叹，在司马迁的想象中，运筹帷幄之中、决胜千里之外的张良，应该"魁梧奇伟"才是，等看到他的画像，才知道其外貌娇柔有如美女。

刘基与张良之间，更值得提出的区别还在其他方面。

其一，他们与前朝的关系不同。

张良对秦怀有不共戴天的仇恨，他的祖父与父亲相继为韩昭侯、宣惠王等五世之相，这位韩国的贵公子，其家族的命运与韩的兴衰息息相关。前230年（秦王政十七年），秦灭韩。为了恢复韩国，他结交刺客，其中有一位力士，可使用重百二十斤的铁锤。始皇帝二十九年（前218），秦始皇东游，张良与力士在博浪沙狙击这位暴君，结果误中其扈从车辆。秦始皇大怒，向全国发布通缉令，"求贼甚急"。张良只好改名换姓，藏匿于下邳。

这样一位张良，他跟随刘邦反秦，可以说是顺理成章。

至于刘基，则曾是元朝的臣子，而且是进士出身。他早年为自己确定的人生道路，是在拥戴元朝的前提下建功立业。后来，他虽然参加了朱元璋的队伍，却在心中尽量淡化其反元色彩。他试图这样解释朱元璋的作为：朱元璋不是从元朝皇帝手中夺取天下，因为，元朝的天下早已被红巾军等造反者及其他割据者所瓜分，朱元璋只是使大乱

的天下归于大治。

其二，他们成长为谋略家的经历差异甚大。

张良企图谋杀秦始皇，那时他是一个充满"少年刚锐之气"的豪侠。一个豪侠，终于成为帝王师，其间经历了许多磨炼。《史记·留侯世家》所记黄石公的故事，以浓郁的传奇色彩展示了张良性格的变化。据司马迁记载，张良藏匿下邳时，一天，在沂水桥上遇见了一位老人，即神秘的黄石公。黄石公走到张良所立的地方，故意把自己的鞋子堕在桥下，对张良说："小孩子，拿上来！"张良大为惊愕，想揍他，因其年老，勉强忍耐住了。张良将鞋子拿了上来，黄石公又说："给我把鞋穿上。"张良又耐着性子替他穿鞋。黄石公伸着脚让张良给他穿好鞋，然后笑着走了。张良大感惊奇，呆呆地目送老人远去。老人没走多远，又走了回来，说："孺子可教矣！五天后的平明，与我在此相会！"张良感到诧异，但还是答应了。五天后，张良如期前往，老人已经来了，发怒道："与老人约会，反而来迟，什么原因？"临走时，老人说："五天后清早相会！"五天后，张良鸡叫时便去了。老人再次先到，发怒说："来迟了，什么原因？"临走时，老人又说："五天后再早些来！"五天后，没到半夜，张良便去了，过了一会儿，老人也来了，高兴地说："应该这样。"于是掏出一部《太公兵法》交给张良，说："读此，则为王者师矣！"

这位神秘的黄石公，究竟是何许人？苏轼以为即秦代的隐士。他之于张良，主要目的不是送一部兵书，而是要挫其刚锐之气，使之成为大度能忍的谋略型人物。苏轼的看法颇有说服力，其言曰："古之所谓豪杰之士者，必有过人之节，人情有所不能忍者。匹夫见辱，拔剑而起，挺身而斗，此不足为勇也。天下有大勇者，卒然临之而不惊，无故加之而不怒，此其所挟持者甚大，而其志甚远也。""子房以盖世之才，不为伊尹、太公之谋，而特出于荆轲、聂政之计，以侥幸于不死，此圯上老人所为深惜者也。是故倨傲鲜腆而深折之。彼其能有所忍也，然后可以就大事，故曰孺子可教也。""夫老人者，以为子房才有余，而忧其度量之不足，故深折其少年刚锐之气，使之忍小忿而就大谋。何则？非有平生之素，卒然相遇于草野之间，而命以仆妾之役，油然而不怪者，固秦皇之所不能惊，而项籍之所不能怒也。""观夫高祖之所以胜，而项籍之所以败者，在能忍与不能忍之间矣。项籍唯不能忍，是以百战百胜，而轻用其锋。高祖忍之，养其全锋，而待其弊，此子房教之也。"（《留侯论》）

从动辄拔剑而起的豪侠到"无故加之而不怒"的谋士，张良得益于黄石公的教诲。"其事甚怪"，连司马迁作传时也联想到"鬼物"，张良是一个被云烟笼罩着的神秘人物。

刘基的生平则颇为平淡，他早年向往成为闻鸡起舞的祖逖、刘琨，但元王朝未能给他提供发挥才能的机遇。隐居青田的三年，"著《郁离子》以见志"，是他成为佐命功臣的关键一环。但隐士生活，躬耕，思索，写作，也都是寻常科目，不足为异。

苏轼《留侯论》提到："淮阴破齐，而欲自王，高祖发怒，见于词色。由此观之，犹有刚强不忍之气，非子房其谁全之？"极为赞赏张良之"忍"；其实论"忍"的造诣，刘基亦绝不逊色。

前203年，韩信夺得齐地，派人见刘邦，请封自己做假齐王，理由是："齐伪诈多病，反覆之国也，南边楚，请为假王以镇之。"刘邦看了信，大怒，骂道：我被项籍围困，日夜望你来援救，原来想自立为王。谋士张良、陈平知道这时不能得罪韩信，遂"蹑汉王足"（踩刘邦的脚），刘邦觉悟，改口大骂道，大丈夫立功，做真王就是了，做假的干什么，即时派张良去封韩信为齐王，征调韩信的军队击楚。

与张良的蹑足之举相近，刘基曾踢朱元璋所坐的胡床（交椅），暗示朱元璋未可意气用事。至正二十一年（1361）十二月，陈友谅江西行省承相胡廷瑞、平章祝宗，遣宣使郑仁杰诣江州纳降于朱元璋。郑仁杰转达胡廷瑞的意愿说，因将校久居部曲，人情相安，既降之后，希望不要改属他人。胡廷瑞这样做的目的，是想保持一支相对独立于朱元璋的部队，故朱元璋面有难色。刘基见状，"蹴（踢）所坐胡床"，

朱元璋觉悟，当即爽快地答应了胡廷瑞的请求，并写了一封措辞恳切的回信。胡廷瑞得函即降。

张良蹑足，刘基踬椅，作为谋略家，二人的作为如此相似，被相提并论是理所当然的。谈迁《国榷》所载陈于陛的评语说："文成开创业之功不减子房，道、术亦相类。"堪称中肯之论。

小不忍则乱大谋。刘基之"忍"，确实与张良有相似之处。

人生活在世界上，最易招致怨恨的做法是重己轻人。

刘基所说，旨在以韬光养晦之道与世周旋，全身远害，"有的人隐瞒聪明比隐瞒愚蠢更努力"。为什么呢？大智若愚，外在的精明往往是内在愚蠢的表征，"好炫耀的人是明哲之士所轻视的，愚蠢之人所艳羡的，谄佞之徒所奉承的，同时他们也是自己所夸耀的言语的奴隶。"刘基明白这一点，所以常肯定他人智慧的优越，或将自己的功绩算在他人头上。

抬起脚跟想要站得高的，反而站不牢；两步并作一步走的，反而快不了；专靠自己的眼睛的，反而看不分明；自以为是的，反而判不清是非；自己夸耀的，就没有功劳；自高自大的，就不能领导。以上这些，以"道"的原则来衡量，只好说是剩饭、赘瘤，谁也厌恶它，故有道者不以此自居。

刘基与诸葛亮的相似之处甚多，比如，他们都曾隐居过相当长的时间。诸葛亮的幼年，正值黄巾军席卷全国的时期，在父母相继去世后，他跟随叔父从山东辗转来到南方的荆州。叔父去世，十七岁的诸葛亮便在隆中盖了几间草屋定居下来。隆中，在襄阳（今湖北襄樊市）城西约二十里处。因山势连绵，树木葱茏，中有一山"隆然冲起"，故名隆中。襄阳，在汉水、白河汇合处，南拊江汉，西屏川陕，既是南北水陆交通要道，也是当日荆州的政治中心和战略要地。诸葛亮住在这里，"躬耕陇亩"，研读史籍，"每自比于管仲、乐毅，时人莫之许也"。诸葛亮的自我期许甚高。

刘基与诸葛亮的另一相似之处是：他们都是在多次受到聘请后才

出山的。

刘备驻扎新野时，徐庶把诸葛亮推荐给他，刘备让徐庶和诸葛亮一块儿来，徐庶连忙说，"不行。"他强调，"诸葛亮这个人，可以求见，不可屈致，主公应该登门拜访。"于是刘备去拜访诸葛亮，一共去了三次，才得以见面。这一事实表明，诸葛亮非礼聘不出的原则已为好友们所了然。为什么一定要刘备三顾茅庐才出山呢？这既是对刘备诚意的考验，也表明他诸葛亮不是招之即来挥之即去的等闲人物，如此，才能赢得刘备的尊敬和重用。

刘基也是在两次受到聘请后才答应效命于朱元璋的，这有两方面的考虑：一是刘基并不认为朱元璋是他理想中的"真命天子"，二是作为一个出类拔萃的人物，轻易出山是有失身份的。明末小说《英烈传》描写孙炎之聘刘基，仅仅一次，刘基便跟随他赴金陵谒见朱元璋，如此笔墨，不免亵渎了这位奇才。

刘基与诸葛亮的第三个相似之处是：他们出山之初，便提出了自己高瞻远瞩的战略决策。

诸葛亮的战略决策，即著名的《隆中对》。他指出，目前曹操已基本上统一了北方，拥兵北方，"挟天子以令诸侯"，虽是刘备统一全国的对手，但不能立即同他较量；孙权占据江东（长江中、下游地区），经过他父亲孙坚、兄长孙策和孙权本人的治理，凭借长江天险，推行法治，百姓归附，并有一批"贤能"之士为他出力，因此，对孙权只能采取联合的方针。

诸葛亮还提出了夺取荆、益二州，作为统一全国的根据地的建议。他对刘备说：荆州地势险要，是个战略要地，刘表父子是守不住的，"此殆天所以资将军，将军岂有意乎？"益州号称天府之国，北有剑门之险，东有瞿塘之固，土地肥沃辽阔，物产丰富，而刘璋昏庸，不能安抚百姓，"智能之士"都盼望得到英明之主。刘备如能占据荆、益二州，对外联孙抗曹，对内改革，政治，一旦时机成熟，就兵分两路，一路由荆州直捣宛、洛，一路由益州进发秦川，这样统一大业便

可成功了。

后来的实践证明，诸葛亮的战略决策是切实可行、英明正确的。

刘基出山之初，即"陈时务十八策"，其具体内容已不太清楚，但有一个事实是确凿无疑的：他为朱元璋设计了首先消灭陈友谅的战略。

1360年春，朱元璋征聘浙东儒士刘基、宋濂等至军中参议军事。刘基建策，消灭陈友谅，孤立张士诚，然后北上中原，以成王业。

谈迁《国榷》所载袁袠的评语说："孟轲有言，五百年必有王者兴，其间必有名世者。信矣哉！如刘公者，其卓然名世者乎！方其不卑小官，以鸿渐之翼困于燕雀，其与五就桀者何异。及既佐真主，谋谟帷幄，言行计从，欢若鱼水，子房之于高祖，孔明之于先主，不足称也。观其先楚（汉）后吴，决成败于一言，定大业于呼吸，大矣哉，王佐之才，其伊、吕之俦与？"

衢州解危

江州得手后，刘基预料，陈友谅这棵大树一倒，其在江西的势力很快便会瓦解的，当即赶往朱元璋帐前，建议当一鼓作气，恩威并用，打招结合，乘胜迅速拿下江西诸郡，以扩大战果，充实地盘。同时，他又提醒朱元璋：应天后方空虚，需提防张士诚从背后下手。

此时，朱元璋对这位军师已是言听计从，立刻调兵遣将，指挥诸将逐一拔掉江州周围乃至江西一带陈友谅所占领的地方。

八月二十六日，一举夺取南康，接着，又以迅雷不及掩耳之势，相继分兵攻占了蕲水、黄州、黄梅、广济。

一切都按刘基既定的谋略进行着。

九月初三，建昌城陈友谅守将王溥献城降朱元璋。其时，王溥的弟弟已被朱元璋部下俘获，他看陈友谅败退武昌，朱元璋两战皆胜，陈危在旦夕，便产生了动摇。见到朱元璋派弟弟送来的劝降书后，更坚定了归降朱元璋的决心，与知事郭文敬、总管孟兴、元帅孙德寿等人决议献城投降，并马上回书给朱元璋。

朱元璋一见这王溥竟然如此痛快，担心有诈，便找刘基分析。

刘基仔细阅读了王溥的降书说："当前主公大势所趋，陈友谅部下闻之丧胆，且在江西又各自为战，自顾不暇。自古兵不厌诈，主公当遣使前去，令其降将各复其位，既往不咎，仍驻守其境，消息必然传开，大军到处，陈友谅部将皆愿意来降。"

朱元璋应允而行。

果然，不几天，陈友谅的余下守将吴弘、龙泉守将彭时中、吉安守将曾万中、孙本立等，都相继派出使者，带上钱物财礼，以城献之归降。

兴国路石榴山寨首严院使率所部官兵三百余，以寨来降。

朱元璋又派邓愈攻打临州、抚州，结果附近十八县印一齐交邓愈手中归降。

到至正二十一年年底，陈友谅的江西领地中，已有几十个路府归降了朱元璋。

这天，朱元璋又在帐下与刘基商议如何攻取重镇龙兴事宜，忽得来报："汉军江西行省丞相胡廷瑞来使求见。"

朱元璋与刘基对目一笑，心想："说曹操，曹操就到，乃神之气也。"

"叫他进来。"

来人姓郑名仁杰。

见到朱元璋后，连忙下跪磕头，"小人乃奉汉国大将胡廷瑞之令，特来求见大帅。"边说边抬头望着，看来在等待朱元璋发话。

"有何事要谈？"朱元璋问道。

郑仁杰忙回答："胡将军素来与陈友谅不和，今陈氏败窜武昌，胡将军顺应天意，决议归服元帅节制，特派我来向元帅求降。"

原来，这胡廷瑞与其他江西各地守将一样，虽为陈友谅部下，但

亦能把握时局，量力行事。他觉得陈友谅江西省前方主力被歼，后方军心也不会多稳当，加上陈本人野心膨胀，杀主夺权，人心向背已都明显。且朱元璋大兵压境，正值旺势，所到之地，不扰百姓，无不欢呼。不如采取明智之策，不战自降，还能保住一己地盘，部属也不至于无故死于非命。只因此人深谋远虑，对投降后的前途，尚有顾虑，又不了解朱元璋的情况，所以派来专使，先为联络。"原来如此。"但朱元璋听到这一情况后仍有点不大相信。因为当初攻打安庆时，他就派人到龙兴向胡廷瑞招降过，但未达目的。

此时此刻，他怎能轻易信一个使者的几句美言呢？

刘基见状，急忙问道："先生前来，贵丞廷瑞可有具体安排？"

"有，这是省丞大人托小人带来的乞降信函。"郑仁杰将信函双手递给了刘基。

刘基拆开细看，上面写道："明公英武盖世，海内豪杰皆延颈倾心，乐以顺之。廷瑞已欲久归，然无路已请，今特遣仁杰相见，愿率所有人马相归。可所属将校久居部曲，人情相安，既降后，特请不以改属他人，将于谢之不尽矣！"

刘基明白，这封信原意是想投降之后，希望不要将他的部队归别人指挥，原班人马，驻扎原地。按照刘基破江州后的谋略，眼前乃朱元璋攻占城池，用人用兵之际，这么做既可以笼络人心，做给来降之将看，又符合自己的意图，可为也。但他不便表态，即递于朱元璋过目。

谁知朱元璋看后，脸色马上变了，眼看要发作起来，刘基连忙暗中从下边踢了两下朱元璋的座椅，示意千万不要发火。

朱元璋顿时醒悟。

刘基马上装着起身接信函再看的样子，又给了朱元璋一个肯定的眼色，本来想插上一句"我看江西省丞信中讲的也有道理"，但马上意识到，现在不是自己表态的时候，便改口问道："主公你看此事如何处理？"

"廷瑞诚心归顺，又能体谅众将利益，难能可贵。为人者，正当如此。我们已做了多起这样的事，怎能不答应呢？！"

"好！主公心若明镜，以德服人，此乃我军之大幸。"刘基一边赞许，一边顺手摆砚展纸。

"若此，请先生代笔，替元璋给廷瑞复一信吧！"朱元璋边说边口授起来。

"郑仁杰至，言足下有效顺之诚，此足下之明达也；又恐分散所部属他将，此足下过虑也。吾起兵十年，奇士英才，得之四方多矣。凡能审天时，料事机，不待交兵，挺然委身来者，我都以诚相待，随其才任使之。兵少则益之以兵，位卑则隆之以舜，财乏则厚之以赏，安肯散其部伍，使人自疑，负来归之心哉：且以陈氏诸将观之，如赵普胜骁勇善战，以疑见戮，猜忌若此，竟何所成！近健康龙湾之役，予所获长张、梁铉诸人，用之如故，视吾诸将，恩均义一。长张破安庆水寨，梁铉等攻江北，并膺厚赏。此数人者，自视无复生理，尚待之如此，况如足下以完城来归者耶！得失在于一念之间，足下当早为计。"

郑仁杰千恩万谢，带上朱元璋的信回去复命。

虽然朱元璋当场没有发泄出来，但使者一出，他即不以为然，问刘基："廷瑞乃江西之一雄，此地友谅之外，以其为大，如此这般提出条件，若有诈，我方如何予以防患？"

刘基笑曰："万变不离其宗，德威并用！"

朱元璋道："先生细讲。"

刘基曰："基闻廷瑞顺乎天意，归降意决，而其平章祝宗和康泰等人并不顺其而行，常出微言。这廷瑞万不得已，派出使者请予全权，一则堵人之嘴，二则为己开脱，如若不满足其请求，必将使其失去威严，战事复起将不可避免。若我待之以宽厚，既使廷瑞得之脸面，安其心，又可替他封住祝宗、康泰诸人之口，化隙为和。"

刘基呷了一口茶接着说道："但龙兴乃江西之重镇，万万不可放松警惕。主公当亲率重兵进城，一则可显示我军之神威，二则可以借此

慰民嘉将，广施恩德，两全其美如何？"

朱元璋道："先生之计有理，照此而行吧！"

至正二十二年正月初四，胡廷瑞派他的外甥康泰到江州投降。

初八，朱元璋从江州率大军溯江而上，十二日，抵达樵舍，胡廷瑞派人送来陈友谅授予他的丞相印和城中军、民及储备的粮食数目清单，请朱元璋过目。朱元璋大喜，对部将们说："军师先生多谋善断，一书信，一言语，可抵十万兵也。"

十四日，朱元璋大军到达龙兴，胡廷瑞带领祝宗、康泰等行省僚属，俱迎谒于新城门外。

朱元璋当即发赏劳军，令廷瑞部属皆守原位，自己却扎营住在城外。

十五日，胡廷瑞再次来请，朱元璋才率军入城，战旗飘扬，队伍雄壮，军令肃然，站在街两旁迎军的民众无不敬佩赞叹。

进城后，朱元璋首先参拜孔子庙，游铁柱观，打开仓库，赈济贫苦老百姓，全部废除了陈友谅的苛刻政令，傍晚，又出城在滕王阁大摆酒宴劳军，城中文士咸与赋诗，一时管弦四起，笙歌悠扬。

陈友谅在龙兴时，曾经聚鹿数百头，养在城西章江门外，称为鹿囿。刘基知道此事后，立即劝朱元璋派人速放鹿于山林。

朱元璋问道："这么一件小事，何劳先生如此关注？"刘基道："此事虽小，但意可大也。鹿之，异怪也。识人性，秉人脾，知人心，乃可损人行。"

接着他给朱元璋讲了两则故事。

其一

有一庐陵人吴唐，年轻的时候爱好打猎，箭不虚发。曾经在刚到春季的时候，带他的儿子一块儿出去打猎，正巧遇上一头麋鹿和一头幼鹿在嬉戏玩耍。麋鹿觉得有人的气味，领着幼鹿逃跑。幼鹿不知道害怕，就走近了吴唐，吴唐则把它射死了。麋鹿惊恐地跑回来，发出了悲惨的叫声。吴唐把死幼鹿放在干净的地方，自己藏在草丛里。麋鹿过来舔它的孩子，吴唐又射麋鹿，鹿应弦而倒。接着他又看奔来一头鹿，张弓的时候，箭却自己射了出去，中了吴唐的儿子。吴唐扔下弓，去抱自己的儿子，摸着胸口恸哭。忽然，他听到空中有喊声说："吴唐，麋鹿爱它的孩子，和你爱你的儿子有什么两样？"他吃惊地左右看，突然，一只老虎从旁边扑了过来，折断他的胳膊，吴唐回到家只一夜就死了。

其二

汉元狩五年秋天，臣子侍奉汉武帝在上林打猎，有一个从臣活捉了一头鹿献给武帝，武帝便把它给臣子们看。这时，有一个臣子奏道："这是一头仙鹿，活了将近一千年了。"武帝闻之，当即便把鹿放归山野。

刘基又道："鹿有角，龙之相也。陈友谅围在这里，必是术士为其出的计谋，若尽放其鹿，必破其法也。"

朱元璋听后，不得不信，马上命令拆除围栅，将鹿全部放入西山之野。城中百姓传开后，无不为朱元璋的慈善之心所称快。

同时，刘基感到，这龙兴城毕竟是降将据守，朱元璋大军还有许多大事要做，不可能久留此地，若要使龙兴彻底脱胎换骨，必须赢得民心，得到民众支持，而且要有自己的人在此守职。于是，又建议朱元璋改龙兴为洪都，以叶琛为知府事，任命邓愈为行省中书参政镇守之。

二十一日，朱元璋下令抚恤鳏寡孤独，并筑台于城北龙沙，召来城中百姓，谕之曰："自古以来，攻城守地，使用武器，百姓遭殃。现在，你们百姓能够骨肉保全、照旧生活，皆是因为丞相胡廷瑞能看清形势，先来归顺，这是老百姓的福气。陈友谅占据此地，军队各种需要，给你们造成很大负担，增添了不少痛苦。现今我全部除掉这种弊

病，军中各种供应，不加你们之身。尔等各事本业，不要游手好闲，更不要做那些违法的事以致遭受刑罚，不要交结权贵来坑害良民，各保父母妻儿，为吾良民也。"全城的老幼看到朱元璋如此体恤百姓，都很高兴，感到生逢明主矣。

夺江州，得龙兴，取得了前所未有的战绩，全军上下万众欢腾，士气昂扬，斗志倍增。

这时，朱元璋才决定亲送刘基起程，回家为母奔丧。

原来，早在去年攻打江州之初，刘基就收到了慈母去世的噩耗，他本为孝子，悲痛万分，恨不能插翅飞回家里，让他母亲安息。但因备战事忙，朱元璋放心不下，不敢在这个事关前程的节骨眼上放走自己的心膂高参，一再恳切挽留，答应刘基，待助他成功之后，"必当遣官与先生一同回乡里感母劬劳"。刘基自己亦感此战关系重大，万一朱元璋遇到不测，不慎失利，非但数十万大军的浴血奋战付之东流，而且自己费尽心血为朱元璋制定的"征讨大计"也将受挫，那就辜负了朱元璋对自己的信任，于是，一直未再提起这件事。

得到朱元璋的批准后，刘基收拾好行装，准备出发，这时朱元璋亲来相送。

刘基赶忙出门相迎，谢之不尽。

坐定以后，朱元璋说道："先生此次回乡，虽时不算长，但总要守制年余，我心中甚是不安，好在路顺途通，当请先生时常来信，给予机宜。"

刘基当即表态，"此行乃属为孝之事，否则绝不愿离开主公而去。守制乃时有定则，只要主公需要，基将竭尽全力而为之，绝不会有丝毫怠忽。"

朱元璋点头称是，又道："此番先生离去，对战事有何交代，请知无不言，给予赐教。"

"不敢！主公高瞻远瞩，运筹帷幄，善待百姓，爱兵如子，天当相助，事必如意。"

他同时又分析，虽然陈友谅战败不久，一时不会有大兵进犯，但朱元璋大军已属久战之师，眼前不宜再大举发兵挑战，当养精蓄锐，为下次实现彻底消灭陈友谅的目标做好充分准备。同时，陈友谅败退后，江西诸郡守将虽已归顺，但不可能一下子安下心来，难免生变动乱，而倘若真的出事，依地位和将官复杂程度而言，洪都（龙兴）当之为首。还有方国珍、张士诚以及元朝廷等，皆不可不防。

刘基心想，朱元璋对自己视为知己，且在制定作战方略方面，处处给予信任和鼓励，甚至言听计从，现在要离开一段时间，应该给予提醒，于是说道："基分析目前局势，我之大胜，陈之大败，大战暂不会再起。如主公要基留言，建议主公警惕江西，留意浙东，盯住陈张，防患于方，不挑衅出战，不急于发兵，不打无把握之役，此我则百战不殆矣！"

"好！好！"朱元璋连声说好，但不知是觉得刘基对形势分析得好，还是建议提得好。

刘基认为到走的时机了，便告辞朱元璋，他心急如焚，快马加鞭，匆匆赶向青田。

形势又被刘基言中了。

就在刘基回乡的途中，浙东形势骤变，出了大的乱子。

先是金华苗兵元帅蒋英、刘震、李福等叛变，杀死镇守当地的大将胡大海和郎中王恺、总管高子玉。

胡大海此人极其喜欢爱护人才，他自我评价时说过："我是个武人，不读书，但我行军知三件事，不杀人，不抢人家妇女，不烧人家的房屋。"他不论走到哪里，都知道寻访人才，收揽人才。当初，攻克严州后，刘震等人从桐庐前来投奔，胡大海喜爱他们的勇猛善战，就将这几个人留在自己身边，并且毫不怀疑。

谁知这几人却非真心归顺，他们不愿受制于异族，投奔胡大海只是为了避一避朱元璋大军的锋芒，暂且栖身。一看有机可乘，便与驻在衢州、处州一带的苗军元帅李佑之等联系，约定同时起兵叛乱。

这一天，胡大海早晨起来正在查看加强防卫的兵力部署情况，蒋英等走进来，说是请胡大海到八泳楼去观看射弩表演。胡大海刚一出门，便被由蒋英雇用的党羽钟矮子挡住去路，他跪在胡大海面前，诉说蒋要杀害钟。胡大海还未来得及回答，回过头来看蒋英，谁知蒋英突然抽出藏在袖中的铁锤"嗖"地摔了过来，好像要打矮子，谁知却是打胡大海的。胡大海毫无戒备之心，当即脑破汁洒，应声倒地，糊里糊涂丢了性命。蒋英等人凶残地割其首，又杀害胡大海的儿子关住，以及郎中王恺、掾吏章诚。

处州苗军元帅李佑之、贺仁得等人开始接到蒋英联络信书之后，先未敢动，听到蒋已成功杀死了胡大海等将官，便跟着动起手来。当时行省枢密院判耿再成正在与总制孙炎、知府王道同、朱文刚等人一起吃饭，商量防务之事，听到外面呐喊吵闹，结果知是李佑之等纠集三千多人围住院子，此时再调兵已来不及了，便召集自己院内能够作战的兵勇不到二十人出门迎战，当然不是李佑之的对手，耿再成气得大骂道："贼奴！主公何负于汝，乃反耶！"不等骂完，李佑之等人几十根长矛对准他刺了过来，耿再成在骂声不止中断气身亡，孙炎等三人皆被苗兵捉住，捆锁在空房内，苗军威胁其投降，三人宁死不屈。这时，叛将中有人带来酒肉送于他们吃，孙炎知这些家伙要动手了，便举起酒杯，仰天长叹："大丈夫为鼠辈所擒，不及一见明公，在此永诀；然万古之下，芳名永存。恨这贼奴，天兵到来，难逃凌迟碎剐。但笑肉臭，狗都不要吃他。"气得叛贼怒目而视，令孙炎脱掉衣服。孙炎却哈哈大笑，"死有何惧！但这身紫绮裘，是主上赐给我的，你们不能乱毁，我当服它殉国。"于是就与王道同、朱文刚一起被害。

洪都降将祝宗、康泰等人本对胡廷瑞归降朱元璋不满，这时，见胡廷瑞跟随朱元璋去了应天，看到浙东起乱，便想再反。朱元璋得到密报后，即令祝、康二人率领他们的队伍前往湖广，听命正驻扎汉阳、围困武昌陈友谅的徐达调遣。二人率军抵达女儿港，恰巧遇到商人运送布匹的船只，就趁机抢夺他们的布匹作为旗号，叛变谋反，攻夺洪都，破城门，杀害都事万思诚、知府叶琛，邓愈夺门而逃，赶往应天。

同时，在四川的明玉珍又称帝建国，立为大夏，建年号为天统。

张士诚看到有机可乘，也派他的弟弟张士信乘机率领一万多人马去围攻诸全。途中，消息接二连三，刘基心情极为不佳。特别是这胡大海、叶琛、孙炎三人更是与他有密切关系。叶琛为多年朋友，从组民军自保地方开始，就携手奋战，情深谊重；胡大海对自己有推荐之功，孙炎则亲自动员自己出山辅佐朱元璋，现人去室空，悲惨被害，自己身为军师，不能为之相助，不觉潸然泪下。自己虽有预感，没想到这些叛将动作如此之快。

刘基便催促船家速行勿停，他想早点到家，安置老母。形势如此变化，谁知哪天朱元璋会催促其回军中。

可是，行到衢州时，刘基却被留了下来。原来，衢州周围的苗军看到金华等处苗军反叛举旗，也蠢蠢欲动，准备攻夺衢州城，守将夏毅胆战心惊，不知如何是好。正值刘基路过此地，这位朱元璋身边的大军师已名声显赫，这夏毅遇见了大救星，怎能不马上请进城来，详叙衢州民心不安，讹传甚多，人心惶惶，自己孤立无援，无从下手之苦衷，请求救命。

刘基见状，知必须先解衢州之危，才能回乡葬母，这也是自己义不容辞的责任。

他进城之后，便让夏毅带着观看了整个城池防卫，又详细询问了夏毅掌握的几处叛乱的具体情况及朱元璋采取的对应之策，便心中有了底。告诉夏毅，当务之急，是安定民心，稳住军心，提高士气，衢州可保。

刘基分析说："当前，我军威雄壮，乃大势所趋。几个苗兵叛变，朝秦暮楚，系乌合之众，犹如蚍蜉撼树，成不了什么大的气候。蒋英已被李文忠部攻败西逃降张士诚，主公已派邵荣率军胁攻处州；张士诚已受李文忠、邵荣两路夹击，不可能有所作为；洪都的祝宗、康泰

有徐达大军对付，肯定也是秋后的蚂蚱，蹦哒不了几天。只要我们造成'徐达、邵荣大军将至'的声势，安抚百姓，震慑叛将，就一定能够稳住阵脚，浙东指日可平。"

夏毅顿感有了主心骨，当天便以刘基的名义发出告示，张榜安民。命各处属县百官将士，四方驻守，镇静勿恐，休得自扰。要求全体百姓自谋生计，千万不要听信谣言，蛊惑人心。并布告大家，徐达、邵荣大军即来征讨逆贼，不日即可平定浙东，假以时日即可相安无事，等等。

很快，浙东的军心、民心便稳定下来，局势又复平静。朱元璋得信后高兴地说："惟先生能为我立此大功也。"

取义招安

刘基回乡葬母的消息很快传遍了四乡八邻，本来他就是江浙名士，素有盛名，眼下又为朱元璋帐下高级谋士，更是名震四方。出丧这天，人山人海，附近地方镇守、亲朋好友，纷纷前来吊唁。

先是朱元璋遣的礼官吊祭，只见他在老夫人灵前备置了香花果酒、三牲祭礼，宣读祭文，烧金银纸钱，行三跪大礼，其隆重之情可见一斑。

接着众人祭奠。

突然，刘基发现有两个客人手捧纸马、孝帐，抬着吊唁礼品走进门来。"这是谁？""怎么不曾有过印象？"刘基派人迎接打探。

"是方国珍派来的使者。"执事通报刘基。

"他怎么消息如此灵通？"刘基不禁思索不解。是的，方国珍非但消息灵通，而且手段越来越高明。他对刘基既恨又怕，恨的是刘基在元朝廷为官时，就坚决对自己剿除，几次对阵，差点葬身鱼腹，要不是自己靠重金贿赂朝廷命官，早就成了刘基的阶下之囚。怕的是如今刘基更难对付，自己好不容易与朱元璋拉上关系，想方设法拉拢，以保不受攻击，守住地盘。好在朱元璋前有陈友谅，后有张士诚，加上元朝廷的制约，还顾不上计较自己，才得以苟延残喘，而且借机又扩大了一些势力。但这刘基却归到了朱元璋麾下，为其出谋划策，使朱元璋势力日趋强盛。他知刘基不会放过自己，朱元璋也不会视之若无，迟早会有动手的一天，除非自己割地交兵，完全归顺。

方国珍是不见棺材不落泪的人，他不会把自己的利益让于任何人，但怎样才能两全其美呢？既不能白白挨打，又不能拱手相让。

只有使用惯用伎俩这一条路了。

可是，他知道刘基的性格。记得刘基还在台州时，自己为不受朝廷进剿，就曾送礼相求诸位官员，不料只刘基一人未收，而且更加强了对自己的打击。方国珍也知道，这次则不同了。一方面自己与朱元璋在名义上都不是顺应朝廷的，虽然自己近来与张士诚勾结经常为朝廷运送粮秣，但朱元璋并不一定知道详情。二来刘基此乃葬母，刘本人又是读书知礼之人，施以人之常情，他也不会再拒门外。还有一点，方国珍想，刘基现在为朱元璋匡佐天下，很会笼络人心，而且陈友谅众多部将已降朱元璋，这不能不说是刘基的计策之功。若自己能化解与刘基的恩怨，万一有个不测，也好让他在朱元璋身边美言两句。

这便有了眼前的吊唁送礼情景。

刘基看了方国珍的唁书，知道这方国珍又来玩弄花招了。他对方国珍亦是了如指掌，看穿骨髓，这人是不可救的了，想都未想就顺手把唁书递还给使者，重重地吐出三个字："请回吧！"

来人见刘基不接唁书，觉得大事不好。如若今天办不成事，回去如何向方国珍交差啊？

来人急切地说："望刘大人听小人一言。常言道，'君子不念旧恶，良将不嫌兵多'，多一个朋友则少一个冤家。人言大人是诸葛再世，想必一定不会使小人难堪回去的。"

"对呀！"使者的话倒提醒了刘基。他想，这方国珍虽出身盐枭、

土豪，打家劫舍、骚扰一方，无异于海盗，不杀不足以平民愤。但就目前看，其作为也在一定程度上制约了朝廷，特别是有制约张士诚的作用。眼下朱元璋正在用兵，图谋大业，而且一再想对方国珍招安相抚，以便集中精力消灭主要敌人陈友谅、张士诚，进而推翻元朝廷，这也是自己的大计。如若能进一步稳住方国珍，使其能彻底改邪归正，那便也非坏事。即使不能有效，只要暂时据守他的地盘，不再扰乱浙东，也算是下策实现也。

想到这里，刘基便向使者露出笑脸，接过吊唁书信和礼物，说道："既然二位不辞劳苦，前来代人吊唁，我就谢礼了。"

他安排使者到客厅歇息，自己回到书房，给方国珍写了一封回信，一则对方国珍为他吊唁母丧表示感谢，二则借机宣扬朱元璋的威德，劝说方国珍彻底归降，不要再与元朝廷和张士诚之流暗地来往，藕断丝连。信上大意说："朱元璋聚义起兵，旨在灭元，此乃国之所需，民之所望。元璋本人雄才大略，广招天下人才，礼贤下士，可依可靠。如今其兵多将广，军势日盛，方国珍若能真心归降，共图大业，则于国于己皆有利。"

方国珍接到刘基的回信后，果然备了些金、银、布匹等，去向朱元璋纳献，表示臣服，并表示愿意献出三郡。刘基的这一步暂且安了朱元璋一方之心，朱元璋高兴地说："先生远离军中，仍然不忘军事，乃大才大忠，难求难得啊！"

这时，刘基又收到朱元璋的书信，询问与元朝廷的关系如何处置。

刘基是清楚情况的。当时，朱元璋为了避开与元主力决战，保存实力，以便集中全力分歼陈、张两支劲敌，便在与元军察罕帖木儿联络时，表示求和通好，其实为权宜之计。谁知假戏成真，察罕帖木儿把这件事奏报了元顺帝，元顺帝即任命朱元璋为荣禄大夫，江西行省平章政事，并由察罕帖木儿派了使臣，以户部尚书张昶为首，带着御酒、八宝顶帽和任命诏书来见朱元璋。

使臣已从海上航行到了方国珍的地盘，通知朱元璋接诏。

朱元璋这时却真的着急了。自己举旗反元，乃是真切救民于水火之中，哪有归顺朝廷之意，但事到如今，接与不接，拿不出一个好的主意，便召集身边的几位谋士、将帅商量如何才好。

众人则议论纷纷，有的说接，有的说不接，拿不出定策。朱元璋当然想到了刘基，"先听听先生的意见再定不迟。"所以，回到帐中，即展纸挥笔，写信给刘基，将所议之事，详为陈述，叫刘基尽快回复，也好定夺。

刘基细阅来信，想到，虽然目前元朝廷倚重察罕帖木儿攻克济南，掌管中书，兼知河南、山东行枢密院事，还任陕西行台中，大权在握，不可一世，但元朝危难，不可复救，战伤难治，人心难测，谁知其人能有几天工夫。他沉思片刻，便给回信朱元璋谈了自己的想法，当初答应求和通好，乃缓兵之计，并非诚意，亦为不可。如今局势虽然发生变化，元军主力尚不能顾及于我，但与元军决战，时机仍未成熟。如若此时拒绝接诏，势将引火烧身。因此，建议对于元顺帝诏书，采取不接不拒的拖延之策，待局势完全有利于我时，再与元朝公开决裂。

朱元璋接信后，心中有了底数，便对身边的将帅说："现在张士诚占据浙西，陈友谅据汉江，方国珍、陈友定又在东南作梗，天下多事，未有定日，我日益繁忙，哪有空去接什么诏书。"

到底是刘基分析正确，果然不久，察罕帖木儿被降将田丰、王士诚谋杀，其儿子扩廓贴木儿继为统帅，又与其他元将争夺地盘，打得你死我活。元军自相残杀，无暇顾及南部。朱元璋见时机成熟，便明确拒绝了元朝的任命诏书，连送诏书的使臣张昶也留在了朱元璋军中。

献策退兵

刘基为母守丧，正好可以得出空来，根据其近几年参与朱元璋作

战谋划的实践，把自己的《百战奇略》做一遍修改补充。这天，他又整理出几个战法，边改边读，好不得意。

刘基正念着，批着，改着，又报朱元璋信使来到，迎进门来，知又是朱元璋请归。

其实，虽说刘基在家守丧，但期间与朱元璋书信来往从未断过。特别是每接到朱元璋问策之事，刘基总是有问必答，答必详尽。但毕竟不在身边，存在诸多不便，有时难以用话详尽解释，常常出现贻误。譬如当初刘基归来时，曾提醒朱元璋，如要得武昌，当在两个月内拿下，否则，拖下去则不可能取。果然，由于徐达中途引兵平乱，拖延了攻打武昌的时机，使陈友谅得到喘息之机，加强了防卫力量，坚守不出，武昌半年攻不下，湖广方向战绩平平。如若朱元璋早听刘基劝告，或刘基还在朱元璋身边，尽早促使撤销武昌之围，令徐达回师驻守洪都附近，则洪都之乱或许可免。因此，虽然口上不明说出，但朱元璋一直感到刘基不在身边，自己就像缺了主心骨，一再遣人敦请刘基早日回归应天。

刘基为了不辜负朱元璋的一片诚意，给朱元璋回书一封，表示服丧期满即启程归来。送走使臣后，便把《百战奇略》整理好，与行装一起打点在身，安排好家中事务，踏上了回应天之程。

途经建德时，刘基想借空看一看李文忠，且也可了解一下军中近况，也好到应天与朱元璋通报，共商浙东战事。到建德后，李文忠见朱元璋的大军师亲来看望，忙不迭地迎出帐来，奉茶递烟，施礼问候，亲热叙谈。

谁知，刘基的屁股还未坐热，就有探子来报："张士诚的队伍上来了。"

李文忠一听，气就不打一处来，"这张九四也太猖狂了，竟敢在我头上动土。"马上布置人马，准备迎战，决心给张士诚一点厉害看看。

刘基坐在一旁听得明白，他想，这建德靠近金华，周围我军设防重重，兵力强盛，张士诚怎敢贸然进犯呢？

李文忠问:"军师难道已看出什么不成?"

刘基说:"据基分析,我军目前正值强盛,士诚知不能敌,但他近来未遇大战,很可能借重其为元朝使臣的身份来显示一下威风,并不敢真来攻我。此军前来,不出三日,必然自己离去,那时,再乘胜追击,灭他不迟。"

李文忠虽半信半疑,但这是朱元璋的军师,决胜千里,运筹自如,自己这小小地盘,能在他的话下?便也不敢不予重视,点头称军师有理。刘基又说:"常言道,兵怕奇袭,在敌人毫无防备、预料不到的情况下发动进攻,是为兵家常用之计也。到时候,敌人正退,我军突然猛追,出其不意,必然一举可胜。"

他又给李文忠讲了三国魏元帝景元四年(263)大将军司马昭与邓艾灭蜀的故事。当时,司马昭派邓艾率兵牵制雍州的蜀将姜维,并命雍州刺史诸葛绪带兵断绝姜维的退路。虽重创敌军,却未消灭,姜维率部东进,返回剑阁防守。邓艾向司马昭建议说:"现在蜀军已经受到挫伤,我们乘胜出击,从阴平小道经汉中德阳亭直插涪城,然后用一支奇兵乘其不备冲杀这个要害部位。防守在剑阁的姜维部队必定来救涪城,我们的人马便可攻下剑阁,如果他们不来涪城救援,那么涪城也不能防守抵挡我们了,这样拿下蜀国不成问题。"得到同意后,邓艾率军一路凿壁开路,搭桥过河,越过悬崖幽谷,长途跋涉七百余里,有时山高谷深,无法运粮而断炊,几乎陷入绝境。结果,将士们到蜀军眼前,蜀军才知"天兵下降",防御已来不及了,最后大军长驱直入,兵临城下,蜀国皇帝刘禅派使臣向邓艾投降,蜀国灭亡。

李文忠当然知道刘基足智多谋,精通兵法,听到这里,便提出请求道:"就依军师之见,但请军师能否留下几天,协助末将打赢这场战斗再走。"

刘基笑笑说:"基既出此计,当然要留下来的,这也是我的职责啊。"

刘基住在建德城里,利用两天时间为李文忠做了些整理兵马之

事，转眼到了第三天，天还没亮，忽听城外战鼓咚咚，喊声震耳。这时，李文忠以为敌人已经开始攻城了，急忙戎装来到城头。

只见刘基早已站在城墙上边等着，见李文忠跑上后，立即交代："敌人已经退了，请将军速出兵追击。"

李文忠听了，竟然不敢相信，再看城外敌军的阵地，依然壁垒森严，旗帜飘动；又听战鼓声声，连续不断，似乎还一阵紧似一阵，哪有撤退的样子。

刘基又催促道："敌人即将退远，将军速令追击，不可延误了战机。"

待李文忠带兵马奔出城门，来到敌军驻地时，才知敌军已全部开拔。壁垒虽然未动，但已是空空如也；尚有战鼓震响，走近看时，却是一些瘦弱的老头子。

李文忠看后，不禁暗中赞道："军师果然神机妙算，不亚于当年的隆中诸葛。"

看到敌人退了，李文忠当即命将士跟踪追击。那敌军正在行军途中，毫无作战准备，一见李文忠军杀了过来，一阵惊慌失措，四处奔逃，有的当场投降，有不怕死的仍然想抵抗，怎奈马不听使唤，刀不顺手，最终还是人头落地，血染沙场。不到两个时辰，张士诚这路人马全被击溃。

李文忠胜利收兵后，又是欣喜，又是感激，连声说道："多亏了军师的高明谋算，使末将轻松地打了一个胜仗，我可要给先生请功啊！"

刘基说："将军不必如此，此乃将士之功，基不过出点心力，何足挂齿。"当日启程，又向应天进发了。

第四章 平定天下 创立帝国

为了拯救广大黎民百姓于水火之中,刘基跟随朱元璋西征东讨,南征北战,扫平江汉、张士诚和元朝廷等残敌,并拥立朱元璋为吴王,选址建都,帮助朱元璋创立了大明帝国。

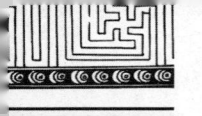

西定江汉

至正二十三年春，刘基回到应天，但心情颇不轻松。

他预感到一场血战要在这片土地上发生。

刘基回到应天后，遇到的第一件事，就是朱元璋要亲率大军解救安丰之围。

原来，这张士诚耐不住寂寞了，于年初联合元军，任命吕珍为先锋，派其弟士信率领大军十万包围了小明王韩林儿的驻地安丰。时间一长，城中粮草短缺，军民饥困，难以维持。刘福通派人向建康告急，朱元璋急切找刘基商量援救之事。

刘基问道："依主公之见如何是好呢？"

"安丰失守，张士诚的力量就会更加强大，不可不救。"朱元璋表明了自己的看法。

"基却不这样认为！"刘基坚定地表示。

他看朱元璋的脸一下子拉了下来，得知这句话顶撞了这位血气方刚的主帅。

但是，与人为谋，不得藏心。

刘基有自己的分析。他感到至正二十二年，对朱元璋来说，不能不说是多事之年份。先是徐达追陈友谅于武昌不下，接着又是婺州、处州等苗军叛乱；刚平定后，又遇祝宗、康泰两贼复反；平定之后，再遇邵荣拥兵叛变，全军基本上没有得到很好地休整。

他知道，这次张士诚围困安丰，准备充分，兵强将广，刘福通、小明王已成口中之肉。此去安丰，路途迢遥，若大军到时，其城已陷，有何益处。再说，原来大宋建国于亳州，后移汴梁，现居安丰，与元军周旋多年，浴血奋战，成为江南之一大屏障，朱元璋因此也得以不与元军公开对抗，有力量先战陈友谅，后灭张士诚，实现霸业。现一旦开战，则暴露于前，公开与元军、与张士诚两方为敌，就没有其他回旋余地了。

刘基接着说："且不说这小明王该不该主公去救，关键的关键，在于陈友谅得到一年多的恢复，集聚人马，建造战船，积蓄力量，伺机反扑，现在已经羽毛又满。此人亡我之心不死，如若我去安丰，后方空虚，他出兵应天，则后果不堪设想。"

就战略而论，刘基认为，眼前朱元璋目标只有一个，就是平定江汉，首先剪灭陈友谅。

但是，朱元璋没有听。

到了这个地步，他也不会听。

他是主帅。

军队是他的，地盘是他的，连刘基也是他的军师。

他可以叱咤风云，他可以覆手为雨，他亦可以决定一切！

"不！安丰非去不可！否则，不就便宜那张士诚了。我岂能眼看着张士诚扩大地盘？"

"如若安丰失去，应天孤立，难道与我有利乎？"朱元璋决心已下，是不可能轻易更改的。

一席话，说得刘基更加明白了。久攻武昌不下，朱元璋已经准备首先攻打张士诚了。又有安丰求援之口实，军中上下皆已为此而备，本来他还想劝说朱元璋解救安丰的小明王，于自己眼前日后都是不明智的，但见难以阻拦了，便又为朱元璋出谋："既然主公决心已定（他没敢说出一意孤行），基认为可否给方国珍去书一封，责其发水师攻打杭州，可以追张士诚回师，起到围魏救赵之效。"

"噢！这倒不失一条好计，可那方国珍乃奸诈之徒，如何肯听？"

"我并不依靠于他。听者，减我之压力，帮我之一臂。万一方国珍不肯听令，则再次失义者仍是他，到时取之理由不是更充分了吗？"

"好！先生现在即可代笔。"朱元璋知刘基心里仍不赞成去安丰，

只不过是忠心为自己着想而已，心里也十分满意。

正在这时，又得来报，刘福通再催救援，安丰危在旦夕。

朱元璋急切下令："集合队伍，进发安丰。"并告诉刘基："你刚到应天，一路风尘，就不要随我去安丰了，应天之一切安危全系先生于一身了。"

说完便上马起程。

刘基茫然。

刘基既感到了朱元璋对自己的信任，又再次感到了为人臣之难处。

是啊！这朱元璋既是可以放心依凭的振兴大业之王者，又是必须小心翼翼陪伴之诸侯。

古往今来，皆是如此，他只能静候结果了。

再说安丰方向，经过几年修筑，其城坚不可摧。

张士诚的大将吕珍开始并不以为然，他听说元军攻城几年不下，觉得这朝廷已经完了，军队不能打仗，要之何用！

开始吕珍十分自信，向张士诚立下军令状，承诺半月即可拿下。

谁知红巾军的皇帝、军队、百姓全都是不怕死的，发箭如雨，攻城不停，呐喊连天，却丝毫没有动静，安丰仍岿然不动。

这时他才明白，这安丰城虽然不大，驻守的却是大宋的皇帝。这支军队曾纵横千里，所到之处，无城不克，差一点儿得到天下，岂是等闲之辈？

再一沉思，原是自己犯了轻敌的错误。百足之虫，虽死而不僵，眼下困守孤城，不正是困兽犹斗吗？非得下大的功夫才行！

于是吕珍先是改变战法，将连营扎寨、密围实困之法，改为分路进攻，一路暗挖地道，一路云梯攻城。但守城军士却奋战甚勇，以一当十，登城的云梯全被烧毁，挖掘的地道也全部被城中守军发现，用水土填灌了。

情急之下，吕珍再次下令强攻。在城下筑二三十处高台，每台站立了箭手百人，放箭不止，先将守城军士压住，然后另选精兵三千，分三路，每路一千，再架云梯强行攀登。这个办法还真有些用处，不到一个时辰，便三处皆被攻破。登城士卒攻上城墙，与守城兵士展开激烈拼搏，短兵相接，杀声震天，双方死伤惨重。

刘福通一看对方攻上城墙，赶快亲率大队人马上城增援，并令士兵卸下门板挡箭，自己带精兵很快将三处登上城墙的吕珍部属压了回去。由于怕乱箭伤了自己兵卒，高墙上的弓手不再放箭，这次攻城又失败了。

这吕珍本为张士诚手下一员猛将，半生征战，最善攻坚，如今师老孤城，无能为力，且又听说张士信带兵接应，他知道这安丰城已元气大伤，兵乏粮困，但时间拖得太久，一则挨到有援兵到后前功尽弃，二则担心再若攻城不下，自己苦苦奋战，头功不是被别人摘去了吗？

"援兵？援兵？有了！"吕珍眼前豁然一亮。看来对付这些红巾军，单靠勇猛是不行的，必须兼以计取。想必那刘福通、小明王与朱元璋一脉相承，现在安丰被困危急，难道这刘福通不暗中与朱元璋联系？那朱元璋能坐视不管，袖手旁观？

"对啦！"吕珍一拍脑袋。多年炮火，多年厮杀，差点铸成大错，再晚一步，那朱元璋真若到此，不就一切都化为泡影了吗？

当天傍晚，城外约三里处外，烟尘滚滚，一片杀声，喊声震天，隐约可见，吕珍部将正在仓皇调度，骑兵、步兵，人喊马嘶。

刘福通登城细看，难道援军已至？不错，看来朱元璋大军已到，正与敌展开大战，此时不出，乃等何时？

刘福通急忙集合兵马，开城东门，令副将操守城中诸事，自己率三千人马冲杀出去。

红巾军得知援军来了，个个奋勇，士气十分高涨，霎时，便冲出一道大口，杀了过去。

谁知，摆在面前的是一大群战马拖着树枝在奔跑，而且，周围已被吕珍部属四面八方围了上来。

143

回过头去，再看城池，已被敌军攻破，敌军黑压压地涌向城内。

"完了！"刘福通不无后悔地向应天方向望了一眼，"朱元璋啊！难道你忘记当年了吗？我之将亡，谁将助你成功？"

他什么也顾不了，只能奋起拼命。

一片血海。

也该小明王福大命大，就在吕珍千辛万苦攻下安丰之时，朱元璋大军已经压过境来。吕珍本来天不怕、地不怕，却早就知道朱元璋的军威，虽然他将水军、步兵的营寨连在一起，妄图盘踞安丰待援，又有庐州左君弼出兵援助，但却吃不住常遇春、徐达一行几番攻击，败走他乡。

朱元璋将小明王韩林儿救出安置在滁州城。

这时，朱元璋又收到了陈友谅率军围攻洪都的报告，他虽不知其具体情节，但还是急得冒了一身冷汗。一想，这刘基真是料事如神啊！陈友谅图近弃远，若是直接进攻应天，则朱元璋大势危矣！他不得不承认："未听先生之劝，差点酿出灭顶之灾！"于是，朱元璋一边命徐达移师进攻庐州，一边亲自率军赶往应天，以防应了刘基"后方空虚，友谅奔袭"之预言。

朱元璋更没有想到，虽然这陈友谅谋划不周，没有直接攻取应天（这是陈友谅死不瞑目的失算之一），但这一次却不是一般的攻城夺地——陈友谅拼上老命来了。

早在去年，徐达从汉阳沌口（今汉阳城南三十里）拔营救洪都之后，陈友谅就觉得自己的机会来了，他磨刀霍霍，积极准备，以求一逞。后来，又闻苗军各处叛乱，更增添了其借机报复朱元璋的决心。这次有了安丰之难，朱元璋亲自率军远征，陈友谅更觉时机成熟，果断决定亲率太子陈理、骁将张定边、陈英杰等，大举出兵，以报两次失败之仇，灭朱元璋于频繁应付、疲于奔命之中。

首先，他选定洪都为目标。

这次陈友谅踌躇满志，他对自己占领的地盘日益减少愤恨不平，不夺失地，誓不罢休，于是花血本造就了数百艘巨型战舰，高达数丈，一律在外面用朱红涂漆粉刷装饰。此舰上建有马棚，下设板房作为遮挡，安装望楼下三级，每一级都设置几十间房，望楼外面都用铁皮裹住，其中，上、中、下三级之间人们说话互相听不到。大的可乘三千人，小的也能容纳两千人。巨型战舰载着陈友谅的家属和文武百官，倾巢而出，直奔洪都，号称六十万大军。

四月二十三日，陈友谅逼近洪都城下，于是拉开了一场生死搏斗的大决战。

朱元璋方面守城者，为朱元璋的侄子都督朱文正和参政邓愈，力量也是比较雄厚的。他们看到陈友谅声势如此之大，知道大战不可避免，遂决定一方面分兵把守，一方面给朱元璋报告军情。其守城部署是：邓愈守抚门，金院赵德胜等守宫步、土步、桥步三座城门，指挥薛显防守章江、新城两城门，元帅牛海龙、赵国旺、许珪、朱潜、程国胜等守琉璃、澹台两座城门。朱文正居中指挥调遣，亲自带领精锐部队两千人往来策应。

开始，陈友谅想用大船乘江水上涨的时候附着城墙登城。这时洪都已被朱元璋命令内移离开江边二十步，舰船无法靠近，陈友谅又命令大量制造攻城器械，气焰十分嚣张。

四月二十七日，陈友谅开始攻打抚门。他先发兵五万之众，每人左手中都拿一个像箕状的竹盾抵御城上射来的乱箭和飞石，右手持刀挺进，全力以赴攻城，倒下一批，接着又上一茬，前仆后继，人头滚动，终于毁坏城墙二十余丈。

邓愈见状，急忙令将士用火铳喷射夺城敌人，待敌稍后退的片刻，又赶快在断墙处竖起木栅。陈友谅凭借兵力强大，反复争夺缺口。你上来了，我退下了；我上来了，他又退下了。尸体堆成小山，情状惨不忍睹，此时，双方都不敢有任何松懈。

晚上，朱文正又冒着生命危险，带领两千精兵强将组成的机动部队一边拼死抵住，一边组织修筑被毁的城墙，整整奋战一夜，终于又

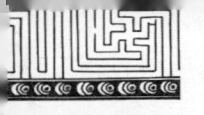

堵上了这个缺口。但是，总管李继先以及牛海龙、赵国旺、许珪、朱潜等名将皆先后阵亡。

陈友谅一边继续围攻洪都，一方面又遣兵分别攻陷周围的临江、无为州等，生擒朱元璋在临江的同知赵天麟，杀死无为知州董曾。

接着，又攻洪都新城门，指挥薛显率一千精锐部队开城门突袭，陈友谅兵没有提防，瞬间便被薛显的部队冲得七零八落，准备登城的士卒抱头鼠窜，鬼哭狼嚎，平章刘进昭也被杀死。

看到久攻洪都不下，陈友谅也开始着急了。他本想凭借自己舰大兵广，首先拿下洪都，然后再进应天，与朱元璋决一雌雄。可是，朱文正与邓愈这块骨头却是如此难啃，不免添了烦躁情绪。这天，他命令改进攻城器械，想拔掉围在城边的木栅自水关进攻入城。但朱文正却调遣身强力壮的兵士用长矛迎击刺杀敌人，敌人又夺过长矛更进一步推进，眼看就要出现危险，朱文正急忙下令锻造铁戟，烧红后穿过木栅再次与敌对阵刺杀，敌人又来拼夺，手全被烧得红烂，不能再进。

陈友谅又想出了苦肉计，想胁迫城中将士投降，他将在吉安、临江擒获的刘齐、朱叔华、赵天麟带到城下示众。朱文正等强忍悲痛，不为其阴谋所动摇，这三人也宁死不屈，英勇就义。

陈友谅无计可施，决定再派步兵攻打宫步、土步二门，金院赵德胜黄昏时在城楼上指挥兵士抵抗，不幸被敌人射弩击中腰部，箭头深入达六寸，他随即拔出，感慨道："我自壮年从军以来，被乱箭、石击伤多次，伤势从来没有这么严重。大丈夫死而无怨，遗憾的是我没能够扫清中原啊。"

见到此情此景，朱文正、邓愈等将士无不悲痛万分。他们想，派出去的送信人员一次次被陈友谅堵回来，或捉拿杀死，更有甚者，枭首示众，怎样才能让应天得知消息呢？

而朱元璋在应天，正在为接不到洪都的消息而着急。

这天，朱元璋找刘基分析道："前段听说陈友谅发兵攻洪都，却至今无信送来，我心中总觉不安，不知先生可有什么预感否？"

刘基道："基正好要找主公禀报。我想，目前徐达、常遇春进行庐州之役，三月围而不克。庐州又三面环水，城墙坚固，粮食充足，兵士众多，长此下去，必为疲惫之师，若洪都有事，则处于被动，恐难应付。当务之急，应该马上解庐州之围，退师休整，有备无患。"

朱元璋也知庐州无战绩，本来亦有撤兵之意，但这件事是与救安丰连在一起的。当初刘基劝他未听，结果赶到安丰后已城破宋亡，幸亏自己声势浩大，及时抢救出小明王。既然大军发至，如不扩大战果，则觉劳而无功，且庐州乃兵家必争之地，又有吕珍、左君弼坚守，如能拔掉，即排除一颗钉子，所以才命徐达、常遇春攻克。现在既然久攻不下，且又有陈友谅情况不明，洪都战事不清，便采纳了刘基的建议，传话给徐达、常遇春，"为庐州而失南昌，非计也"，令他们速撤至应天，休整待命，听候调遣。

恰巧洪都派遣的信使张子明赶到了应天。

原来，洪都被围困八十五天，城内城外完全隔绝。朱文正与邓愈虽率将士英勇抗击来犯之敌，但孤城难守，久围下去必将凶多吉少。正苦于信息传不出去之时，有张子明主动请缨，曰："末将愿驾小船前往，乘夜色潜水出关报信。"于是张子明深夜从水关潜至石头口，借一只小渔船，昼伏夜出，历尽千辛万苦，半月才赶到应天。

朱元璋听说洪都派来信使，立即叫来刘基一起问话。当张子明详尽汇报了洪都被围情况，以及将士英勇奋战，数千次击败敌军，攻守双方你争我夺，伤亡严重，以及朱文正、邓愈等守将艰苦的处境后，朱元璋与刘基退于内室，问道："先生有何意见？"

"陈友谅亡在眼前！"一语惊人。

"啊！陈友谅倾巢而出，舰厉兵众，有备而来，气势汹汹，先生如何这般肯定？"朱元璋不解。

"主公知道：自古救乱除暴，称作'义兵'；依仗人多势强，称作'骄兵'；义兵无敌，骄兵先亡。况且兵家历来认为筹划必胜的方策，并不绝对取决于军事力量的强弱。"

刘基知道，这是一次十分严肃的谈话，亦关系朱元璋与陈友谅的生死存亡。他更清楚，就心理上讲，朱元璋经过几次大的战役，加之救安丰引出陈友谅，围庐州三个月不克后，他对陈友谅已有所顾忌，这种情况从上次出兵安丰已经看出。按"征讨大计"，理应先灭陈友谅，但朱元璋却一再要把矛头对准张士诚，以致使陈友谅有了喘息之机，出现目前这种局面。

这次，机遇来了。

当然也是一次严峻的挑战，如若再不抓住战机，就可能造成终身遗憾。对于挑战，勇者胜。他感到，必须使这位主帅树立必胜之信心，百倍之勇气，一鼓作气，勇往直前，剪灭陈友谅，以彻底改变目前多方受敌、掣肘太多的局面，变被动为主动。

于是刘基具体分析说："陈友谅兵势强大，号称六十万大军，且战舰数百艘，这是人之共睹的，但却外强中干，气数已尽。一曰劳师远征，兵马众多，宜速战速决，现却八十多天不克，那么多兵卒，粮草问题必已突出。二曰士气受损，陈友谅军与我作战，已大败两次，本已存有惧怕之心，且数十倍兵团围城，非但不克，又送上成千上万条性命，士能振奋乎？三曰天不作美，懂天时，知地利，求人和，乃兵家必备也。陈友谅出兵，于天时不契，涨潮而来，日涸而战，那么大的战舰，搁浅以后不如小舟，派不上用场，要之何用？再者，杀主夺位，能抹去人心上的阴影乎？"

刘基看了看朱元璋接着说："主公尽知，兴师攻伐，不能只凭一腔义气就贸然出兵，关键在于国力军力及谋略之运用，这又是陈友谅之一大缺憾。他凭气而出，复仇而来，疏于谋略，只惟拼杀，安能不败乎？"

朱元璋又问："那我们如何行动呢？"

"主公起兵数载，时机迟迟不来，今因祸得福，如杳杳黄鹤，战机倏然而至，似电光划破暗夜，天将陈友谅赐于主公，机不可失，主公若举三军而破之，定毕其功于一役！"

"好！知我者乃先生啊！快请详谈。"朱元璋高兴地拍手叫好，让刘基继续说下去。

"日前，从元军而看，自相残杀，还顾不上南下，这方土地，只靠张士诚与方国珍治理。而张士诚胸无大志，与其弟士信疏于政事，荒于淫乐，军无严律，斗志日衰，亦不敢正面与我一搏，方国珍流寇则更不是对手。这陈友谅攻城不下，心急如焚。而我三军则不动如山，动若雷霆，灭陈友谅，群情激奋，求战心切，人人都想冲入敌阵，建功立业，军令若下，定如决积水于千仞之溪，取胜指日可待也。因此，主公当速拿决断，调遣三军，基以能躬逢如此石破天惊之时机而深感荣幸，并愿辅佐主公夺取这梦寐以求的大功。"

刘基越说，情绪越激动，朱元璋亦红光满面，激动不已，不断点头给予肯定。

看来，决心已下，刘基成功了。

密谈出来，朱元璋办了两件事。一是传令众将，召开高级军事会议，部署作战计划。二是叫来张子明，交代说："你路线熟悉，还从原路潜回洪都，转告文正、邓愈诸将，让他们拼死坚守一个月，我马上组织大军赶来救援，定要灭那陈友谅枭贼。"

谁知张子明辞出赶往湖口，却被陈友谅巡逻的兵卒抓获，送到陈友谅帐前。

陈友谅道："你若顺我，规劝朱、邓等人归降，必有你高官厚禄。"

张子明想，若不假意答应，援军的消息如何能送进城去。于是答应了陈友谅的要求，被押到城下，向城上大声呼喊："我是去应天报信的张子明，城上人听着，速去报告朱、邓二将，主公命令你们奋力坚守，救援大军马上就要来了。"

陈友谅恼羞成怒，当即将他杀之。

七月初六，朱元璋亲率徐达、常遇春、刘基等将士，集师二十万，浩浩荡荡开往洪都，朱陈决战进入了关键阶段。

风和日丽，江水滔滔，站在船头，望着碧空、白云，刘基的情绪

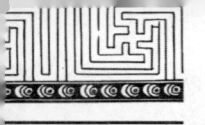

显得十分激动。

是啊！一生能有几回搏。一个人匆匆忙忙一生一世，或许就像这大江中飘摇的一片叶子，可是，传说中不就有一叶渡江吗？他想，奔赴的这场战争，必石破天惊，那鄱阳湖将有一场血战。可是，这厮杀，这争夺，这比试，不是为了以后更加平静的日子吗？再对朱元璋，这位一心想成"王者业"的统帅来说，不是千载难逢的机会吗？而对自己，你刘基不也在一直寻找、等待、捕捉这个时机吗？朱陈几载之争，应该见分晓了。

昨晚他一夜未眠，全部身心都集于这未来战争的种种预测、预想、预谋和预案上了。

浑身发热，激动与焦灼混在一起。

整整一夜。

当然，对于战场，对于敌我态势，对于大战的层次，刘基已经心中有数了，甚至从序战到结局，他已经考虑得十分周到。可是，稳操胜券这句话，不是让自己听的，自信、自豪、泰然处之，更多是为了鼓舞、安抚三军将士的。

运筹帷幄，决胜于千里之外。他想着，汉末袁曹官渡之战，实力雄厚的袁绍，是如何败于曹操，丢下七八万尸体逃亡他乡；而赤壁之战时，周瑜又是如何大胜不可一世的曹操，奠定那三国鼎立之基础的。今天，该到刘基显身手了，陈友谅构兵不已，屡屡挑衅，屡败不悟。一定要通过这场征战，再演一场以少胜多的"千古绝唱"，令万世震惊。此役之后，朱元璋大军将名驰大地，无敌于天下！

刘基越想越激昂，甚至激越。

随着鄱阳湖的接近，刘基的心情又沉重起来。战争之迫切，严峻局势的情景，他亦设想过。陈友谅毕竟不是无能之辈，且有张定边等将辅佐，多年征战，水陆皆熟，兵锋势锐不能低估，对此刘基在心中也十分警惕。

雄心勃勃，但也忧心忡忡。

毕竟是二十万与六十万之较量啊！

"先生在思考什么？"朱元璋走近了刘基身边。

"观赏这江岸之风景。"

他在掩饰内心的波澜。

是的，必须如此。

因为朱元璋是决战的统兵之帅，一切骄矜，喜悦，彷徨，疑虑，都可能会给他造成不必要的影响。

"雅兴如此之大。"朱元璋显得也很高兴。

"马上就要接近了，不知先生有何考虑？"

"全靠主公英明指挥，不过基仔细观看了这一带地形和湖水，陈友谅若败退，我方如何？能否在湖口、南湖嘴留派两支人马，断其归路，使其插翅难飞出掌心？"

"先生与我想到一起了。据我观察，除这两地外，还需在武阳渡摆一支力量，以防其奔逃。"

说来也快，七月十六日，朱元璋大军抵达湖口。这鄱阳湖，古称彭泽，又名彭蠡。正是秋意初现而暑热未尽的季节，辽阔的湖面上，鸥鸟与白鹭齐飞；纵横的港汊里，苇蒲和萍菱交织，好一派令人心醉的水乡景色！

刘基心中暗道：这如画之美景，眼看就要被一场惊心动魄的大战所淹没。不免又增添了一分惆怅。

他顾不了许多，立即令指挥杨载德率三千人马驻守经江口（今安徽宿松西南百里江边），再令一支队伍驻守南湖嘴（今九江东四十里临彭蠡湖口），以断陈友谅之退路。同时，又遣人调信州兵守住武阳渡（今南昌东南西洛水入武阳水之口），防其奔逃。

第一仗是一场遭遇战。

七月十九日，朱元璋率大军由松门（今都昌县南二十里）进入鄱阳湖，刘基派出的小型巡逻侦察船队与陈友谅的巡逻舰队在康郎山相遇，双方互射箭警告，对应一阵，各自回营，没有多大伤亡。

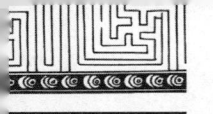

陈友谅得到巡逻队的报告后，得知朱元璋的援军赶到，立即召开军事会议，研究迎战部署。张定边认为："这次援军赶到，必为朱元璋之主力，须先撤南昌之围，率舰队进入湖中，挡朱元璋于鄱阳湖外，否则，援军进湖之后，成里外夹击之势，取胜就难了。"陈友谅认为张定边讲得有理，即率舰队东出鄱阳湖。

二十日，两军在康郎山（今江西余干县西北八十里鄱阳湖南洼）相遇。

陈友谅用的是连舟布阵，首先把巨型大舰排列挡在前面，数十条连在一起，排为一阵，共排列出十余方阵，旗猎猎，号震天，以显其威。

刘基向前登高一望，其舰果然高大，宛如一座座高大的多层楼房，气势逼人。他想，这种战势，有长处有短处，长处则在于阵势稳定，我军战船大多为舟，撼其不动；短处则比较明显，几十条舰船连在一起，机动作战大不方便。看来欲破敌阵，则以我之长处，攻其之短，可多发小舸，在运动之中灭其庞然大物之威风。

刘基把这些情况报告了朱元璋，并说："彼巨舟首尾连接，不利进退，可破矣。"乃令舟师水军排为十一队，每队火器、弓弩像鱼鳞一般依次密密排列，临近敌舰时，先发射火器，再用弓弩射击，等敌船靠近了，则要冒死以短兵相接，使用手中的兵器登舰杀敌。

一声令下，徐达、常遇春、廖永忠等率船队冲了过去，只听声声火铳齐鸣，片刻间，两边船队便到处冒烟，火光四起，烟雾弥漫。

徐达英勇，带头身先士卒，兵卒用力摇曳，奋力向前，霎时便靠近敌阵，一阵箭雨，便是短兵相接。

突然，前阵陈友谅一巨舰火光冲天，顶上已有火光，舰上兵卒见状，急忙砍断左右相连绳索，孤舰冲出。徐达见状，知机不可失，立即令自己的两个船队二十二只飞舸冲了过去，将敌团团围住，然后命火铳、箭弩一齐鸣放，自己首先登上大舰，见人就砍，一片杀声，舰上的兵卒因脱离舰队一片恐慌，又见朱元璋军奋勇登船，刀矛锋利，便无心恋战，跑的跑，逃的逃，被杀得血染湖水，船上两千五百多人，没有一人生还。

这边，俞通海又乘风发射火炮，烧毁敌人船只二十多艘，被杀死、淹死的敌人不计其数。

徐达夺得大舰后，复又率军冲入敌阵，虽然用火炮攻击焚烧敌人的船只二十多艘，但战火也波及自己的船只，敌人乘机围了过来，杀声、火炮声、扑打声连成一片。徐达一边命兵士扑火，一边组织抵抗。刘基立即调遣船只增援，徐达又冲出敌阵，击沉敌船十几艘。

那边，陈友谅猛将张定边却直接朝朱元璋的战舰扑了过来。恰巧朱元璋舰大搁浅，张定边组织船队迅速形成包围之势，里里外外，危在旦夕。舰上的将士赶快用自己的身体挡住敌人的飞矢，奋勇拼杀，掩护朱元璋，使张定边不能靠前。这时，指挥韩成见状立即率领二十几只船舸相救，又被敌人围住，情急中，不慎落水身亡。元帅宋贵、陈兆先、万户程国胜继续组织船队冲向敌船，拼杀不止，救援朱元璋，都相继陷入敌阵英勇阵亡。正在情况万分危急时，常遇春船队赶了过来，只见他眼疾手快，抬手搭箭拉弓，一箭射向张定边的左臂，张应声倒地。接着，俞通海、廖永忠驾驶快舸左右夹攻，张定边因身负重伤，不得不撤退溃逃。

朱元璋的船只刚刚脱险，又见常遇春的战船也遭搁浅，朱元璋又组织搭救，刘基便命附近船队一齐疾驶开来，激起江水翻涌，常遇春船只得以驶出。

这时，天色渐晚，朱元璋下令鸣金收兵，回营总结劳军。

这一仗，你死我活，异常激烈，陈友谅损失很大，主将张定边受伤。朱元璋亦损失不小，韩城、宋贵、陈兆先、程国胜等相继阵亡。

朱元璋晚上与刘基分析战况，研究策略。

刘基分析说："通过这一天拼杀，胜负难分。从士气上看，我军则占优势，特别是徐达一鼓作气登上大舰，杀敌两千五百多，夺回大舰，使军士不再恐惧那六十万大军阵式，但看来这仗需做维持久准备。"

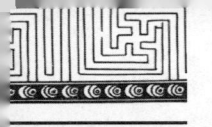

"先生之言，甚有道理，但若这样旷日持久，我军粮草何以为继？"

"主公不需多虑，我军固然需用粮秣，但陈友谅六十万人马，岂能不吃不喝？"

"按照粗算，你约略估计陈友谅粮草能维持多久？"

"陈的粮草一个月不过，至于我军，基已在开战前派人前往洪都，令文正、邓愈趁陈友谅撤围之机，广积粮草，以备军需。同时，此与应天水路畅通，粮草亦源源运至。以基看来，此战之胜负，很可能一个关键在于军需粮草之供应，粮草足者必胜也。

"同时，陈友谅围攻洪都已三个月之久，将士远离家乡，厌战心理必然严重。加之兵马甚众，军需供应困难，用不了多久，陈友谅必然犯急躁毛病，不耐久战，不耐则生烦，生烦则乱方寸。此刻，我趁机取之，必胜无疑。"

第二天，复又开战，这陈友谅听从部下计谋，将五千船舰用铁链相连，其篷、窗、橹、舵，皆用牛马皮缝为垂帐，以避炮箭。外面皆于山中砍伐的大树做成排栅，周围列在水中，旌旗楼橹望之如山，远远看去，恰似湖中一岛，岛上立一水寨，易守难攻，攻则不到，劫之不能。

陈友谅赞曰："真个铁壁银山之寨，朱元璋除非从天而降。"因之，令张定边把守水寨，自己与陈英杰等率百来艘未锁之舰出阵迎战。

常遇春看敌舰驶来，紧擂战鼓，奋勇向前。互攻三四个时辰，因常遇春战船矮小，又恰西风，加上陈友谅舰船庞大，自上而下，常遇春的船只被压在下流。常部奋力拼杀，炮石一齐发作，俱被各种遮物挡住，不能奏效，而且反被陈友谅占了便宜，炮火连伤小船多艘。

就这样，连战三日，均对朱元璋部不利，张志雄、丁普郎、余昶、陈弼、徐公辅等奋战阵亡。

朱元璋气坏了。

朱元璋眼睛布满了血丝。

朱元璋杀人了。

"来人那！把今天败退的十名队长给我押上来！"

"你们身为败军之将，还有什么话要说？"

沉默。

不语。

谁也不可能说出什么！

"推下去斩首示众！"

静寂。

没有一点声音。

这就是战争。

血腥肉海。

为什么？为什么苍天不睁眼看一看，自远古以来，有多少英雄壮士死于这欲壑难填的战争大坑？

这十颗人头表示着什么？是胜利？是失败？是威严？是决心？

对，是朱元璋夺取胜利的雄心壮志。

海可枯，石可烂，与陈友谅决一雌雄，夺得天下的志不能移！

但仍然不见效果。

刘基陷入了沉思。

心急如火，但脸面上并无显露。

他知自己肩上的担子重比千钧。

二十万大军，虽说持久战对陈友谅不利，但这样下去，先得把自己拖垮不成？

"不！绝不能再这样下去了！"

他又来到甲板上观战。突然，孙子的警句浮入脑际："陆地安营，其兵怕风；水地安营，其兵怕火。"《三国志》中《赤壁之战》也浮在眼前："进，与操遇于赤壁，时操军众已有疾疫。初一交战，操军不利，引次江北。瑜等在南岸，瑜部将黄盖曰：'今寇众我寡，难与持久。操军方连战舰，首尾相接，可烧而走之也。'"一拍脑袋，"有了！"

世界上的事情就是这样，有时，求之而不得；有时，全不费功夫。

刘伯温传

功夫在身外。

这几天日日用火炮,怎么没有想起火攻一计?然后,又抬头观望了一会儿天空,遂露出了三天来的第一次不是做出来的笑容。刘基一脚踏进朱元璋的舰舱,"主公,天助我也!请速退兵,破敌在于今晚。"

朱元璋知刘基有了新的谋略,便命收兵退走十里,按刘基的计策做了准备。

到了晚上,只见湖面上渐渐刮起了东北风,正指陈友谅"水寨"。风越刮越大,湖面上掀起层层浪头,打得船板"啪啪"作响。

就在这时,只见从朱元璋营方向驶出七条小船,每只船上满载"士兵",顺着风势,飞快地驶向陈友谅方向。

陈友谅听到报告,出"寨"观望,知是朱元璋又在搞夜间偷袭,便命将士张弓搭箭,一齐向小船射来,顿时,箭如雨注般落在了小船士兵身上。但射了多时,只见小船并未有一人倒下,继续以最快速度向"水寨"驶来。

原来,这是刘基的计谋。朱元璋同意火攻的计划后,刘基便连夜让人在小船上扎满稻草人,并装满火药,假人均手持兵器,做出各种战斗姿态。然后,每船选出五名水性好,且不怕死的敢死队员,操船前往。

陈友谅当然不知情,因为每天晚上双方都有偷袭劫营的小股船只扰乱对方,他以为朱元璋故技重演。

这次他估计错了,而且已来不及防范了。

陈友谅正在发愣,只见七只小船已经靠近了他的连锁舰队,随后从船舱中"嗖!嗖"跃出几个勇士,点起松明火把、动物油火把,烧起船来。七只小船点燃六只,然后几个勇士跳上最后一只小船,逆风而退。那船上除草人外,堆满了尽是浇了油的芦苇、硫黄等物,这些东西触火即燃,只听"忽"的一声,整个船只全都烧了起来。这时湖风刮得更猛了,火乘风势,风助火威,由小而大,愈烧愈烈,顷刻之间,小船撞到了"山寨",火苗蔓及陈友谅的整个舰队。正好那树枝、

156

牛马皮遇到油火,更是威上加威,一下子变成了一座座活的"火山"。

只听"噼里啪啦"的响声,人挤人,枪撞枪,喊声连成一片。船上的士兵,有的不懂扑火方法,拿起树枝扑火,谁知越扑火势越大,越扑越旺。

整个天空一片火红。

这时,朱元璋的船队凭借风势猛攻过来,砍杀声、呐喊声、救命声、投降声响成一片。

陈友谅的士卒只顾逃命,哪有招架之力。一个个要么被砍下水去,要么被火烧死,要么跪地投降。

"完了!"陈友谅惊叹一声,命令迅速撤退。无奈那战舰却是一艘连着一艘的,铁锁连得牢固,一时又打不开,又吃了许多苦头。

"水寨"兵士死亡不计其数。

陈友谅的弟弟陈友仁、陈友贵,以及平章陈普略等皆被烧死。

陈友谅见大舰转不过头来,不顾风大浪高,跳上一只小舸,在一群将士掩护下,急急逃出火圈。逃了一阵,才停下收拢残部,只见兵士一个个乘着火烧烟熏的破船,垂头丧气,一派失败之景象。陈友谅吼叫到:"朱元璋,你暗用火攻,算我失策,明天必要报仇雪恨!"

阳光灿烂,晴空万里。

朱元璋按照刘基计谋,火攻陈友谅,果然大破敌阵,取得了胜利。他指挥众将紧追不舍,一直到刘基叫他才鸣金收兵。

朱元璋回营后,立即张罗着要庆贺胜利,犒劳将士。

"主公,现在还不是时候。"刘基阻挡了。

"为什么?难道陈友谅还有回天之力?"

"不,陈友谅已无力回天,但此役并不是最后胜利。陈友谅虽然伤亡惨重,但其坚炮大舰还是胜于我军,他的兵力还是我们的两倍多。况且今日之败,他必愤怒而出战。兵法上有'杀敌者,怒也'一说,我们不得不防。还有一件必须立即去办的事,今日我观主公乘坐之船与众船颜色不一样,雪白耀眼,目标显著,几遭不测,恐他日成为众

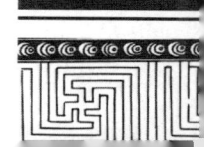

矢之的,

当需早做提防。"

"先生有何妙计?"朱元璋问。

刘基笑笑,附在他耳朵上,说出了自己的办法。朱元璋边听边高兴地点头,立即传令做出准备。

这天,陈友谅一夜未睡。

他吃不下饭。

他失眠。

他更气愤不已。

随舰带来的妾、妃,一律不见。

厨师一遍又一遍送来煨好的老母鸡人参汤,他看也不看一眼。

张定边坐在一旁低头不语。

陈友谅越想越愤怒。想当初,起兵造反,杀徐寿辉,镇赵普胜,夺帝王位,哪一次没有取胜,哪一人是为对手?但自应天之战以后,怎么这朱元璋如此之硬。这次本来六十万大军,炮火兵器,天下无双,舰船兵马,江南仅有,唯攻洪都不下。最伤心的,是两个亲生弟弟又死于湖泊,近十万余兵士溺死水中。

陈友谅对两个弟弟既感情深厚,又十分器重,自起兵以来,他俩跟随自己南征北战,立下汗马功劳。特别是友仁,懂计谋,有方略,勇猛善战,这次竟死于朱元璋一把大火之中。

陈友谅恨得咬牙切齿。

天刚露出一点鱼肚白,陈友谅就吼了起来:"昨天我见朱元璋所乘,乃是一只白樯大船,今日尔等只管集中全力朝那只船上冲杀。杀死朱元璋那和尚者,赏金元宝五个,白银一千两。"

军令如山,将士听于命令。

古往今来,概莫如此。

但是,当陈友谅船队行驶到战区之后,却惊呆了:呈现在他们面前的,是一片白色的世界。朱元璋军中的所有船只,一律都是白色的，就是火眼金睛，也难以分辨出哪一艘船上乘坐着朱元璋。原来，昨天晚上，朱元璋已命令将士连夜苦干，按照刘基所授的"众樯一色白"的计策，将所有的船樯全部刷成了白色。

陈友谅的部署搁浅了。

由于找不到朱元璋的座船，陈军顿时乱了手脚，只好由各自的指挥官组织，毫无目标地展开了进攻。

朱元璋则镇定自若地按照原定计划指挥船队奋力抵抗。

今天开战之前，朱元璋就召开战前会议，晓谕将士："陈友谅战败气沮，亡在旦夕，各位当全力攻之，必得大胜也。"

刘基布水阵为犄角之势，左翼为廖永忠，右翼为俞通海，常遇春居中路，朱元璋与刘基统百余战船后援并指挥全军行动。刘基正不断地给朱元璋谈论着什么，突然大喝一声："主公快换座船！"话落人起，一把拉上朱元璋跳到另一艘船上。

说时迟，那时快，只听"轰隆"一声巨响，一发土炮不偏不斜，带着浓浓烟雾，飞向了朱元璋刚才乘坐的船上。顷刻之间，飞炮下落，桅折板裂，破碎的船片纷纷落在周围的船上和湖水中。

原来，混战之中，陈友谅骁将张定边发现了朱元璋的座船，赶快命炮手瞄准发了一发炮弹。

看到飞炮命中，陈友谅以为朱元璋定船毁人亡，不觉大喜，连声高呼："各位弟兄尽力攻船，朱和尚已被张将军击沉了，群龙无首，你们立功受赏的时机到了。"

谁知过了一会儿，朱元璋的船队却丝毫不乱，反而攻势倍增，炮、箭更加凌厉。

定睛一看，朱元璋正站在一只小船上，挥动令旗，从容指挥，那发炮弹竟未伤着他一根毫毛。见此，陈友谅与张定边懊恼万分，只好长叹一声，他俩知道这次较量看来又要输给朱元璋了，便率船队迅速退出了战斗。

就在这天晚上，陈友谅左右二金吾将军率部归降朱元璋，陈友谅

159

军势更加减弱。这时，他已感到有点绝望了。众部将见陈友谅愁眉不展，纷纷劝说。

"留得青山在，不怕没柴烧。既然朱元璋和尚兵锋甚厉，我们可先退出这场争战，得有时机，再与其较以死活。"这是一将所言。

"这次战朱和尚，主要在于军舰太笨重，不能机动作战。到了现在，再欲撤退恐也难行，干脆出其不意，先烧掉全部战船，然后全军登岸，直奔湖南，谋为再举。"这又是一将之意见。

"不能灭自己威风，长别人志气。胜败乃兵家常事，我今虽暂时失利，但论人马仍是我多，且不到山穷水尽。如若能晓以利害，鼓起士气，再谋力战，最后胜负未定。"这又是一种看法。

"够了！"陈友谅不愿再听下去了。兵不在多而在勇，将不在强而在谋。他知道，按兵之勇他不如朱元璋的兵士；按将之谋略，他手下缺乏刘基。

挥了挥手，决定退到大孤山再作计较。

晚了！

朱元璋早已布置军队把守，根本无法通过。

于是，陈友谅决定自守不出，看你朱元璋能拖多久。

"这样下去恐于我不利吧？"朱元璋问刘基。

因为他已接到李善长从应天捎来关于张士诚准备自立为吴王的信件，"他张士诚算什么，我至今还未称王。"朱元璋恨不得马上结束这鄱阳湖大战，去收拾那不知天高地厚的张士诚。

是啊！几十万大军，虽然粮草供应及时，但天下还有多少战斗需要开始，否则，这大业何日实现？

刘基建议，采用激将之法，逼陈友谅出来决战。朱元璋当然同意，立即给陈友谅去了一封信，指责陈友谅，第一次失败，再来第二次，再失败，又复来捣乱，是为不明智、不量力也。况且不得军心，不为人齿，不得取胜，曰："吾欲与公约从以安天下。公失计，肆毒于我，我是以下池阳、克江州、奄有公龙兴十一郡。今犹不悔，复起兵端，一困于洪都，再败于康郎，杀其弟侄，残其兵将，捐数万命，无尺寸之功，此逆天理、悖人心之所致也。公乘尾大不掉之舟，顿兵敝甲，与吾相持，逞其狂暴之性，正宜亲决一战，何至徐徐随后，若听吾指挥者，天乃非丈夫乎？公早决之！"

谁知陈友谅收到朱元璋的书信后，勃然大怒，扣留使者，不让返回。还制作金字旗，派出几十支队伍巡逻，监视营寨，以防朱元璋的人过来策反，并下令将俘虏的朱军将士全部处死。

得到情报后，刘基知陈友谅已经快到山穷水尽的地步了，于是建议朱元璋反其道而行之，将俘获陈友谅的兵士全部放回，并根据他们负伤的情况，分别赐药为他们治疗，又下令说："从今开始，凡是俘虏陈友谅的兵士，都不能有丝毫伤害。"

接着，朱元璋又听从刘基的方略，率大军驶出湖口，命常遇春、廖永忠等将领统率水军将湖面拦腰截断，阻断陈友谅的退路，又命令一队兵马在江边上竖立木栅，控制湖口。

但是，半个多月过去了，陈友谅还是不答、不应、不出、不战。

相持。

再等待。

怎么办？

朱元璋心急如火，问计于刘基。

刘基先派人去侦察了陈友谅兵营的动静，然后告诉朱元璋："主公勿急，据我分析，陈友谅目前军中已告粮荒，如若不出现意外，不出三日，决战必至。现需再复一函去见，逼他自上梁山。"

第二天，陈友谅再次接到朱元璋的信，拆开一看："日前我水军船队停泊在水中小洲上，曾经派使者前往送信给你，到现在不见使者回，可见，你度量是如此之小。两军相战，不斩使者。且大丈夫谋之天下，有什么深仇大恨！江、淮英雄，唯吾与公耳，何乃自相吞并？你的地盘，我已得之，纵使你想拼命驱赶残兵败将前来城下决一死战，也不可能再复得也。倘然你侥幸逃生返回，亦应该放弃帝王之

号，等迎真主出现。否则，丧家灭族，悔之晚矣。"

陈友谅见之，更是穷凶极恶，当即斩掉使者，发兵三千，派船只到都昌掠夺粮食，谁知又被朱文正兵马围截全部烧毁。

粮尽援绝。

人心涣散。

进退两难。

陈友谅平日最信测字算命，看到目前这种状况，他又想将吉凶之事寄托于这虚无缥缈的测字之术。

正巧张定边慌慌张张走了进来，他原本是与陈友谅商谈撤兵之事的。张定边看到军中缺乏粮草，士气极是低落，已无拼杀之志，如若再不想办法突围，这样僵持下去，很可能全军覆没。

"你来得正好。"陈友谅说，"我想龙江、江州、湖广失利，均属这朱和尚奸诈诡端，又有刘基为其谋略定计，难道天不助我？今日你再出一字来，看看这天意如何待我？"

张定边知这陈友谅禀性，时到今日，不谋划战局，竟玩起了测字游戏，如此统帅，不败乃何？可是，眼前不是计较时光，只有顺其而行。因他一心想保住残余兵马，以图再起，便顺口吐出一个"生"字。"啊！难道没有别的'字'可测？"陈友谅惊呼。

张定边愣了一下，这求生保命，人人求之不得，战局如此紧张，全军处于危急之中，竟然还有什么字比这"生"字紧要的。"就这一条路了。"他无可奈何地说。

"看来天意如此了。"陈友谅把手一摊，"明日为丑。夫'生'字者，上为'牛'字。子鼠丑牛，'生'下为土，牛入土时，即在明日。"

张定边茫然。

陈友谅不语。

当夜，侦察船报告，陈友谅营中有异常举动。

刘基亲临观察，看到陈友谅舰船灯火通明，人员混乱，知其穷途末路，准备突围，当即报与朱元璋。

朱元璋精神为之一振，大笑道："我二十万大军，远奔千里，替民除暴，苍天将陈友谅送于我掌，机不可失，平暴定乱，正在今日。"

刘基说："主公，困兽犹斗，不可轻敌。"

当即与朱元璋详尽研究了战斗部署。

第二天拂晓，只见陈友谅数百艘战舰竟齐扑来。刹那间，火炮、箭铳、标叉齐发。火光冲天，烟焰障雾，声震山谷，尸浮水面，战斗异常残酷。

刘基一看，敌人如此凶猛，不似突围，意在决战，急令各军提高警惕，小心应战。

时至正午，激战犹酣。

只见两军皆奋勇拼杀，舰船相撞，溅起层层巨浪。由于陈友谅舰船巨大，木料接头过多，两舰相碰之后，碎破空前，水袭入舰中，满舰将士皆落水中，有的抱木求生，有的哭爹喊娘，大多数则溺于水中，死者五六万余，朱元璋军也有万余丧生。

陈友谅眼都战红了，凶光闪现，看战无优势，大喊朝湖口突围，准备绕江下游，由泾江撤退。

刘基立即令常遇春率队疾驶出湖口，占上游埠岸，奋力堵截，使其不得逃窜。其余战船，皆集中全力围击陈友谅，以十围一，边围边攻，边追边歼，直追围二十多里，陈军只有招架之功，毫无还手之力，战舰胡乱漂流，士卒个个急于以藤牌掩体，有的则爬卧于船体，头都不敢抬起。

刘基接着给各位将令交代："胜势之下，惟力战耳。"指挥用火船、火筏冲击，陈军又有数十艘战船起火，一片救命之声。

从辰时到酉时，双方战得难解难分。

陈军逃退到泾江口，又被预伏该处的朱军截住围击，死伤万千。

这时，从陈军投降过来的士兵说，陈友谅已在舰上中流箭，从眼睛穿过头颅而死。

听到这个消息，朱元璋全军振奋，欢呼跳跃，更加奋力追杀敌

人，活捉了太子善儿、平章姚天祥。

第二天早上，又有平章陈荣等将带残余水军船队投降，获士卒五万多人，只有张定边在夜间偷偷载着陈友谅的尸体和他的第二个儿子陈理逃回武昌。

整个决战结束了。

回想这一决战的前因后果，朱元璋心中犹感惊恐，感慨万千，对刘基说："这次大战真是艰险啊！今友谅不攻应天而包围洪都，这是最笨的策略，怎么能不灭亡呢？"

刘基高兴地说道："托主公洪福，全战取得辉煌胜利。主公之勋，胜过当年赤壁走曹操者远矣，当永载史册。"

元至正二十四年四月，朱元璋下令在鄱阳湖畔的康郎山上修建忠臣祠，祭祀为自己在洪都守卫战及鄱阳湖大战阵亡的丁普郎、张志雄、韩成、宋贵等三十六名将士。又在洪都府建忠臣祠，祭祀赵德胜、李继先、许圭、赵国旺、牛海龙、张子明、张德山、夏茂成、徐明、朱潜十名殉于陈友谅攻打洪都时的牺牲者，还有刘齐、朱叔华、赵天麟三位在临江、吉安沦陷时被捉在洪都城下死去的忠臣，以及叶琛、万思诚二人，并区分情况，一起被追封赠予勋爵。可见，此役朱元璋也付出了惨重的代价。

扶正吴王

江汉平定，陈友谅灭亡，扫除了朱元璋夺取天下的重要障碍。刘基着手计划实现他辅佐朱元璋的第二步战略，"扶主归正"，抛弃傀儡小明王，让朱元璋顺其名，正其言。

其中原因要从红巾军造反说起。

小明王韩林儿，属红巾军系列的共主，是"明王"韩山童的儿子。

元顺帝至正十一年五月，刘福通、韩山童在白鹿庄起义造反，拉起红巾军大旗的当天，就自拥称宋徽宗八世孙的韩山童为"明王"，头裹红巾，歃血立誓，分配任务，确定了正式起兵的日子。不料，事不慎密，消息走漏，韩山童脱身不及被抓获杀死，他的妻子杨氏带着韩林儿趁着慌乱，逃出重围，隐姓埋名。

直到元至正十五年二月，已是红巾军统领的刘福通，从砀山（今江苏省）夹河找到韩林儿，立为皇帝，又号小明王，建都亳州，定国号为宋，建元龙凤。称韩林儿的母亲杨氏为皇太后，杜遵道、盛文郁为丞相，罗文素、刘福通为平章，福通的弟弟刘六为知枢密院事，并拆除鹿邑县太清宫的材料建造宫殿。

之后，刘福通又派遣红巾军趁势挺进，攻山东、河北、山西、陕西等地，自己则率部出入大河南北，于至正十八年攻破汴梁（今河南开封），接韩林儿到汴梁安都。至正十九年，汴梁为元将察罕帖木儿所破，刘福通又将韩林儿安置到安丰，一直到这次张士诚将吕珍攻破安丰，被朱元璋救出安置在滁州。

朱元璋于至正十二年投奔的郭子兴，即是红巾军的一个支流。郭子兴死后，正好杜遵道想统一红巾军的力量，任命郭子兴之子郭天叙为都元帅，张天祐为副元帅，朱元璋为左副元帅，军中文书都用龙凤年号。这时，朱元璋的羽毛已经有些丰满，看到自己的队伍被人家收编，心中很是不服，慨然曰："大丈夫宁能受制于人耶！"但又考虑到韩林儿势力强大，可以作为依托，因此尊宋龙凤年号来号令军中。

都元府的三个元帅，按地位来说，郭天叙是主将，张天祐和朱元璋是偏将，一切军令都应该由都元帅下达。可是，这郭天叙却没有军事经验，不懂打仗统兵，张天祐乃一勇之夫，只知受制于人，遇事无己决断，加上朱元璋会笼络人心，多谋善断，又有徐达、汤和等一大批勇猛善战的贴身将领跟随，有自己的一支部队，所以朱元璋虽然只坐第三把交椅，但凡事都由他做主，成为事实上的主帅。

三攻集庆之后，郭天叙、张天祐亡于战乱，这样，郭子兴的旧部全部归朱元璋指挥，成为一个名副其实的都元帅、小明王麾下的一员

165

大将了。

兵多将广，势力大增，当然就更不想受制于人。

但是，朱元璋这时的注意力却不在于名，而在于实，在于实际兵力，实际权力，实际地盘。

他知道，现在这支部队自己当家，但如果离开红巾军大旗，是不可能成气候的，要是离开红巾军和小明王，自己恐怕不一定能得到广大百姓和士卒的拥护。同时，朱元璋的势力不断得以壮大，很重要的一条，就在于他征战起家阶段喜欢接近文才，并且注意虚心求教他们，非常重视谋士的意见。这一批文人谋士，帮其启迪思路，谋划战略的一个共同特点，都在于让朱元璋夺取民心，没有一个人劝他摆脱小明王的制约。

朱元璋的第一个谋士为冯国用。当初，朱元璋请教他如何成就大业，冯国用说："欲图大基业，需要有一个牢固的基地，可进可守，站稳脚跟，然后方能图以发展壮大。"

"依先生之见，何处可做基地呢？"

"集庆（后改为应天，今南京市）地势险要，虎踞龙盘，曾做六朝京都。如能占有此地，便可以逐步扩充，建立功业。"

朱元璋听从其战略，率军南下。

途中，定远才子李善长来投，朱元璋又征求方策："当前四方扰攘，何时才能太平？"

李善长说："主公记得汉高祖刘邦的故事吗？汉高祖刘邦是沛县（今江苏沛县）人，离濠州不远。他起于布衣，为人豁达大度，知人善任，治军严明，爱护百姓，只经五年，便平定天下。今元君暴虐，不得人心，而且朝政紊乱，上下不和，眼看到了土崩瓦解的地步。如果你能像汉高祖那样，要使天下太平，不难办到。"

同样，没有提到"小明王"。

朱元璋南下攻取第一个重镇太平（今安徽当涂）后，又与刚收的有识之士陶安讨论天下大事，陶安献策说："当今到处民怨沸腾，英雄豪杰互相争斗，攻城略地，此消彼长。然而，他们的志向都在美女财物上，没有平定战乱、拯救百姓、治理天下的胸怀。现在你率领将士渡过长江，不滥杀无辜，以此顺天意得人心而征战攻伐，平定天下还不容易吗？！"

朱元璋又问："我想夺取集庆，先生以为怎样？"

陶安说："集庆是帝王之都，龙蟠虎踞，又有长江天堑可以依托。如果凭借它优越的地理形势，出兵去攻打各地，无往而不胜，这是老天用来资助明智主公您啊。"

占领集庆后，朱元璋已有军民五十万，成为当时威震四方的霸主。他召集当地父老民众告谕："元廷政治腐败，生民涂炭，我到这里来是为民除害的。希望尔等不要掠扰，各守旧业。对贤人志士，愿意为我所用的，我以礼相待，给予重用，对旧政扰民之处，我坚决予以废除。留用的官吏，不得贪暴，殃害百姓。"遂改集庆为应天府。接着，他又一鼓作气，派遣徐达攻下应天东边的镇江，派邓愈攻下南边的广德，攻克江阴、常熟、宁国（今安徽宜城）、扬州、池州（今安徽贵池）等地，连同已取的江北滁州、和州，形成了一个以应天为中心的圆形根据地。

这时，他又感到小明王用处不大了，红巾军的旗号可以抛弃了，萌动了自立为王的念头。

不巧，这个念头又被一个谋士打消了。

这人就是朱升。

朱升告诫朱元璋，夺得天下需要记住九个字："高筑墙，广积粮，缓称王。"

明确告诉朱元璋当务之急是巩固后方，扩充实力，发展生产，储备粮食；从长计议，暂不称王，以缩小目标。待到准备充分时再图大举，自然水到渠成，事半功倍。

朱元璋连连道谢，牢记在心，并确定了在两淮江南地区"积粮训兵，待机而动"的方针，取得了兵强粮足的成效。

其实，对于这些谋士的策略，刘基也是赞成的。

得人心者得天下，不谋得民心，即使自称王霸，到头来也会被民众抛弃。而当初民心所向，乃红巾军也。他们的象征，是小明王，没有小明王，就没有与元朝廷抗争的代表。

刘基同时也认为，作为宏愿为"王者"，一心梦想夺取天下的朱元璋，对这小明王，只能"借"而用之。借其在开始积蓄力量阶段笼络人心；借其在力量不够强大时减轻四方霸雄的压力，如郭子兴、朱元璋初期就未与徐寿辉等发生直接冲突；借其力量与元朝廷抗衡，吸引元朝廷注意力，牵扯元朝廷兵力，他们两败俱伤，以使元朝廷对朱元璋扩充实力和扩大地盘无暇顾及。但是，到了一定时期，到了一定阶段，到了自己已深得民心，可以号令全军、威震一方之时，就不应该再受人牵制了，这叫识时务。

识时务者为俊杰。

刘基认为，到了今日，形势发生了变化，朱元璋如果再继续受到有名无实的宋小明王的牵制，就可能扼杀其一统天下的宏愿。因此，当朱元璋请他出山，在定"征讨大计"时，他就给朱元璋提议，谋取天下大计，首先要摆脱韩林儿的牵制，走自己的道路，创自己的天下，打自己的江山。

这成为朱元璋后来夺取胜利的一条重要方略。

对于奉劝朱元璋摆脱小明王的控制，刘基的态度是一贯的、坚决的。

至正二十一年正月初一，小明王封朱元璋为吴国公。江南行中书省设置御座，尊奉小明王韩林儿像，行庆贺大礼。

朱元璋率所有百官都去参拜。

人都到齐了，唯独不见刘基。

李善长派人去请。

还是不见影子。

再请。

这位军师生气了，怒曰："他不过是一个放牧的毛孩子，尊奉他干什么！"拒绝拜礼。

事毕，朱元璋召刘基问："今天怎未见先生？"

刘基道："当今天下，惟主公为群雄之首，将来天下，惟主公为真龙是主，此乃天命也，我何去求拜一个毛孩子。"

朱元璋听后，顿时醒悟，大为感动，同时也增强了他彻底消灭陈友谅的决心。

当初，张士诚派吕珍围困安丰，小明王宋朝廷告急，刘福通两次发信派使求救，朱元璋准备率军出征解围，刘基坚决反对。其理由除了劳师远征，部队鞭长莫及，即使赶到安丰，城已被破，得不偿失和担心陈友谅趁后方空虚，攻占应天外，刘基有一个非常重要的问题问过朱元璋。

"主公此去，目的何在？"

"小明王被围甚急，我岂能袖手旁观？再者，安丰失守，张士诚的力量就会更加强大，不可不救。"

刘基除了分析当时的整个战局外，还有一句话很是关键："且不说小明王该不该救，如若救出来，当发往何处？"

这才是刘基思想深处的最重要的一个问题。

是啊，你朱元璋不是整天想谋取天下、成就大业吗？既然如此，何必还去管那有名无实的小明王呢？即使你这次冒险救他出来，将来又如何处置？把他关起来杀掉吗？那又何必去救他！世人又是如何对你评价呢？如果继续让他做皇帝，那你打败元朝皇帝，又有一个宋朝皇帝，岂不是自捆手脚，作茧自缚吗？因此，无论从眼前着想，还是从图谋大计，他认为朱元璋都是不应该去解安丰之围的。

但朱元璋还是去了。

朱元璋的真实思想是什么？不得而知。

但刘基知道，他有两个症结所在：一个是与陈友谅作战两次，虽然取得胜利，但这陈友谅看来不好对付，朱元璋想先解决张士诚的问

题了，他不愿看到张士诚又发展为第二个陈友谅，对这一点，刘基是可以理解的，还有一点，既是朱元璋的致命弱点，又是将来要给自己添麻烦的问题，就是既不愿受制于人，从内心不愿意把自己的旗帜挂在小明王的麾下，早就存离之而去之心，但又摆脱不了世俗的东西，担心后人说自己不仁不义。

这后一点，刘基看得非常之准，也非常之久远。

他认为，要为人君，天之骄子，当断不断，必受其乱。

后来，实践也证明刘基的认识是正确的，朱元璋想落一个正人君子的名声，却留下了谁最后杀死小明王的永世疑问。

刘基下决心迟早解决这个问题。

他自从投入朱元璋门下之后，就从来没有给朱元璋出过与小明王接触的主意，为朱元璋出的所有军事谋略、战略部署、作战行动，也从来没有报于这个宋朝廷知道。

他对小明王只是利用，利用其作为抵御元朝廷的一块挡箭牌。

其实，朱元璋又何尝不是呢？

只是他想做得高明一点。

对此，小明王也是有数的，只是他虽为皇帝，却无一兵一卒。起初，一切权力在刘福通手中，后来，又受制于朱元璋。

安丰之围后，朱元璋将小明王韩林儿安置到滁州。小明王非常担心，他知自己日前片瓦皆无，要不是朱元璋救下自己，恐连眼下这块立锥之地也没有，便问皇后说："我今日徒拥帝号，已无权无兵，朱元璋为什么还要救我？"

皇后说："他要你做他手中一枚棋子。"

韩林儿说："那还不如把这个帝号让给他算了。"

皇后道："陛下错矣。朱元璋不顾风险，发大兵解安丰之围，要的就是你这个帝号。他能理直气壮地与元朝廷抗衡，消剪其他势力。若陛下将此帝号让与他，无此名位，则危在旦夕。"

韩林儿又道："要若杀我，朱元璋现在实力雄厚，独霸一方，即可动手，为何缺了名分则危尔？"

皇后道："陛下说得有理，但目前尚不是时机，朱元璋面对众敌，既有元朝廷，又有陈友谅、张士诚等霸主与其相争，若不顾名节，现在动手除你，会成为人之口实，自毁前程也。"

"我当如何为之？"

"以君臣之礼相待，为其加封，静观其变。"

"也只好如此了。"

于是，当朱元璋作为人臣第一次与这位自己旗帜上的皇帝见面后，小明王即下诏，封赠朱元璋三代：曾祖九四为资德大夫江西等处行中书省右丞上护军司空吴国公，曾祖母侯氏为吴国公夫人。祖初一为光禄大夫江南等处行中书省平章政事上柱国司徒吴国公，祖母王氏为吴国之国夫人。考五四为开府仪同相太尉三司上柱国军国重事中书右吴国公，妣陈氏为吴国之国夫人。

虽然安丰城里，朱元璋接到诏书，付为一笑，想这韩林儿还不算蠢，但他照旧供奉其为自己的"皇帝"，临时建造宫殿，把皇宫里的左右宦侍都换上自己人。

供养极厚。

防护极严。

小明王名为皇帝，其实是俘虏，受朱元璋监护。

叱咤一时的红巾之主，就这样找到了自己的归宿。

朱元璋夺取鄱阳湖大战的胜利，自然兴高采烈，喜气洋洋。当天，就下令犒军，大摆酒席，祝词道："今日鄱阳湖大战，尔等奋勇杀敌，取得辉煌胜利，明日上下一心，团结奋战，则可共夺天下。元璋将与汝等同甘共苦，共享富贵，让我全体士卒皆着锦衣，为官抚民！"

将士一哄而起，呼叫"万岁"。

这时的元朝廷乱之复乱，又起新波。

元顺帝派出讨伐各地反军的两支主力，分别由孛罗帖木儿和察罕帖木儿率领，他们在作战之中，不是尽力为朝廷谋事，而把大量精力

用在扩充自己势力、相互争夺上了。有时为了共争一块土地，发生内讧，打得难解难分。

察罕帖木儿被杀后，众将推举其子库库帖木儿任统帅继续统领大军，攻破汴梁，平定山东，势力大增。这时，孛罗帖木儿又以军队来争夺晋、冀，顺帝虽然屡次下诏调解，但不起作用，两人的仇恨愈来愈深。

至正二十三年六月，孛罗帖木儿派遣部将竹贞等入陕西。库库帖木儿派摩该与李思齐合兵攻打，竹贞投降，便跟从了库库帖木儿。

八月，库库帖木儿派兵侵犯孛罗帖木儿镇守的境地，孛罗帖木儿奏："库库帖木儿继承他父亲的罪恶，有叛逆之罪，请求采以措施。"

又有治书侍御史陈祖仁上奏疏直指顺帝："祖宗将天下传给陛下，现在天下衰败混乱得无可救药，虽说是天运造成的，但也与陛下赏罚不明有关系。"

这时，知枢密院事秃坚帖木儿得罪皇太子，逃奔大同，隐匿于孛罗帖木儿营中。右丞相搠思监与宦官朴不花依附太子，诬陷孛罗帖木儿图谋不轨。

顺帝下诏，历举孛罗帖木儿罪行，解除他的兵权，削去官爵，孛罗帖木儿杀死使者，拒绝接受诏命。

顺帝被权臣之间的争斗纠缠得天昏地暗，朝廷内部人人自危，上下不安，朝政、军事，无人理会。

张士诚这时看准了机会，胁迫元朝廷江浙丞相达识帖木儿，要求朝廷给他封王，经向朝廷禀报，再三请求，朝廷始终没有答复。于是，至正二十三年九月，张士诚自封称王，改国号为吴，并立即在姑苏修建宫室，设置官属。

也就是在这一月，朱元璋、刘基班师回应天府。

本来消灭了陈友谅，胜利回归，朱元璋应该高兴才是，可一连几天他却高兴不起来。原因很简单，东边的张士诚僭称吴王，朱元璋当然感到十分不自在。

想想自己从濠州起兵，辗转已十余年了，现在陈友谅已经灭亡，剩下那张定边也是秋后的蚂蚱——蹦跶不了几天，我朱元璋比你张士诚势力强大得多，你称得起王，我就称不起吗？

他心里有意，暗中也急，可嘴中又不愿公开提出来，因为他的谋士们一直叫他"缓称王"，这缓、缓、缓，何时才是个尽头？

朱元璋的心事，别人没有看出来，刘基却是早摸出来了。

这也是刘基的一块心病。

他想：号不响，即威不振。"吴国公"虽然也算封号，但却是那不值一钱的小明王封的，虽为五等爵位之第一，可毕竟只能算作"公"，不能算作"王"，古人云："天下归往谓之王。"

于是，刘基借与朱元璋对饮之机，以朱元璋的话题为引子，谈出了自己的想法。

这天，朱元璋请刘基饮酒漫谈，情不自禁地说："自古水战，必得天时、地利与人和，乃为可胜。像三国时周瑜破曹操，是因风水之便，乃能取胜。而这一次陈友谅兵据鄱阳湖，先处上游而待我军，是得地利矣，又有兵广利器，不可一世。而我劳师远征，居然也夺得胜利，你说靠的是什么呢？"

刘基道："古人云，'天时不如地利，地利不如人和'。陈友谅这次决战，虽然兵多舰强，但人各一心，上下猜疑，互相提防，且已用兵数年，屡败而无功，不能养威俟时，今日适劳于东，明日又驰骛于西，失众心也。"

朱元璋："依先生见陈友谅是谓失人心也。"

刘基接着说："正是。我将士一心，人百其勇，以一当十，能不破敌乎？！"

这时，朱元璋则将话锋一转问道："时正值秋季，乃用兵之时，元璋欲乘鄱阳湖大胜之机，再发征师，直指张士诚，先生有何高见？"

"基以为，主公于用兵之前，还有一件大事，不可不办。"

"哦！能有何事？"

"即王位。"

"这倒未曾想到，先生怎么提起此事？"

朱元璋确实吃了一惊，尽管他想称王，也考虑该做王了，但却未想到刘基是如此能看透人的心思，且这么快提上了日程。

"基有据可言。"

"请讲。"

"原主公不称王，是为救民于水火之中，先图大计，再称王霸，顺天意，得民心。现称王，乃为了更好更快地灭元朝，救黎民，顺应天势。再者，那张士诚与我共据吴地，割据已久。他已称王，是有吞并我之企图，主公当应速即王位，抑其气焰。"

"张士诚为元廷走狗，元璋不耻与其争。"

"此非争也，乃在正其名耳。"

"如若元璋不称这王，却发师去讨，灭此狂妄之贼，如何？"

"主公先即王位，所发乃王者师。"

"这就是先生所言正名乎？"

"正是！名正则言顺，言顺则行利也。名正言顺，会更有利于主公实现宏愿，谋取发展，统一天下。"

"然朱升曾嘱：高筑墙，广积粮，缓称王。此叮嘱元璋一日不敢忘矣。"

"此九字乃至理名言，理不当忘。但主公未想，此言出自十年之前，若再过几年，主公像灭陈友谅那般灭掉天下大乱，亦受这九字制约，乃通行否？"

刘基说出了朱元璋想说没有说出的话，为朱元璋说出了要说服别人而又说不出口的道理，朱元璋当然满心高兴，但又做出不以为然的样子，说道："先生言之有理，但此事重大，且容元璋三思，不可操之过急。"

"此事重大，正宜早做准备，对全军将士亦是一个最好的鼓舞。"

按照刘基的想法，既要称王，此时正是时候。

174

"以先生之见，当从何入手？"

"自古王者当有德、有威、有力，主公一身兼而有之，天下皆闻矣，所谓即王位，乃是水到渠成之势。惟大宋国皇帝韩林儿仍在滁州，当于晓谕。同时，便要修饰王宫，建各级官属，并不繁难。"

"即便如此，亦当有将帅上劝表才是。"

"劝表来矣，不需主公提醒。"原来，李善长、徐达、常遇春一行已来至帐前，他们喝过庆功酒之后，都觉得应该劝说朱元璋称王位，以压倒张士诚之锐气，壮将士声威，正巧走到门口时，听到了朱元璋的最后一句话。

"啊！各位亦是这么认为吗？"朱元璋问道。

徐达说："全军将士随主公南征北战，出生入死，谁不盼望主公早得天下！如果向大家提出为王之事，劝表之上，必如雪片纷飞。"

"看来大家都彼此想到一起了。"朱元璋显得满心欢喜。

当下，朱元璋与刘基、李善长、徐达、常遇春等计议，立了王号。按当时情形，朱元璋是吴国公，应天又是三国时吴国的都城，两下均占有一个"吴"字，又有民谣四出传道："富汉莫起楼，穷汉莫起屋，但看羊儿年，便是吴家国。"用这个"吴"字最为合适，于是大家一致赞同：立号为吴王。

朱元璋要称王，可在滁州还住着一个小明王，位于朱元璋之上，怎样处置呢？他传令大将廖永忠，专程到滁州接小明王及刘福通前来应天。谁知到瓜州渡江，座船被人暗中凿穿，沉入江中，可怜的小明王和刘福通就此一命呜呼。

了结了朱元璋一桩心事。

历史上却留下了一桩疑案。

廖永忠径回应天复命。

元至正二十四年正月，一切都准备好了，朱元璋行礼升座，即了吴王之位。为了与张士诚的东吴相区分，历史上称为西吴。接着设立百官，命李善长为右相国，封宣国公；徐达为左相国，封信国公；常

遇春、俞通海为平章政事，立长子朱标为世子；刘基因多有功，又专长于天文、兵法，则被任为太史令。

二月，朱元璋率兵亲攻武昌，陈友谅的儿子陈理投降，至此，西线强敌已经消灭，刘基和朱元璋又指向了下一个目标。

东平士诚

秋高气爽，风轻云淡。

刘基放下手中的《百战奇略》，望了一眼桌上摆着的《武经》，恋恋不舍地伸展了一下肩臂，抬脚向屋外走去。

梧桐树的绿装脱去了，变得淡黄，略显暗红，在秋风的抚摩下，轻轻摆动，沙沙作响。

一片，又一片，树叶告别母体，驾着秋风，在空中轻悠悠地飘着，飘着……

抬头望着，刘基默默地数数，西边的那一片叶子乃陈友谅，朝下的这一叶为小明王。噢！东边的那一片摇摇晃晃，似落非掉，挣扎着不想下来，"张士诚啊！该轮到你的头上了。"

近来几天，刘基一直在为如何铲平张士诚而苦思冥想，谋划作战方案。

这张士诚，与小明王、陈友谅皆不同。前者一心为己，私欲极盛，有奶便是娘。后者则为红巾军系列，死也不会与元朝廷为伍。张士诚与方国珍一伍，反反复复。如若需要，天下遍可投靠，元朝廷也不例外，只要条件合适，举手即降。如若不满，再予反叛。每反复一次，地位就高一格，地盘扩一部分，下次价钱更大。元至正十三年，张士诚即请降于元朝廷，被淮南江北行省授以官职，不久又反。十四年自称诚王，国号大周。十七年八月又降于元，授官太尉。

而这元朝廷的官也不是白给的，其招降张士诚、方国珍之流，则

176

是有目的的。一曰可以掣肘一地之红巾,明知遍地冒烟,四方造反,朝廷望莫能及,收归几个红巾异族,即可减轻自己的负担,坐山观"猴耍"。因为朝廷也知这些投来投去、跳来跳去的"猴子"成不了"老虎",只能占山为王而已。二曰解决无米之炊,燃眉之急。由蒙古皇室、贵族、僧侣、官僚、地主、商人所组成的统治集团,和用以维持这政权的大量军队,要吃要喝,要穿要用,其他都可有办法,唯这粮食,天上掉不下来,一顿不吃,则心要发慌。江淮富饶,为产粮之基地,南粮北运已是历史结论。仅至正十九年八月起,到至正二十三年七月,五年张士诚就为元朝廷运粮五十余万石,自己也由此而升为太尉。谁知张与朱元璋争一争,打一打,江阴、毗陵(今武进)、宜兴等地你争我夺,没有停止过,直到至正二十三年二月,他派吕珍攻破安丰,杀刘福通,然后,又利用江浙行省平章杨完者与相达识帖木儿的矛盾,举兵再攻杭州,把那杨完者一刀结束了性命,元朝廷让其弟张士信代替了杨完者的职务。这达识帖木儿凭借人家杀了敌手,自己却也鸡飞蛋打,既得不到张士诚兄弟军队的支持,又没有官府实权,事事受到别人制约。二十四年八月,张士诚称王之后,总觉得留着达识帖木儿终究是个钉子,又使其弟逼死达识帖木儿。慢慢地,把自己的根据地搞得比较扎实了。

刘基回到屋里,摊开自己绘制的军用地图仔细比画着。

这张士诚地盘真不小呢,短短六七年工夫,以其平江(今苏州)为中心,竟然北面扩展占有泰州、高邮、淮安、濠州、泗州(今江苏盱眙),直至济宁(今山东济宁),南占湖州,西到杭州、绍兴,东边到海。整个势力范围,沿东海北部海岸和黄海南部海岸,呈一个长方形地带,足有两千余里。

知己知彼,才能百战不殆。

刘基考虑,这张士诚要攻,但这么大的范围,必须找其弱点,各个击破之。

这时,朱元璋正好召中书省及大都督府诸大臣议事,商议进攻张

士诚之事，要刘基速来参加。

刘基赶到时，见李善长、徐达、常遇春等已经在座。

朱元璋开门见山道："请尔等来，主要是商量歼张士诚之战事。这张士诚屡犯边境，多次对我挑衅，借我与陈友谅之战，偷袭安丰，进犯诸全，接连用兵，罪责难逃，我想该出师讨伐了，诸位意下如何，尽可说来！"

只见右相国李善长第一个说："张氏宜讨久矣。但是，目前其势虽然不如以前，而兵力却未衰弱，且土沃民富，又多积储，恐怕难以迅速拔出，宜谨慎对待之。"

朱元璋马上说道："彼自不量力，淫昏日益甚，民沸乃大，今不除之，终为后患。"

左相国徐达接着说："张氏骄淫，暴殄奢侈，此天亡之时也。其所用将领，如李伯昇、吕珍之徒，皆龌龊不足数，徒拥兵众，为富贵之娱耳。其居中用事者，乃皆为书生，不知大计。我以胜利之师讨之，必胜无疑也！"

朱元璋赞赏地点点头，望了一眼刘基。

"吾王英明。据基看来，张士诚虽为江浙一霸，但眼下政弊重重，自顾不暇，伐之顺天意，得民心，时机已经成熟。"刘基表明了自己的态度。

"噢！请先生仔细说来。"朱元璋已经习惯听刘基对局势的分析。

"就张士诚自身来看，有五个方面的明显弱点：一曰反复无常，贪得无厌。同方国珍相属，与元朝廷复归复反，自封为王，自命不凡，无人节制，成为孤家寡人，战之无助者也。二曰不自量力。豪夺巧取，广占沃土，地域开阔，守之力不从心。三曰法之不正。令出不随，赏罚不明，军纪松弛，上下左右，离心离德，积重难返。四曰骄奢腐化，极尽豪侈。甚至出兵迎战，亦带女伎歌舞，宴乐不止，已成重弊。五曰主不问政，大权旁落。士诚本人养尊处优，滋意享受。其弟士信有过之而无不及，任江浙相以后，就大兴土木，修建官府，蓄养歌伎，肆无忌惮，荒淫无度。每次出师，不问军事，却携带樗蒲蹴鞠，由歌伎簇拥着吃喝玩乐。又宠信黄敬夫、蔡彦夫、叶德新三人，任其弄权舞弊，胡作非为，民间近日流传说：'丞相作事业，全凭金、菜、叶，一朝西风起，干瘪！'兵法曰：'夫为将之道，必顺天、因时、依人以立胜之。'我军日前全歼陈友谅，三军士气旺盛，上下同仇敌忾，天时、地利、人和兼而握之，张士诚覆灭已成定局。"

刘基一席精辟地分析，更加鼓舞了朱元璋的斗志，他高兴地说："我事事操心劳神，严格执法决不宽容，尚且有人欺骗我，张九四一年到头足不出门，不料政事，怎么能不失败呢！"

接着，又十分自信地说："天下用兵，河北有孛罗帖木儿，河南有库库帖木儿，关中有李思齐、张良弼。然有兵而无纪律者，河北也；稍有纪律而兵不振者，河南也；道途不通，馈饷不继者，关中也，江南则惟我与张士诚耳。士诚多间谋而尚间谍，其驭众尤无纪律。我以百万之众，固守疆土，修明军政，委任将帅，俟时而动，其势有不足平者。"

接着朱元璋又与众人商议具体出师方案。

刘基按照自己的判断分析，提出了分为三步作战的建议。

第一步，先围其北境淮水流域，以断其江北之援，把其主要兵力压于长江之南。

第二步，进兵心腹之地，攻其外围，断其手脚，造成孤城之势。

第三步，直捣其巢，围攻平江，进行决战。

他说："此战略可称'二先二后'，即：先北后南，先外围后中心。原因很简单，张士诚的基础原在江南，江北诸郡均为新占，并不稳固。如濠州、泗州、济宁等地，原本红巾军占据。因之，先行攻之，战无不胜。"

朱元璋大喜，当即发布了讨张檄文。

这样，师出有名，朱元璋大军展开了歼剿张士诚的全面战争。

方略既定，朱元璋一声令下，至正二十五年十月七日，辛丑，左

相国徐达、平章常遇春、胡美，及枢密院冯国胜、左丞华高等，率步马舟军水陆并进，浩浩荡荡奔赴通州（今南通）、泰州。

对于朱元璋先攻通、泰二州，剪其羽翼，张士诚始料未及。

二十一日，徐达兵趋泰州、浚河通州，遇通州方面张士诚军队，一击溃之，首战小胜，获船一百条，马五十匹，驻军海安霸上。

二十三日，徐达进兵围泰安新城，击败张士诚淮北援兵，擒其元帅王成。

二十五日，张士诚又派淮安李院判救援泰州，常遇春布兵伏截，活捉万户吴聚，俘兵两千余人。

三战皆胜，将士无不欢欣鼓舞，徐达却收到朱元璋一封信，称："尔闻王保保兵入关中，为李思齐、张思道逐出潼关，还至汴梁。复东取乐安，又为俞金所败，追过清河，溺死者甚众，今王保保驱其人民已遁矣。孔兴、脱烈伯、天保奴兵乃走三晋。汴梁、唐、邓、南阳之间，余兵据守，尚未宁息。河南洛河水决，漂荡三千余家。天下扰扰如此，当何时可定也？此迤北消息，汝宜知之。军旅重事，望慎之又慎，如获张士诚将校，遣来吾自处之。"

徐达知吴王因未亲自统兵出征，不大放心军纪兵行，于是回复让吴王放心，表示定严军纪，不负王命。

这时，常遇春派人劝说泰兴守将投降，张士诚守将严再兴、夏思忠、张士俊等拒不投降，顽强抵抗，徐达增兵继续围攻。

闰十月初一，江阴水寨守将康茂才紧急派人前来报告说："张士诚率领四百艘船出大江，抵达范蔡港，另外有一些小船在江中孤山往来出没，不知意图如何，请千万做好防备。"

朱元璋即召刘基分析研究对策。

刘基详细询问了出师后战事进展，便道："此乃张士诚所用之计也，当予警惕。"

"何计之有？"朱元璋问。

"张士诚并没有所谓攻打江阴直接赴上游的计划，不过分开原来驻扎的水军，施展诡计来迷惑我，诱使我的步兵返回守卫水寨。我兵分之后，他便乘虚进行袭击，此乃一诡策也。另外，常遇春已出海安七十里击敌，敌之守兵不过万人，并没有抵抗我大军的实力，派船只航绕，不过是想诱我军深入。等到我军主力远离泰州之后，他必定暗中调动部队奔赴海安，使得我军力量分散，首尾相断，来不及救援，此乃其二计也。"

"先生所见至为精辟也。"朱元璋夸奖。

"幸得吾王如此信任，基怎敢怠懈半分。"刘基接着说，"兵法曰：'致人而不致于人。'而今之势，可令常遇春驻师海安，谨慎守卫新城，以逸待劳。泰兴以南及江中船只，只要提高警惕，派兵注意防备就是。"

朱元璋听后，立即写信告诉徐达，晓以诸事，命冯国胜还兵水寨，徐达、常遇春大军慎勿轻动，告其："任敌水师自为徘徊，自劳其师。然后，乘其怠慢，借机猛攻泰州。泰州若克，江北瓦解，敌军必不战自溃。"

二十五日，朱元璋又与刘基亲至康茂才处视察敌情，向徐达部署作战方案。

二十六日，徐达、常遇春按照朱元璋与刘基研究的部署，一举攻克泰兴，活捉城中守将严再兴等人，送捷报于朱元璋，并请示守城事宜。朱元璋令徐达自行处理，并乘胜攻取没有攻下的江北诸郡县，另遣千户刘杰北取兴化。

刘基分析，泰州已克，张士诚必不会坐以待毙，很可能从陆、海两道入淮增援，或直接对战，牵制前往作战的朱元璋军行动，或滋扰生乱，破坏整个军队行动计划，应有一支重旅留守以机动作战，以免被动，特别要加强注意泰州、镇江两个重镇的设防。

这时，徐达已达高邮，准备攻取，朱元璋立即令其速撤军归泰州，作为机动力量，命冯国胜率所部进攻高邮。同时，令各地守将加强戒备，防止张士诚袭击破城。

果然，为牵制朱军进攻之势，张士诚首先是展开了江南攻势，遣

兵进逼宜兴，徐达立即渡江予以还击，俘敌三千余人。

接着，张士诚又遣张左丞将兵八万攻吉安，朱元璋守将广德翼、元帅费子贤以三千人，动员全城百姓坚壁拒之，架设车弩于城上，射杀其枭将二人，张左丞不得不解围而去。

一招不行，张士诚改变战略，加强江淮间的行动，亦遣其将徐义由海道入淮增援。谁知这徐义产生疑心，以为张在剪除异己，把自己驱之于死地，竟屯兵昆山、太仓等地，三月不进。至正二十六年正月初一，张士诚又以舟师驻君山（今江阴城北临江），又出马驮山（今镇江），

战舰五百余艘，将溯流由江阴窥镇江，实行溯江之牵制攻势。镇江乃历来兵家必争战略要地，张士诚此一行动，颇使吴王朱元璋震惊，立即亲率大军，于水陆并进增援。张士诚一听吴王早有准备，并闻大军将至，赶快焚掉瓜州（今扬州），掠西津而逃。吴王即令江阴水寨守将康茂才、江阴城守将吴良出江截击，毁船二百余艘，擒获二千余人。

三月初八，徐达再次从泰州出兵与冯国胜合力攻高邮，十四日克之。

接着，淮安、濠州、宿州、徐州皆定，这便使朱元璋产生了衣锦还乡的念头。

这濠州乃朱元璋的家乡，又是其起兵之处，发源之地。但是，自朱元璋、郭子兴先后离开濠州后，原来共同造反起兵的几人皆无所作为，彭大患病去世，赵均用则东去淮泗，后又北往山东投红巾军刘福通部下的毛贵。但赵均用这个人反复无常，竟将毛贵刺死，他也被毛贵的部将杀掉。原在濠州的节制元帅孙德崖等不堪一击，张士诚来攻濠州，他们一跑了事，濠州被张士诚部将李济占领，朱元璋曾感慨地对人说："濠州乃我之故乡，现在我是有国而无家啊！"

本来，收复濠州前，朱元璋考虑对自己家乡最好能不施武力，通过和平方式解决。见李善长与李济过去有点交情，便要李善长给城中

写了一封信，劝其能明察时机，顺势去就，献城归降，避免战祸，少死无辜，谁知这李济竟不予答复。

无奈，徐达的部将韩政发兵围濠州，攻水帘洞月城，又急攻城西门，调来巨大云梯、石炮四面进击，声势浩大。城中坚持不住，于至正二十六年四月初九，李济和知州马麟出城投降。朱元璋异常欣喜，便召刘基商议，他想回家看看。

刘基本来认为现在张士诚未平，战事正紧，需一鼓作气，消灭张士诚，平定江浙。但这时朱元璋已是吴王，刘基知这位主公时时处处都在拿自己与汉高祖作比。记得刚抵应天时，一次，朱元璋与自己赋诗作谈，顺手拿过一根斑竹筷，让他以此为题赋诗。

刘基当即脱口而出：

一对湘江玉并看，二妃曾洒泪痕斑。

"不好！不好！"朱元璋当即笑而反对，"一股秀才气味，请先生再出一句。"

刘基接着吟道：

汉家四百年天下，尽在留侯一借间。

将朱元璋喻作汉高祖刘邦，而自比留侯张良，朱元璋连声叫好，拉着刘基的手说："先生才高德重，是元璋之子房也。"

现在朱元璋想衣锦还乡，刘基想，看来挡是挡不住了。当年汉高祖不就在当了皇帝之后，回到故乡歌其"大风起兮云飞扬"吗？"前辈"做出榜样，后来者怎能例外呢？于是，不但表示了赞同，而且马上与李善长等做出了具体安排。

四月十三日，朱元璋率太史令刘基、博士许存仁、起居注王伟等随从，由全副仪仗队开道，上万侍卫左右护卫，渡过滔滔大江，驾临濠州祭扫祖宗陵墓。

一路队伍整齐，甲胄鲜明。这时吴王的军队已取掉了头上的红

巾，将士们个个穿着红色的战袄和战裙，头戴阔檐的红色壮帽，旗帜也是红色的，当中一个斗大的白"月亮"，大书一个"吴"字。蜿蜒行来，恰似一条红色巨龙，格外威武雄壮。

刘基骑着马跟随在朱元璋之后，思绪万千。

他想，自己奋斗不辍，终于快要实现辅佐朱元璋取得江山的宏伟目标了，眼前万万不可松懈，只有尽一切力量为主尽心，时时处处为其着想，才能树立起一代君王的威望，使其真正成为汉高祖那样的帝王，造福百姓，繁我国家。

朱元璋骑在马上，更是心潮澎湃。

放眼望去，这天、这地、这人、这景并无甚大改变，但心情却与以前大不相同。如今自己已三十九岁，距他当小和尚，在这一带游方的十七岁那年，已经过去了二十二个年头。酸甜苦辣，人生艰辛不由得浮上心头。

想那时，迭遭父母之丧，出家当了行童，所谓的"游方"，不过是变相的乞讨叫花子而已，风餐露宿，艰辛备至。这段回忆，朱元璋曾在后来他写的《御制皇陵碑》中有所记述，其中写道："突朝烟而急进，暮投古寺以趋跄，仰穷崖嵬而倚碧，听猿啼夜月而凄凉。魂悠悠而觅父母无有，志落魄而伥伴。西风鹤唳，俄淅沥以飞霜，身如蓬逐风而不止，心滚滚乎沸汤。"字里行间，无不看出这位王者当年穷困生活的真实情景。

而今，天却变了，朱元璋不再是一个慌慌忙忙"突朝烟而急进"的小和尚了。"朝烟"者，无非是饥肠辘辘，看到炊烟冒出，急切地想讨一碗热汤粗饭。一天下来，两腿发酸，要找一个地方歇息了，于是，"趋跄"而"投古寺"。那"猿啼夜月"、"西风鹤唳"更是令人备感凄凉忧戚，因而，只能自比"蓬"草，概不由己地"逐风"滚动，内心像是被"沸汤"烫过一般……如今，这些都留在了昨天，朱元璋已处于前呼后拥之中，衣锦还乡，重新走上了二十二年前曾经踏过的土地。

心情的起伏是不需言状的。

一路沿途，自然有自己新委任的地方官吏和各处守将恭敬迎送，不在话下。到达濠州，朱元璋第一件事，就是去祭祖坟。

来到经过地方官员重新修缮的朱五四老夫妇坟茔前时，朱元璋再也掩饰不住那悲痛之情。

是啊！男儿有泪不轻弹，只是未到伤心时，有谁能不在这个时候伤心呢？十九岁那年，家乡遇上天灾病疫，父母双亡。要不是邻人刘继祖送给这块荒冢为坟，父母恐无葬身之地。即使这样，落葬之时，也只能"蔽体恶裳，浮掩三尺"，连一块破木板也没能睡上。如今，自己占地为王，安享荣华富贵，抚今思昔，怎样才能弥补二老去世时那悲惨情景呢？

朱元璋想："那时凄凉，因为太穷，倒也罢了。可如今，再还让父母躺在这荒丘薄壤之上，于心何忍？"

他动了改葬父母之心。

祭祀完毕，朱元璋回到帐房唤进刘基，谈了自己的想法，问道："先生之见如何？"

"这……"刘基闻后，迟疑起来。

"难道有什么不妥吗？"朱元璋心中也无底数。因为改葬可以，但葬于何处，如何改葬呢？

是的，刘基心想，这迁坟改葬可不是小事。虽然朱元璋正值盛时，但一则天下未定，张士诚未灭，元朝未亡，皇位未登，又逢大军在江浙大举与张士诚决战之阶段，时机不好；二则这块坟地脉之旺盛，无处可比，否则，怎样解释朱元璋起兵以来种种进逼之势、凯歌频传之状呢？世人皆认为，这些帝王"发祥之地，灵秀所钟，不宜启迁以泄山川之气"。但他又不便讲第一层意思，怕刺激了这位王者。想了想，出了一个万全之策，答道："吾王孝亲之心，令基敬佩，只是这改葬之事，却万万使不得。"

"为啥？"朱元璋急切地追问。

刘伯温传

"宝地难择呀！"

刘基接着说："据臣下所观察，这二老所葬之地，乃是一块兴龙宝地。你看那二老卧身之处，头枕绵绵群山，面对滔滔淮水，他们安卧其中，紫气洋洋，风云呈祥，祖上得福，后世承运，因之才有吾王今日，若是改葬，万一破坏了这样的好风水，岂不是得不偿失吗？"

这番话要是别人说出来，朱元璋会不以为然，而出自刘基之口，朱元璋却不能不听了。因为他知道刘基的"文韬武略"，深知这位太史令博通经史，尤精象纬之学，别人是不能比的。

"先生说得有理，但难道我就让老人长期如此冷落吗？"朱元璋又问。

刘基说："当然不能。"

接着献策道："现在当地官员已将祖坟修葺一新，覆盖着细润光洁的黄土，茔头四周，也砌上了花格短墙护卫，墙外又移植了苍松翠柏异草奇花，初具规模。但这还不够，可令他们再差些工匠民夫，将坟墓加高培厚，再建宫室陵园，立石人石马、华表碑刻，设祭祀享殿、守备军营。如此，既可保持宝地无损，又使墓寝富丽堂皇，二老于九泉之下，自然便不孤寂了！"

"好！先生之言的确是高见。这主意使得。"朱元璋顿时双眉舒展，表示赞同。

但稍停片刻，他又喃道："只是二老下葬之时，可怜得很，一无棺椁，二无葬品，只用些秫秸（高粱秆）裹着，用三道草绳捆了，如今仍然不得改行大殓，实在叫我难以忍心。"说着，眼圈发红，几乎掉下泪来。

"不！"刘基马上解释道，"吾王不必为此难过。老人是有棺木的，且不比普通之棺木，他们用的是对节玲珑木，三道滚龙绳，此乃上天所赐，非他人可有也。"

经刘基这么一说，朱元璋顿时心头一亮，心想：那秫秸节节相连，外表光滑如玉，可不是对节玲珑木吗？那草绳三道，人们也常称

186

之草龙的，便连连说道："对！对极了，一切依先生之见而办。"

虽然朱元璋称为王者，刘基这时已是太史令，但朱元璋这个吴王对刘基的称谓一直未变。

后来，朱元璋果然未再提起改葬之事，乃依刘基之见，在其登上皇位之后，于洪武二年，开始建造陵园享殿，定礼祭祀，成为当地有名的凤阳明皇陵。

改葬之事有了主意后，朱元璋无他心思，便依刘基之见，大摆宴席，召来全村父老乡亲，开怀畅饮，特别召见了小时照顾接济过他的邻居汪大娘之子汪文和送给他坟地的刘继祖之女刘英，赏与粮食布帛，作为报答。并令当地官员，从此这濠州钟离太平乡的租赋一律免除。

五月三日，在故乡父老欢呼相送和顶盔掼甲将士前后左右簇拥之下，朱元璋乘上高头战马，面带笑容地向众人举手告别，回应天去指挥新的一轮征战。

平定淮域诸郡，朱元璋准备全线进攻张士诚心腹地区了，他又想唤刘基来商讨进军的具体路线，可是，有点忧虑难决。

原因说不出口。

刘基自至正二十年来应天后，朱元璋对他一直是十分满意的。第一面相见时，他就看出刘基身材魁梧，面容宽厚，态度从容，举止不俗，不由生敬。几年来，刘基又为自己出谋划策，调兵遣将，立下汗马功劳，每用必言，言出必准，是不可或缺之人物。但是，与历代帝王一样，朱元璋也是一个多疑之君。他知道这刘基足智多谋，谋事必成，军中威望甚高，再若如此下去，自己的位置能否稳定？特别是上次出了邵荣反叛案件后，他的心里更是整天打着鼓点。

邵荣是至正二十二年出的事。

这位骁将本与朱元璋一同在濠州起兵，英勇善战，经验丰富，战功累累，朱元璋对他与对徐达、常遇春一样厚待。可是，自平定处州回来以后，邵荣便开始狂妄自大，有了非分之野心，经常口出怨言。

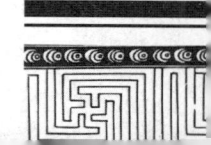

部下将领中有人要举报于朱元璋，邵荣便心中不安，和赵继祖商议后，寻找机会作乱。

当时，朱元璋正好举行阅兵，邵荣便与赵继祖在门内埋下伏兵，企图杀害朱元璋。

正好这时大风突然刮起，吹动旗帜碰着朱元璋的衣服，他感到奇怪，便换过衣服从其他道路回去了，邵荣的阴谋未能得逞。事败后，邵荣被朱元璋处死。

事情虽然过去五年了，但朱元璋一直没有忘记，阴影时时出现。

他想，像刘基这样的人，谁得之谁获胜。陈友谅失败，一个很重要的原因，在于他的谋之士不如刘基。张士诚节节失败，也在于无刘基这样的人为其辅佐。可是，如果自己身边再出现一个邵荣式的人物，并与刘基合谋，则朱元璋大事休矣。

于是，吴王得出结论，既用其能，又不授其权。

这就有了太史令之职。

发挥刘基之特长，使其掌管天象历法、时节禁忌、瑞应灾异，兼而修史。

用之时，即可传入帐前，谋划韬略；不需要，即任其去舞文弄墨，也不失一种办法。

"万事当不可全信。"这是朱元璋的一种心态。

"治天下当先治人，治人当以权威为主。"这又是吴王朱元璋的一个逻辑。

可是，离开刘基，上次却吃了一个不大不小的亏。

那是去年十一月攻打高邮之时。左相国徐达围困进攻高邮之际，应天府里，朱元璋得报十分高兴，但同时却出现不安之心，担心这徐达南征北战，愈战愈勇，连克敌城，战果辉煌。但"功高震主"，如此任其继续发展下去，将来恐不好驾驭，吴王对徐达亦产生了提防之心。

正值刘基出计建议需有一师机动，防备张士诚其他举动。

于是，朱元璋再三考虑，遣使军中，传令通知冯国胜率部节制高邮之军，并由徐达留兵三万相助，令徐达速还师泰州，作为机动，并见机图取淮安、濠州、泗州。

可是，几天几夜，突击攻城，皆无战果。

朱元璋甚为着急。

又不想再请刘基。

无人商议军事。

朱元璋想到了汪广洋。

汪亦是朱元璋相信的文人谋士之一。

入得帐来，询问计策，汪广洋说："高邮守将俞平乃定远人，与李善长同乡，现既已被我所围，其必虑以后路，若得李善长劝之，则有可能兵不血刃。"

朱元璋一听，顿觉有理，即与李善长商议。

李善长欣然修书一封。

朱元璋阅之，连声赞好，当即遣使送于高邮城下，交冯国胜。

冯说："不妨一试。"即命人潜入城中送信。

当夜，有暗信传出，约第二日开东城门，俞平接应于城内。

是时，果然城东门开。

冯国胜大喜，即令指挥康泰率三千人冲入城中。

不料，这俞平是假降。

待冯国胜的人马刚一入城，俞平在城楼上就急忙放下闸板，紧闭其门，使城外大军不得再入。

一声号角，伏军四面冲出，将三千人马围住，一阵混战杀得一个不留，指挥康泰亦死难殉职。

消息传来，应天府大惊。

失利原因，汪广洋献策能有何错？李善长修书乃奉自己之命，冯国胜亦是奉命行事，谁也怪罪不得，只有朱元璋自责不提。

怎么办？淮东战事刚演出开头好戏，就陷停滞之状。朱元璋不愿这种局面持续太长，于是又请来了刘基。

第四章　平定天下　创立帝国

189

刘基应召入宫，详细问过战事，说道："高邮乃淮东重镇，守将必自恃，不到万不得已，不可能拱手降我。可立即加强攻势，令徐达速回师力攻，令常遇春率兵马策应，兵贵神速，指日可破，张士诚救之不及。"

朱元璋听其计，立即发出军令。

徐达与冯国胜会合后，六天即收之网底，斩俞同金，俘官将一千又三十七人，士卒万名，马数百匹，另有官粮军物不计其数。所俘将士，皆送应天府。

这刘基仅此一人尔，朱元璋不得不最后决断，唯此依靠。

刘基传进，朱元璋问曰："淮东已平，进攻张士诚，兵指何处？"

刘基早已胸有成竹，答说："我得到消息，张士诚知我淮东事后必攻江浙，杭州危险，已将其王府及百官等迁往太平。此战亦应按原定计划行之，先攻湖州、杭州，切断张士诚的两只臂膀，造成北西南三面包围平江之势，最后，直取平江，瓮中捉鳖，张士诚只有举手投降之力也。"

朱元璋始出，召集众将商议。

常遇春说："逐枭者必覆其巢，去鼠者必熏其穴。此行当直捣姑苏，姑苏既破，则其余诸郡可不劳而下矣。"

朱元璋当即说道："不然。张士诚出身盐贩，湖州张天骐，杭州潘原明，为其臂指，平江危急，二人必拼力救之。今如果不先分其势，而直接攻平江，两者一出，援兵四合，我则难以取胜。不若先出兵攻湖州，使其疲于奔命，羽翼已破，则平江势孤，可立破也。"

常遇春还想执其前议。

朱元璋正色道："攻湖州失利，吾自任之。若先攻姑苏而失利，不汝贷也。"

徐达说："吾王之计英明。"

于是，常遇春不敢再予坚持。

八月初四，徐达等率诸军发龙江。

十二日，师至太湖。

二十日，常遇春在湖州港口遇张士诚舟师，一举击败，驻军太湖洞庭山。

二十四日，兵进湖州昆山，又大败张士诚将领石清、汪海，擒之送应天。

朱元璋大喜，欢欣地说："胜之必矣。"

张士信这时驻军湖上，闻徐达、常遇春大军已至，急匆匆逃遁而去。

八月二十五日，朱元璋军至湖州三里桥，张天骐知道一场恶仗不可避免，便兵分三路前来阻挡。以其参政黄宝挡南路，院判陶子实挡中路，自己率兵挡北路，同金唐杰为后继。徐达亦分兵三路进击，命常遇春攻黄宝，王弼攻张天其，自己出中路与陶子实相战，另派骁将王国宝直扼其城。

常遇春勇猛异常，一马当先，直迎黄宝，不到三个回合，黄宝即招架不住，掉头便退。谁知城门紧闭，吊桥已断，退之不得，不得已，又返还迎战。这兵败如山倒，败兵之阵，更是不堪一击，常遇春将士英勇进击，刹那间，黄宝溃不成军，连自己也被生擒押于常遇春面前。

张天骐、陶子实见状，知必败无疑，急忙鸣金撤退。

听到朱元璋以如此之大攻势进逼湖州的消息，张士诚着实吃了一惊，知道他又中了一计。

原来，在朱元璋发兵之前，刘基为了既攻湖杭，又麻痹张士诚，为朱元璋耳语了一番反间之计。

朱元璋与徐达、常遇春等人商议完进攻湖州、杭州的战略部署，即把二人叫到内室做了交代："我这次准备派熊天瑞跟随你们出征，让他为我施行一个反间计。熊天瑞原被攻击无奈，投降于我，但心中常有不满，背后散发了不少议论，涣散军心。刚才商议的作战部署，告诉诸将不要让天瑞知道，只说我军直捣苏州，天瑞知道后，必然会叛

变再投张氏，并提供我之部署。如此一来，张士诚则堕吾计中也。"

这熊天瑞在徐达等军到龙江之后，果然叛变，投于张士诚，详尽报告了朱军直捣苏州之作战方案。张士诚紧急备战，修城固池，储备粮草，积极迎战。谁知徐达，常遇春却一头扎进湖州，搞得张士诚、张士信手忙脚乱。

眼看湖州吃紧，张士诚急忙派遣其司徒李伯昇前往救援，从荻港偷偷入城，吴军又从四面围攻，李伯昇和张天骐闭门坚守。

张士诚知道湖州如果丢掉，自己即断一臂，不敢有丝毫懈怠了，又派其平章朱暹、王晟，同金戴茂、吕珍，院判李茂，以及称为"五太子"的人带兵六万来援救，号称二十万，屯驻在城东的旧馆，筑起五座营寨保卫自己。

徐达、常遇春和汤和等亦分兵驻扎于东迁镇的姑嫂桥，连筑十座营垒，切断旧馆张军与外来往的一切通道，李茂等人看到朱元璋军声势浩大，担心不能取胜，几场小仗，便夹尾溃逃。

张士诚看情况紧急，乃亲率大军前来救援，徐达等在皇林的原野上截其交战，又将其打败。

这样，朱元璋各路军马，均攻势凌厉，愈战愈勇，张士诚部将士气一落千丈。

八月二十日，张士诚又遣同金徐志坚以轻舟出东阡镇袭击朱元璋水师，欲攻姑嫂桥，常遇春率水师迎战。这时，正值暴风骤雨降临，常遇春奋勇当先，令勇士冒雨乘船数百突击，生擒徐志坚，俘获三千士卒，船舰一百五十余艘。

九月十六日，朱元璋命行省左丞廖永忠、参政薛显，带着流动作战的军队攻取德清县城，缴获四十艘舰，活捉院判钟正和叛将晋德成。

张士诚看到徐志坚等接连失败后，十分害怕，便派遣右丞徐义到旧馆观察形势，常遇春得知后，立即派兵堵其退路。徐义见退之不去，暗地派人约张士信出兵，与旧馆兵联合作战，张士诚亦派赤龙船亲兵前来援助，徐义才得以逃脱。到平望后，徐义另乘小船暗地进入乌镇，准备援助旧馆。常遇春从其他港口追袭，放火焚烧赤龙船。这样，旧馆没有了援兵，粮食不足，降者逾千。

十月初四，常遇春又督兵攻乌镇，张士诚军心已散，将领徐义、潘元绍抵抗不住，连连退逃，常遇春紧追不舍，直到升山，攻破平章王晟的陆寨，残余部队逃到旧馆东壁，同金戴茂请降。晚上，王晟亦举手投降。

十月三十日，徐达又攻升山水寨，常遇春等奋力出战，张士诚"五太子"与朱暹、吕珍等抵抗不住，只得举旗以旧馆降之，获其兵六万。这些人都以骁勇善战而名扬江浙，是张士诚倚重的手下强将，归降后，使张士诚湖州士气受到严重影响。

十一月初六，徐达又乘胜追击，并把降将明玉珍等带到城下，唤李伯昇等出降，城中大震。李伯昇、张天骐等看到援绝势穷，只得宣布停战，出城投降。

十三日，潘原明亦以杭州城迎降。

至此，经过五个月的鏖战，朱元璋全克湖杭两州及周围诸军，取得了消灭张士诚决定性的战果。

平江即苏州，亦称姑苏，是座古城。远古时代，吴地本为大禹治水功臣胥的封地，古名其地为古胥。而在吴语中，胥、苏二字音近，姑胥则演变为姑苏，苏州也才有了姑苏城之名称。隋开皇九年（589）改吴州为苏州，治所在吴县（今苏州市）。大业初复为吴州，又改吴郡，唐武德四年（621）又改苏州。辖境相当于今江苏吴县、常熟以东，浙江桐乡、海盐以东，北及上海市大陆部分。五代晋后缩小为上述江苏部分及上海嘉定、宝山二县。宋政和三年（1113），改平江府，元改为平江路，后来朱元璋又改为苏州府。

这是中国私家园林最有名的地方，私家园林萃于江南，而江苏则有"江南园林甲天下，苏州园林甲江南"之称，苏州在历史上有大小园林四百余处。

张士诚迁入苏州后，进驻渔隐园，住宅与花园贯穿一起，房间数

十，雕梁画柱，门窗隔扇亦是细刻图画，厅堂皆有明瓦漏窗，窗外叠砌假山，散种花卉。宅西是园林，有丛桂轩、蹈和馆、五峰书屋、集斋、看松轩。园中一中心水池，临池建有射鸭廊、濯缨水、小石桥。水上凌空设一月到风来亭，典雅奇特。

张士诚室内，桌、椅、橱、柜、几、凳，一律纯银打制，饰以金玉宝石，极尽华丽，满室生辉。又有一张红木床及博古架，满饰贝壳花卉，纯金浮雕神仙人物，价值连城。

但在这仙湾静港、富贵袭人之地，主人却怎么也潇洒不起来了。

至正二十六年十二月，朱元璋大军各路会师，云集平江，呈四面包围之势，部署如下：

徐达军葑门（东门之一）	常遇春军虎丘（西北七里）
郭兴军娄门（东门之一）	华云龙军胥门（西门之一）
汤和军阊门（城西北）	王弼军盘门（南门之一）
张温军西门	康茂才军北门
耿炳文军城东北	仇成军城西南
何文辉军西北	

四面修筑长围，把平江城围得水泄不通，并在城外筑架起一群群木塔，几乎与城里的佛塔一样高，可以下瞰城中。木塔上有三层放楼，每层设置弓弩火铳，向城上守军不断施放。又摆上"襄阳炮"，装着铁砂铁块，日夜轰击。

张士诚集十万之众亲自督军坚守，朱军一时攻打不下。但这姑苏已成一座孤城，四外藩篱尽失，徐达也不去猛攻，只打算长久围困，逼张士诚不得不降。

消息送到应天。

朱元璋大为高兴，对刘基说："先生曾言，明年年底前灭东吴擒张士诚，如今看来，不必矣。"

刘基问："吾王之见，期在何时？"

"只消年尾便可收兵。"

"何以见得?"

"张氏被困孤城,其势已穷。"

"否也。基以为,张士诚本已势穷,但以一国之势,集之于一城,则为富也。"

"那又能何?"

"其城必坚,其战必苦,其伤必重。"

"似有道理。"

"张士诚盐枭出身,历经风险,顽固异常,不入困境,洋洋得意,若到悬岩绝壁,无路可走之时,必以死斗。"

"依先生见,可做何种部署?"

"当以计之。"

"何计有效?"

"《武经》曰:饥渴可击、奔走可击、气衰可击、心怖可击也。张士诚守城,集十万之众,虽粮草皆备,但毕竟不比平时。现即面临新年,可多备犒军之物,广赐前方将士,与城中形成鲜明对比,造其饥渴之势,懈其斗志,此为计一。张士诚兵广,围之强攻,伤亡必甚,斗志若懈,张士诚不敌,其定惧怕,必要突围,借机而歼,逸以待劳,此为计二。突之不出,守城则坚,于以劝降,造其心怖,此为计三。待其气衰,鼓而进之,尽收张士诚,必将全胜也。"

果然,时至年底,破城事没有进展。徐达兴起,率军强攻,三日无获,武德卫指挥茅成战死。

新年到了,既然宋帝已亡,朱元璋废龙凤年号,改作"吴元年",并依刘基计谋而行。

腊月底,应天府热闹异常,鼓乐喧天,二十艘满载牛羊酒果的大船驶向平江,犒劳前线大军。船队从龙江出发,沿大江东驶,然后由镇江南下,顺着运河一直驶到平江城外。沿途新附州县的地方官,也趁机表现,把一些当地的特产顺便加了进去,让东征大军痛痛快快地

过一个欢天喜地之肥年。

船队到达时，正值除夕之夜。

正在城墙上的张士诚见景，心情无不悲伤。

除松江、嘉定、无锡外，他的疆土已经丧失殆尽，全被朱元璋占去。更使他难过的是，许多守将都是一战即降，甚至不战而降。就连那历经战火锤炼，城墙坚固，粮草充足的杭州，也是兵不血刃便送予朱元璋之手。当初一同起事的十八骑首领之一的吕珍，也在援湖州的途中，于旧馆弃械降敌。

平时，自己待人甚厚，金银玉帛房宅田亩皆不论它，即便是犯有过失，乃至贻误军机、吃了败仗的将领，亦不予重责。自己用人原则是许其富贵，由其自处。原想当年能为自己打天下的将帅皆英雄好汉，能自守城池，谁知竟土崩瓦解！

兵败如山倒！

张士诚后悔了，这几年自己满足于美女玉食，朝宴夜笙，荣华富贵，不理政事，恶果竟如此之大。

他追悔莫及，自己不像陈友谅那样野心勃勃，一上来就当皇帝，只想守住这块基业，从不冒险进取。

谁知这打江山难，守江山更难矣。

可是迟了。

歌舞升平，美女佳肴，灯红酒绿，固然可以陶醉于人，但却杀人不见血流。

重情轻罚，固然可以换得赞颂，但却换不来军心、军纪、军力，得到的只有眼前之败景。

他打了一个寒战，向城内望去。平江城内，云气低沉，冷风四起，隆冬的静夜，驱走了远远近近的狗叫声，家家关门闭户，灯火不明，死一般寂静。兵营之处，只有那一队队兵士肩扛武器，双手围袖，艰难地抬着沉重的脚步，边巡逻边提起耳朵听着城外的响动。

城外，却另是一番情景，转圈儿几十里连营，到处灯火通明，锣鼓喧天，鞭炮声、烟花声、喝彩声，连成一片。军士们还捡拾干柴，燃起一堆堆篝火，星罗棋布，仿佛直延天边。

遥望河中，停泊的朱元璋军舰船上，彩灯交挂，烟花爆竹直划夜空，此起彼伏，在夜空里构成许多奇巧美妙的图案。

四面楚歌？

截然不同的两个世界。

身边，张士诚发现城墙上穿着盔甲的军士同样与自己一样吃惊。

酒香飘来，更使这些寒风中持矛而立的士卒口中涎水直流。

"不行！"这个盐枭出身的王者突然发怒了。

本性复发。

"这样下去人心皆去也。"

他把皮裘一甩，吩咐立即备马抬枪。

他那造反举旗的顽强性格再现。

决心出城冲杀一阵，我过不安稳，你也别想好好过年。

决定当然没错，现在急需要激励一下士气。战时，毕竟不是那玩歌弄妓之时。

茓门打开了。

张士诚带着他的亲兵"勇胜军"和三千骑兵，一拥而出。这勇胜军里有十个头目，个个悍匪出身，被张士诚重金收买，号称"十条龙"。

"十条龙"身着银铠锦衣，确也勇悍异常。见张士诚号令已下，便一声声大喊着，率先向朱军营垒冲去，谁知茓门的徐达早已有备。

只听一声巨响，营寨的各个栅墙上，立即冒出了千百名弓箭手，霎时弩箭疾雨般地射了下来，冲在前面的张军骑手纷纷落马。

一批倒下，再冲第二回合。

第三次冲击。

第四次……

每次都被雨箭射退。

战马嘶鸣，伤卒呻吟……

197

看着寨前横躺竖卧的都是自己的人马尸体，张士诚知朱元璋箭手强硬，只好下令撤回。

朱军营垒锣鼓唢呐大作。

张士诚气得怒火直冒，胸膛炸裂般痛。

嗣后，又是僵持。朱元璋好像根本没有夺城之意，只是每天不时派几个小分队，到城边骚扰一阵，又急匆匆退了回去，目的只是不让张士诚部将士放松绷起来的神经。而那二十万大军，都依山傍水，安营扎寨，每天操练不止，好像要在这里定居似的。

一晃半年过去了，朱元璋借自己占领丰产粮区，供给不会匮乏。而平江城中，虽然早有准备，储藏了一些粮食，但吃一粒就会少一粒，总有山穷水尽之际，那时，这十万大军的命运如何？

其实到半年以后，所谓十万大军连一半也没有了。因为张军将士，眼见困守孤城，内无强将，外无救兵，早晚要被朱元璋攻破，便陆陆续续有一些人不愿陪着张士诚同归于尽，趁夜间偷偷下城去，向朱军投诚。

像传染病一样，逃兵越来越多。

张士诚派勇胜军上城监督，杀了一些人，但也禁止不住。

终于机会来了。

眼看平江已被围困八个月了。张士诚不甘困死，想再来一次最后挣扎。

大丈夫能屈能伸。他想，盛况空前，也难免碰劣运，阴天过去自然会晴空万里。当初仗着一十八骑，夜袭泰州，举了反旗，转眼不也"东吴"显世。现在虽然朱元璋兵强，但自己手下还有这几万人马，如果冒死突了出去，回到江北故乡一带，那里的广大盐民还是会拥护自己的，养精蓄锐，东山再起的时机不是没有。

在"十条龙"护卫下，张士诚亲自沿平江城走了一圈。只见朱军的营寨，前后错落，十分严整，直走到盘门，向外望去，似乎这儿兵力不重，有些松懈。又打听得知其驻军乃徐达手下的王弼，并不是什么名将，便决定从盘门突围。

这是刘基建议朱元璋留的一条口子。

拂晓，张士诚让弟弟张士信，带上几千人马，打开盘门，朝王弼军营呐喊冲去，自己却率一万大军，绕过山塘，袭击王弼之后路。

那王弼有刘基的运筹部署、徐达的暗中指挥，虽然年轻，却临阵不乱，一边向上呈报战况，一边分兵前后迎敌。听到探卒报告，知后路来的是张士诚本人，便抛下张士信这个花将军不斗，只带三百轻骑，直冲张士诚而来。

山塘路窄，张军展不开阵势，那王弼却又勇猛异常，手舞双刀，一马当先，势不可当。

拥塞在山路上的张军，碰着的无不纷纷落马。

张士诚焦躁起来。他指挥大队，退到平旷之处，亲自去迎战王弼。王弼红着双眼看张士诚冲了过来，知不能轻视，急忙挥起双刀来迎，两人你来我往，刀戟相撞，吼喊相连，左杀右挡，十几回合，难解难分。

王弼带的三百骑兵，也被张军分割开来。

"张士诚！我二十万大军围你水泄不通，还不下马受降？"情急中，王弼大吼一声。

"你小毛孩，竟如此放肆，还不赶快放本王过路，否则要你头颅！"

张士诚咬牙切齿，催马挺戈而来。

王弼打了个激灵。

张士诚顺势刺过一枪。

王弼一闪，双刀架了上去。

这里毕竟是王弼的驻地，一队队朱军，从四面八方纷杀而来，不大一会儿，也聚拢起上万人马。

山麓河谷，平旷之处，无不刀光剑影，厮杀拼斗，喊声震天。

突然，不知谁喊了一声："报告我王，常遇春率大队人马从侧翼杀了过来。"

对常遇春这名勇将，张士诚当然是知道的，"看来这围是绝对难已突得出去了。"他一边招架王弼的双刀，一边想着。

可是回头一看，自己身边除了"十条龙"外，不等下令，大队人马已自动向后溃逃而去。

是啊！这会儿谁还有心思硬拼，四面被围，等着挨打，一等八个月之久，将士个个无不沮丧，垂头丧气，上下相怨。

谁都知道是凶多吉少了。

张士诚的整个军队，在心理上对于这场守城决战已失去了承受能力，可以说一触即溃。

而朱元璋之各路军士，则再也憋不住了，一直等了八个月，早就求战欲火直冒，突然间有了机会，上下戮力，信心百倍，士气昂扬，一顿狂泻，个个英勇无比。

他们在心理上对这场浴血奋战之形势成竹在胸，就连普通士卒，也对战事胜负了如指掌。

雄师威壮！

张士诚由"十条龙"保护着，夹在乱军中奔跑，眼看到了城边，却被连人带马挤进了沙盆潭。"十条龙"忠心耿耿，看到大王落水，下意识地一齐下去救主。

谁知这十人原来是陆上大盗，不识水性，加之个个身着银质铠甲，这东西沉甸甸的，可以抵挡枪矛，但到水中却成了累赘。刚一下水，就知思考不周，忙呼救命。但却来不及了，怎么哭喊也没有用，到这时谁还有心思去救人。

结果，"十条龙"淹死了九条。

倒是张士诚自幼在海边贩盐，游泳不成问题，自己挣扎着爬了上来。城中守军，在张士诚女婿潘元绍率领下，出城接应，才把张士诚救了回来。

这一仗，张士诚又损失三千多人，五百三十余匹战马。

张士诚病了。

他再也不想突围了。

又是对峙，不攻不突。

这天，军士报说，李伯昇门下的张国在城下要见大王。

这李伯昇，也是"十八骑"之一。他的父亲李行素，曾做过张士诚的丞相，后来因病死去。李伯昇与张士诚早年就有交情，又能征善战，所以张士诚派他去守湖州，结果被吕珍城下劝降。

"他来干什么？"张士诚现在也懒得多想，"放他进来。"

守城军士放下绳索筐子，把张国拉上城来。

张国进得王府，见张士诚卧在金丝床上，便行礼说道："小人张国，代主李伯昇叩请大王万福全安。"

"哼！"张士诚冷笑一声，"你家主人，这次出尽风头，享尽天下荣华富贵了吧！"

谁知那张国却不示弱，爬起来即正色道："大王如此说来，真是对李伯昇天大的屈冤。若论荣华富贵，我家老主人在大王殿前居丞相，小主人李伯昇也官封司徒，再富贵也莫过于此吧！难道他去朱元璋帐下还能高于此不成？只是湖州被困，吕珍将军在旧馆失机，降了朱军，并亲自在大军压境的情况下来到湖州城下，劝说我主人投降。那时，我主人看到敌我悬殊太大，战之不胜，降亦不可，只好拔剑自刎。幸得左右护卫，才得不死。为保全三万将士和满城百姓的性命，经再三考虑，才含泪吩咐，挂上白旗。大王，李伯昇之降，实是不得已啊！"

见张士诚默不作声，张国继续说："其实成败胜负，自有天数。想那楚霸王项羽，当年何等威势，百战百胜，结果死在垓下，天下归汉所有。为什么？用项羽自己的话说：'此天之亡我，非战之罪也！'"

张国见张士诚似乎并未反对，而且身子侧坐起来，吩咐侍卫倒茶，知自己的话已起了作用，便呷了一口茶继续说道："想大王当初，一十八骑入泰州，占据高邮，被百万元军包围，且夕就会灭亡，但突然元兵溃退，你以孤军乘胜攻击，东据三吴，占地千里，甲士数

十万，面南称王，不正是当年的项羽？可今天，难道不与天数有关吗？"

停了一下，又接着说："这只是其一。还有，如果你在那时不忘高邮之艰难，苦心经营，招收豪杰，按他们的才能分别授以职务，安抚百姓，训练军队，使用将帅，有功者赏，无功者罚，做到号令严明，百姓乐于归附，那么，不但三吴可保，天下亦不是不可取得。"

张士诚越听越觉这张国说得有理，但事已至此，追悔又有何益，不禁说道："足下当时不说，现在再说有什么用呢？"

张国苦笑道："即使当时想说，可你怎能听得到呢？那时公门如海，甲戈森严，怎容小人涉足。而罗列于大王前后左右的子弟亲眷，将帅朋友，又怎许小人说这种逆耳之言。他们终日里美女玉食，只图享乐，朝朝宴会，夜夜笙歌，带兵的自比为韩信、吴起，谋划的自认为诸葛再世，骄傲自负，不可一世，以为天下不再有什么人才。当此之时，你深居内殿，军队失败不知，丢失土地不闻，即使知道了也不追究他们的责任，因此，才会落到今天之地步。"

张士诚只能艰难地点点头，叹息说："事到如今，不必再说了。李伯昇派足下来此，为了何事，你就直叙吧！"

"大王，事已如此，人事也难挽回，所以李伯昇派小人来向大王奉禀，有一计不知当不当讲。"

"无非一死，有什么不可讲的。"

张国说："如果对国家、子孙有利，死是应当的，否则的话，不过自讨苦吃。而且你也知陈友谅之事，他以精兵百万与江左之兵在鄱阳湖交战，陈友谅想用火烧江左的船，天变了风向反过来烧他的船，结果兵败丧命。为什么？天命在，人力是没有办法改变的。现在你依赖湖州援助，湖州丢了；依赖嘉兴，嘉兴丢了；又依赖杭州，杭州也陷了。只守这一块土地，拼死抵抗，我担心形势坏到极点灾祸就会发生，内部会有变化。那时，你求死不得，又以何计？因此，我为你着想，不如顺应天意，自己寻求好的结果，派遣使者，迅速前往应天，与朱元璋讲和，打开城门，幅巾束发等待命令，不失为万户侯。"

张士诚又一阵沉默。

张国又小声说:"陈友谅的儿子陈理,已被朱公封为归德侯,母亲兄弟,俱得保全。这便如赌博一般,有得也有失,大王十四年前,原也不曾想有今天……"

"足下且休息,待我好好想一想。"张士诚说。

张国退下。

第二天,张士诚的回答是再次突围,这天,他把夫人刘氏及二三十位嫔妃、百十名丫鬟等全集中起来,慨然叹道:"庭前秋艳百佳婴,后宫春娇千花嫔也!今日胜况,惜不再有。"

刘夫人道:"吾王经节忧烦,保重身体。"

张士诚说:"日前城紧,朱元璋必亡之心甘,我败且死矣,尔们何为?"

刘夫人道:"吾王勿忧,妾生是王人,死为王鬼,绝不负君。"

张士诚对天长叹,挥手自己而去。

第三天,初七,张士诚倾全城之兵力突击胥门,决心与朱元璋围城之军决一死战。

这时,徐达已得到了李伯昇转述的张国劝降经过,知张士诚决心抵抗到底,但亦知其心境败矣,下令坚决予以还击。常遇春迎前堵截,谁知张士诚弟张士信在城楼上督战,忽大呼一声:"军士疲劳,且退。"遂鸣金收兵。常遇春借势追之,大破敌阵。

徐达见张士诚坚不肯降,反而出战,大怒,令四十八卫将士围城,每一卫都置襄阳大炮五座,以及大小火铳,彻夜发射,城中士卒、百姓一片惶恐。几十路大军,如潮水般向平江城冲击。一波下去,一波又至。炮火连天,杀声阵阵。张士诚率心腹将领,日夜守卫迎战。突然,一炮飞来,把正在城墙上吃饭的张士信脑袋炸得粉碎。张士诚兄弟几人,现在只剩下他独自一个了。他的老倔劲又上来了,宁死不屈。城上的防守器材用光了,便下令拆毁庙宇和民居,把木头和石块搬上城去,当作武器。两军苦战两天两夜,徐达终于攻进了葑

203

门，常遇春和汤和也从阊门攻入，守将、也是张士诚女婿的潘元绍投降。张士诚组织残兵进行巷战，谁知瞬间自己身边只剩下几十名亲兵勇胜军，其他将士皆无人为之卖命了。

直到这时，这位显赫一时的王者才长叹一声，不得不承认自己的末日到了。

这时张士诚的后宫突然起了大火，只听一片鬼哭狼嚎，闻而心悸。原来，张夫人刘氏，把张士诚的群妾、侍女统统赶到齐云楼上，放火全部烧死，自己亦自缢而亡。

张士诚赶到宫中一看，点了点头，换上冠冕龙袍，找一根丝带拴在大梁上正想结束自己这难以定论的一生，被徐达派人救下。他却紧闭双眼，不发一言。被朱军用船送往应天，亦不言不食。一夜，张士诚乘守卫不备，终于悬梁自尽了。

张士诚于至正十三年起义，称诚王。十七年降元，任太尉。到二十三年，又自立为吴王，人称"东吴王"。至此覆灭，前后不足十五年。

南征北伐

张士诚灭亡，对朱元璋来说，无疑是个决定性的胜利。

但这还不够。

刘基与朱元璋制定的"征讨大计"，在于夺取全部国土，当一个一统天下的真命天子。

因此，夺得平江的同时，刘基就已着手策划对南方方国珍及岭南诸残敌之收复事宜。

这方国珍，为保生存，四方伸手，八面玲珑，也真活得不容易。早在刘基为元朝廷任职时，就多方打击，复反又降，买官保地，先为衢州路总管，至正十六年三月，元朝廷又任命他为海道漕运万户。至正十九年三月，朱元璋遣使诏谕，方国珍与其部下谋计道："方今元运将终，豪杰并起。惟江左号令严明，所向无敌，今又东下婺州，恐不能抗；况与我为敌者，西有张士诚，南有陈友谅，莫若姑示顺从，藉为声援，以观其变。"遂降朱元璋。但是，方国珍后来又与元朝廷相通，元朝当时正因中原久乱，江南海漕长期不通，京师屡苦饥馑，乃乘察罕克复汴梁之时，遣使以张士诚供粮，方国珍备舟海运，以济京师，并授方国珍为江浙行省平章政事以羁縻。至正二十六年，方国珍凭借元朝廷对他屡屡加官晋爵，就骄横不顺从朱元璋的命令，但又害怕朱元璋的威势，许愿"杭城下，即纳地来朝，献予三郡"。但朱元璋于至正二十六年十一月攻下杭州后，方国珍始终未交出所占领的地盘，答应每年向朱元璋缴纳钱币，也从未见缴纳丝毫。朱元璋多次派人去责问，方国珍总是阳奉阴违，表面答应，实际拒绝。

朱元璋当时集中全力攻张士诚，无暇兼顾，只愤愤地说："姑且先把方国珍放在一边，等我平定了平江，他想使用我的年号已经晚了。"

至正二十七年三月，方国珍明知张士诚困守平江，江南大势已去，还是想投机取巧，非但不"纳土来归"，反而北通库库帖木儿，南交陈友定，并日夜搜集珍宝，修治船只，准备不测时全家逃奔大海。

这时，刘基认为不能再让其继续发展下去了，建议吴王采取果断措施予以征服。

朱元璋当即遣使要方国珍贡粮二十三万石，并写信责之："克杭有日，何负其约如故也？""尔早改过归顺，犹可保其富贵。不然，为偷生之计，窜入海岛，吾恐子女玉帛反为尔累，舟中自生敌国，徒为豪杰所笑也。"

方国珍接信之后，甚为恐惧，召集兄弟、侄子和将领商量对策。

郎中张本仁认为："苏州尚未攻下，徒安能越千里而取我！"表示不可信。

刘庸则曰："江左兵多步骑，其如吾海舟何！"表示不必担心，朱元璋对我们海船没有办法。

刘伯温传

方国珍的家人大多同意他们的分析。

但有一人却十分明白，这人就是丘楠，他说："二人所言，非公福也。有智才可以做出决定，有信才可以保全国家，有直才可以用兵。可你经营浙东有十余年，犹豫拖拉，不能早做打算，谈不上智；既同意投降，又加以背叛，谈不上信；我们实际上有对不起人家的地方，谈不上直。对方征讨是有理由的，不如俯在地上听候命令，还或许能得谅解。"

但方国珍却不悟。

朱元璋按刘基之意，决定用兵。

九月，朱亮祖进军屯新昌，遣军攻关岭山寨，克之。

接着又取天台，直逼台州。方国珍之弟方国瑛出战，被朱亮祖击败。台州陷后，方国瑛乘巨舰急匆匆入海逃走。

十月，朱元璋又命平章汤和为征南将军，都督府金事吴祯为副将，进兵攻方国珍于庆元。同时，朱亮祖又自黄岩攻温州，方国珍之子方明善引兵拒战，被朱亮祖击败，夺其太平寨，追至城下，分兵攻其东西两门，即日便破，方明善逃遁。

汤和又攻下庆元、定海、慈溪等县，方国珍逃至海上，又遇廖永忠，一阵攻击，方国珍终不能敌，觉得这次彻底输了。无奈，遂于十二月派其郎中承广、员外郎陈永到汤和军中请降。又派儿子方明善、方明则和侄子方明巩等交上省、院等印章，并呈上降表，曰：

臣闻天无所不覆，地无所不载。王者体天法地，于人无所不容。臣荷主人覆载之德旧矣，不敢自绝于天地，故一陈愚衷。臣本庸才，遭时多故，起身海岛，非有父兄相藉之力，又非有帝制自为之心。方主上霆击电掣，至于婺州，臣愚即遣子入侍，固已知主上有今日矣，将以日月之末光，望雨露之余润。而主上推诚布公，俾守乡郡，如故吴越事。臣尊奉条约，不敢妄生节目。子姓不戒，潜构衅端，猥劳问罪之师，私心战兢，用是俾守者出迎。然而未免浮海，何也？孝子之于亲，小杖则受，大杖则走，臣子情事适于此类。即欲面缚待罪阙廷，复恐婴斧钺之诛，使天下后世不知臣得罪之深，将谓主上不能容臣，岂不累天地大德哉。

这次方国珍动了真的。

这是他闯南为寇以来唯一的一次真情实意地投降。

也是最后一次。

朱元璋看过降书，亦不能不说："孰谓方氏无人耶！"

这方国珍于至正八年十一月，起兵海上，割据于温、台、庆元沿海三地，到为吴王所灭，共为时一十九年。

由于刘基对灭方国珍一以贯之，以致民间传说中对刘基在朱元璋剿灭方国珍的作战过程中所做的贡献，颇有些神话色彩，但从中却可以看出刘基之作用是巨大的。最有代表性的，是"巧设'诸葛碑'"的传说。

当时，朱元璋派大将朱亮祖为先锋，率十万大军，攻打割据浙东的方国珍。进兵之后，一路势不可当，直抵台州城下。

台州是古时兵家必争之地，西南临江，西北环山，城高墙厚，并且筑有两道城门，进可以攻，退可以守，十分险要。朱亮祖攻了十天，还是破不了它，只好退守十里，寻找对策。

由于方国珍一再与元朝廷勾结，大肆搜刮财物，做了不少坏事，老百姓对他早就恨之入骨。一些起义军的首领纷纷向朱元璋献计献策，认为要攻下台州城，一定要借西乡武举子的兵力才行。朱元璋觉得有些道理，强龙压不过地头蛇嘛！便与谋臣武将商议，如何才能借助武举子的力量。

原来，台州西乡有一家姓武的大户，户主曾参加过京都校场比武，虽未做官，但名气不小，人称"武举子"。这武举子个性倔强，有一支看家军，个个能飞檐走壁，武艺高强。当时群雄割据，天下大乱，他也自垒高墙，占山为寨，不愿与人合作。但此人有个明显特

点，就是非常相信神鬼卜筮，只要是天地神鬼的旨意，他就会俯首听命。

朱元璋向浙东进兵后，风声一日紧似一日，武举子每天派兵丁在山庄前后巡逻，检查来往行人。

一天，兵丁们在庄后山坡上发现一个穿道袍的怪人，行动鬼鬼祟祟，好像在寻找什么东西。

兵丁们悄悄上去，把那人抓了起来，马上押到武举子面前。

"喂！你是朱元璋的奸细还是元兵的奸细，赶快从实说来，不然，别怪我武某不客气！"武举子审道。

那人毫不在意，笑了笑说："庄主，我是四川峨眉山来的风水先生，俗号峨眉山人。为了寻找一条真龙，跋山涉水，已经历时三年又三个月了！"

武举子一听此乃峨眉山来寻找真龙的人，不敢怠慢，急忙让座递茶，笑脸相迎。自己多年来一直在请人查看风水，寻找龙穴宝地，好安葬祖、父两辈灵柩，今天正好。

但他又不能轻信，便用各种有关风水的行话对其考验。谁知这峨眉山人上知天文，下知阴阳，无所不晓，面对武举子的盘问，侃侃而谈，对答如流。

武举子确信这是一位功力深厚的风水先生，便问道："先生寻找真龙，不知来到武某境界有何贵干？"

"不瞒庄主，我苦苦寻找，翻山涉水，可找来找去，原来这真龙就伏在你家后山金印石的左面。"

"啊！真有此事？"

武举子庄园后山坡上，确有一块巨石，那形状就像元帅帐桌上的金印，人们常称"金印石"。

峨眉山人道："不出帝王，也必然位在将帅之列。"

"那什么时候下葬最为吉利？"

"吉期不远，就在眼下八月九日。"

真是踏破铁鞋无觅处，得来全不费功夫。武举子大喜。立即传下话去，第二天破土安葬两辈先人，大摆酒席，为峨眉山人接风洗尘。

第二天，这峨眉山人手捧罗盘，在金印石的左边，仔细测定了"龙穴"的方位，并禀告武举子：破土时辰，宜在当夜亥时三刻。

半夜，后山火把高耀，如同白昼。众家丁沐浴更衣，焚香破土。当刨到一尺多深时，突然发现下面埋着一物，硬如金石，咚咚有声。挖起一看，原来是块石碑。碑上字迹已经十分模糊，经仔细辨认，判定石碑正面刻着"真龙之穴"四个篆书，其背面刻有两行隶书阴文，"天灵灵，地灵灵。碑石出，日月明。一元亡，一元兴。言未卜，汉家臣。"

武举子一见此碑，心中狐疑。他担心这"龙穴"已被他人所破，如果把祖先骨殖草草安葬下去，谁知吉凶祸福？急请峨眉山人快来解释这块石碑的来历。

谁知峨眉山人过来一看，抚着石碑满脸春风地对武举子说："庄主，这是你家祖上积德，果然时来运转了。"

武举子忙问："山人此话怎讲？"

"你看，"山人接着"汉家臣"三个字说，"庄主，这石碑是一千多年前蜀汉丞相诸葛亮埋下的，他预言一千年后，元朝覆灭，元璋兴起。"

武举子心中一惊，"怎么？元璋兴起？"

"对啊！庄主细析，这'一元亡'，是指元朝廷灭亡；这'一元兴'，是指朱元璋兴起。庄主如若在此安葬祖先骨殖，又乘机归附朱元璋，必将大事成也，少说也能获得将帅之职、相国之位呢！"

武举子本来对这峨眉山人竟然如此准确地测出石碑之地佩服不已，现在则越听越入迷，越听越相信，便一面连夜安葬祖先骨殖，一面派人与朱元璋取得联系，商定合力攻城。两路人马一到，武举子的家兵便显出身手，高大城墙根本不在话下，个个如凌燕腾空，翻墙而上，台州很快被打下来。后来，武举子屡立战功，果真当了朱元璋的将军。这峨眉山人是谁？当然是朱元璋的军师刘基也。

他知道武举子迷信神鬼卜筮，便预先在后山坡上，暗埋一块用泥浆水煮的仿古石碑，借用诸葛亮未卜先知的千古盛名，终于使武举子钻进网中，为朱元璋灭方国珍立下了战功。

这时，又传来了福建前线战况捷报，朱元璋喜事不断。

福州乃为陈友定盘踞，陈友定是福建清州人，性沉勇，喜游侠，救急行义，获得乡邻喜爱和佩服。开始时为元朝廷一个驿站的士卒，由于喜爱谈论军事，被元汀州院判蔡公安看中，授黄土寨巡金，在讨伐延平（今南平市）、邵武的造反群众中作战勇敢，立了战功，得县令职。至正十九年，陈友谅遣兵扩大地盘，侵陷邵武、汀州及延平诸郡县，闽地震动。陈友定作为总管率兵反击，大破陈友谅侵军，遂升任行省参政。至正二十一年，陈友谅属将邓克明再次进犯汀州，陈友定再破之，又升行省左。于是，陈友定兵势日盛，诸事自专，元朝廷委派的行省平章燕只不花徒有虚位。二十五年二月，陈友定竟入侵朱元璋之处州，朱军将领胡琛坚决予以反击，乘胜攻克松溪，并请朱元璋发兵铅山、杉关、建昌三路进攻，以取八闽。朱元璋听其言，遂分兵三路进击。五六两月，朱军连克浦城、崇安、建阳，正准备攻取建宁，但在攻城的时候，胡琛被闽建宁守将阮德柔内外夹击所擒，朱元璋军败，胡琛被杀。元朝廷以陈友定有功，升任其为福建行省平章政事，兼守八闽。

在灭方国珍的同时，朱元璋三路兵马同时出动，攻取陈友定。一路命中书省平章胡美为征南将军、江西行省左丞何文辉为副将军，以湖广参政戴德随征率师自江西入闽。一路由征南将军汤和率领，在灭方之后，率舟师自明州海道乘船取攻福州。另一路则由李文忠率师，进入福建。

十一月三十日，胡美率兵渡松关，略光泽下之。陈友定闻后，即令其同金赖正孙、副枢谢英辅、院判邓益以二万众守福州，自率精兵守延平，相为掎角之势，以拒朱元璋军队。

十二月初至中旬，朱元璋三路大军齐进，先后攻克邵武、建阳、分水岭和崇安等地，准备进攻福州。

福州城守甚坚，陈友定在城外环域垒筑许多堡垒，每五十步便筑一台，多置滚木礌石，严兵阵守。

汤和军队驻扎于南台河口，派人进入福州城招降，谁知元朝平章库春竟然杀了使者，并率军出南门迎战，汤和派谢德成将其击溃，库春逃入城中拒守。

这天夜里，守城的陈友定参政袁仁知道拒守不住，便秘密派人与汤和取得联系，汤和军乘势通过高台蜂拥登城而上，邓益抵抗不住，战死城亡。

接着，汤和率军围住了延平，隔河摆下战阵，准备活捉陈友定，以平八闽之地。

朱元璋就是在这时得到战报的，眼看福建被平，广西、广东亦捷报频传，朱元璋心里能不乐开花吗？后来，汤和终于力克延平，生擒陈友定，消除了朱元璋在福建的最后一个屏障，这里不作细表。

这时，朱元璋动了当皇帝成真龙的心思。

刘基看出来了。

但却不这样着急。

当朱元璋召其入宫时，他就想必须在这位吴王道出自己的想法前办成一件大事，然后，再议登基之事。

进得宫门，刘基先张其口："吾王召基进宫，可是要商议北伐之事？"

"噢！先生怎有这等想法？"朱元璋有些吃惊。

"是的。当前军中将帅、官府臣僚上劝进表者，络绎不绝。吾王登基称帝，顺天顺民，势不可当。"

"那先生如何要提北伐之事？且中原势大，根深蒂固，举兵伐之谈何容易。"

"元朝廷气数尽矣！我军所向披靡，一往无前。顺帝淫逸，臣下跳梁，党争不休，土地日减，其势若履冰霜也，大军一到，必如破竹。"

刘伯温传

朱元璋迟疑道:"若要北伐,吾当亲征。"

刘基说:"大可不必耶!"

见朱元璋并未理解自己的意思,刘基接着说:"吾王细想,称帝不比为王。天子之谓,人之极也!总揽天下,一世之主,不可再如前轻易亲率出征。但是,并非不再征战。眼下天下未平,元朝廷苟延残喘,吾王可在登基之前,发师北伐,平定中原。如此既可以乘胜出击,再示军威,鼓舞士气,又可以防止将士产生太平享乐思想,保持队伍英勇善战之锐气,何乐而不为乎?!"

朱元璋说:"先生乃天下第一谋士,元璋得之,一生之福也。那么,依先生之见,应派谁挂帅出征?"

刘基道:"北伐之战,乃定天下之战,非一般将帅所能胜任。依基之见,徐达跟随吾王,一生征战,用兵持重,军纪严明,无往不胜,且不擅做主,听于王命,令行禁止,可委以重任,主率全军。常遇春英勇善战,身先士卒,冲锋陷阵,所向披靡,任之以副元帅,必能助徐达一臂之力。但其易于轻敌,应予以约束告诫,如临大敌,可以其为先锋,与参将冯胜分左右之翼,合集精锐以攻之。右丞薛显、骁将傅友德勇冠诸军,乃各领一军,使当一面。徐达专主中军,责任是运筹决胜,策励诸将,不可轻动。"

"先生知人善任,元璋就此予以决断。"

顺帝的丧钟敲响了。

刘基对朱元璋从善如流的气质再次有了切身之体会。

非真命天子,必无其气魄。此人气如长虹,乃天命之所归也。

天子之言

金秋十月,风和日丽。

太阳放射出耀眼的光芒。

朱元璋端坐王位，仪态威严。

征虏大将军徐达、副将军常遇春披甲跨马，英姿勃勃地立于二十五万大军前列。

右相国李善长代吴王朱元璋宣读由刘基提议、经文豪宋濂手书、几位谋臣将帅反复琢磨修改的告北方官民檄文。

这篇檄文，既道出了天命在身的不可违逆之题，又揭露了元朝廷的腐败不可救药之势；既表明朱元璋要"驱逐胡虏，恢复中华"的雄心壮志，号召北方广大人民奋起反抗民族压迫，解放自己，又反映了他要"立纲陈纪，救济斯民"的建国方针，要"恭承天命"，恢复秩序，使百姓安定，国家统一；既是朱元璋起义造反，征讨群雄、独霸天下的壮举总结，又是他为王称帝，未来发展的归宿。

读毕，礼乐长鸣，战鼓催征，战旗猎猎，威武雄壮。

目送完出征的将士，朱元璋心情异常高兴，乐呵呵地要刘基去看新修的应天府宫殿。

这是刘基又一杰作。

虽不同于战场计谋策划，但不次于一场你死我活之血肉较量。

既有胆略，又有才能。

既利于眼前，又计于长远。

既为一国，又为一人。

早在至正二十六年，淮东平定，准备讨伐张士诚腹地之时，一天刘基随朱元璋下棋结束，两人沿吴王府散步，此时刘基感到时机很好，便说出了自己这几天一直思考的一个问题。

"吾王不知考虑与否，到了该修建一座帝都之时了。"

"噢？天下未平，先生怎出此言？"朱元璋问道。

"以基看来，徐达大军已克高邮，淮东诸军指日可下，平张士诚期在眼前。"

"南北均执于人手，元璋不敢忘记诸位以前的劝解。"

"吾王可知，凡事宜早做准备，且张士诚既平，南方不需半年即可

得手。"

是啊,登基称帝,不是一件小事。两年前,即至正二十四年,陈友谅被灭之后,以李善长、徐达、刘基、宋濂等为首的百官就上表朱元璋称帝,但当时朱元璋认为时机不到,说:"戎马未息,疮痍未苏,人心未定,如匆忙自称帝王,恐条件不成熟,等天下大定以后,实行不晚。"最后,即了吴王位。当时不称帝是正确的,至少说是朱元璋的真实想法。

那么现在呢?刘基几天来都在想,群雄基本上按照自己为朱元璋的安排,已一个个除去,朱元璋的心思越来越明确了,拥帝建国的日期越来越迫切,如若不早做准备,措手不及。

这是刘基等人的责任。

他要走在王之前面,才能担当起辅佐之责。

"江北呢?先生总不会忘记,与我争夺的'真主'乃在北方。"朱元璋又问。

"北方气数已尽,攻之如摧枯拉朽,不会艰难如灭陈平张矣。"

"王府存身,有何不妥否?"

"吾王有数,此宫乃是元朝廷南御史台所在地,虽经修缮,实嫌狭小,有阻王气升腾也!"

"啊!依先生之见,这宫非修不成?"朱元璋做梦都想当皇帝,挡住王气怎么能行,一下子来了兴趣。

其实,刘基道出了这位"王者"心中所想。

朱元璋早就感到既做吴王,应有吴宫。这王城地域确是小了一些,有时想搞点大型庆功酒宴都显拥挤,何况将来统一天下后,下诏遣使也不大方便。

可是他自己又不好言传。

刘基看到了这一点,他接着说:"且不说这王城之简陋,外边的城垣,虽然西北临大江,东尽白下门,但距钟山较远,王气续之艰难,既无多大气势,也显不大安全。"

"先生看以何治之?"

"可筑一新城,直抵钟山,以成千秋大业。"

朱元璋同意了。

李善长等人亦表示赞同。

于是,朱元璋命太史令刘基负责勘察地形,主管此项事关重大的艰巨工程。

知人善任。

他知刘基能担当起这件事。

只有刘基才能既赤胆忠心,又深谋远虑地去完成朱元璋的嘱托。

刘基没有辜负朱元璋。

一连三天,刘基迎着晨曲出门,踏着月色入室,骑着那棕褐色的大马,踏遍应天府内外大街小巷,四处察看,从山峦走势、江河流向,到地面高低、村居稀稠,各种地形,都一一看过。经精心比较,仔细斟酌,终于,他发现了一块宝地燕尾湖。

此湖在旧城东部,距离白下门约二里多路,东北紧倚钟山,地面开阔,气势磅礴,占尽了钟山之阳,周围绵亘五十余里。

建帝都于湖上,可否?

阴阳五行曰:水生木。朱元璋乃命属木质,这是刘基早就卜算过的。

哪有比这更合适的宫殿之址矣!

彻夜奋战,刘基将所绘图纸呈与朱元璋及诸文官武将审议并实地勘察同意后,选定督工人选,筹备建筑材料,择日开工,自然辛苦了一大阵子。

现在,朱元璋要亲临即将竣工的新城视察了,刘基的心情当然是激动的。

朱元璋一行来到帝都跟前,只见一派郁郁葱葱,前后树木成林,苍松翠绿。城墙为方,四角角楼耸立,城外二十步为护城河,流水清澈见底,金鱼缓缓而游。进得城门,宫殿气魄宏大,规模如唐之法

度，前为三进大殿，名为奉天殿、华盖殿、谨身殿，后有乾清宫、坤宁宫。两侧是六宫排列，又设文华阁、武英楼。坤宁宫后为御花园，假山流泉，遍植奇花异草。城内各殿各宫皆有墙围隔之，自成一体，高墙重门。外城之墙尤其高峻，上铺琉璃瓦盖，其厚四尺，内为砖石，外为紫泥。环绕皇城共有四门，南曰午门，东曰东华门，西曰西华门，北曰玄武门。

新城之楼皆依宫殿之轴线而建，整齐有序，既适禁卫之营，又适民居叫卖，一派新鲜清晰之感。

朱元璋越看越高兴，越走越得意，不禁感慨道："此墙如铜浇铁铸，伟而高大，我看谁能一试跃过？"

"除非燕子飞人。"

一语道破天机。

这番话当然是一种传说。朱元璋身后，太子朱标早夭，太孙朱允炆登基，燕王朱棣夺位，建朝永乐。因之人们相传，谙识天机的刘基在朱元璋生前就卜算出了之后天下之变，不能不说是一种崇拜之心了。

朱元璋却未理解其含义。

否则，这位帝王就不会在登基之后分封诸王，造成后来的血腥风雨。

刘基随着朱元璋来到一大殿内，朱元璋看到雕梁画柱，非常讲究，便忘了自己的身份，无不得意忘形地对刘基道："昔日方丘湖行动，谁知弄假成真，看来真的要坐金銮殿了。嘿嘿！"

刘基只能苦笑，这可不是天子之言啊！

刘基只好"嗯嗯啊啊"了事。

这使朱元璋猛醒，马上要做皇帝了，金口玉言，说一不二，怎能信口胡扯，传出去岂不有失体统！于是抬头张望，忽然发现一个人正在梁上刷漆，大吃一惊，大喝一声："什么人在上边，是盗是贼快与本王拿下！"

刘基一听急了，这朱元璋要杀人灭口。

"他是个哑巴！"刘基急中生智，既告诉朱元璋此人听不见，又暗示梁上之人若不装哑，死在眼前。

"你怎么知道。"朱元璋急问。

"我是吾王任命之总监工啊！"

朱元璋一想也是，刘基趁他不注意，又用嘴手给这位漆工打了一个手势。

那漆工心领神会，立即"哧溜"一下滑在了地上，扑下身子便下跪叩头，又用手指指刘基的帽子，做个往自己头上戴的样子。

朱元璋不懂，视问刘基，"哑巴要做什么？"

"吾王，他在讨封啊。"

朱元璋笑道："一个没嘴的人，心还不小咧！"

刘基道："人往高处走么，这哑巴万人之中能荣幸与吾王见面，怎忍空空而归？"

朱元璋本想杀人灭口，如今凶气全无，且饶有兴趣地脱口而出："那就封他个'没嘴王'吧！"

那油漆工听了，心中惊气早消，但又不能不装出听不见的样子，双眼直瞪，又三伏叩头。刘基见状，忍俊不禁，只得低下身子，先竖起大拇指，比作朱元璋，又用食指，比作哑巴，告诉他："你在一人之下，众人之上啊。"

"哑巴"会意，连忙又向朱元璋叩了三个响头，然后从地下爬起，高兴得一蹦三跳地跑出了宫殿。

朱元璋、刘基同时露出了满意的笑容。

开国大明

至正二十八年，正月，初四。

大明王朝开国的日子到了。

历史记下了这一光辉之日。

这是刘基为朱元璋选择的黄道吉日。

原来，众百官三劝三辞，进表朱元璋"应天顺人，宜正大君之宝位"，"早定尊称"，朱元璋眼见一统在望，怎能不急于过皇帝瘾。但他还要借助天意，以使臣民大众知道这个新帝不是自封的，乃是"替天行道"，便找刘基商量道："现百官拥戴，再三恳请登基正位，但眼下雨雪连绵，天气阴沉，昏天暗地，怎能举行大典？还请先生能够选出吉日才是。"

刘基对天文、气象有很深的造诣。早在元朝做高安县丞时，他就结识了进贤人邓祥甫。邓学识广博，对天文很有研究，家中藏书也颇为丰富，刘基经常与他谈论天文地理方面的问题。邓钦佩刘基孜孜不倦的治学精神和其对天象的独特见解，就将自己的全部藏书送给了刘基。因此，刘基得以在天文、地理方面有了更深入的研究，并利用与朱元璋征战的空闲，著写出了《天文秘略》《观象玩占》《白猿经风雨占候》等一系列著作论述。他明白，朱元璋要选择天气来附会天意，于是便甲乙丙丁、子丑寅卯地算了起来。这时已到年底，刘基想登基大典关系重大，不能推得太远，否则天气选得不准，可要出大祸。他便根据近日自己对天象的观测、风向的研究，告诉朱元璋："就选在明年正月初四吧！"接着又解释道："这时三天大年已过，万里晴朗，举行登基大礼，年庆接朝庆，百姓格外欢乐，鼓舞人心士气。"

朱元璋听了欢喜非常，但他还有点不放心，又叮嘱："这个日子我需向上皇禀告，先生可要择准啊！"

刘基道："吾王放心，吾王能有今日，本来就是天神上皇的意思，岂会有错！"

于是，朱元璋向上皇告祭："诸臣下要我尊称帝号，我不敢推辞，亦不敢不敬告上皇。现定于明年正月初四举行登基大礼，如上皇应准，就在四日这天给一个晴朗的好天气；若不应准，便给个坏天气，好让我知上皇之意，以择进退。"

诸大臣闻之，大吃一惊，不禁埋怨：怎能把话如此说死？万一天有不测风云，怎么是好呢？他们哪里知道这是刘基的一番谋算呢。

转眼到了预定之日，天宇澄清，风和日暖，氤氲香雾，上凝下霭，中星辉露。满城百姓，文武大臣无不交口称服："朱元璋果真是真龙天子转世，命中该做皇帝，连老天爷都显灵了。"

新建的应天府，遍街旌旗，张灯结彩。李善长令郭英率十万大军，新盔新甲，一律枣红大马，游于街中，显威报喜。

朱元璋在南郭祭祀天神地祇，即皇帝位。

天坛设在紫金山之南。

仪仗簇拥，银甲护卫，朱元璋神采奕奕，在诸公侯将相扶拥下登坛祭祀。

坛上列着皇天后土，日月星辰，风云雪雨，五犹四渎，名山大川之神，及伏羲三皇，少昊五帝，尧、舜、禹、汤圣君之位。

坛下鼓乐齐鸣。

朱元璋行八拜之礼。

太史馆弘文馆学士刘基读诵祭文：

维

大明洪武元年，岁次戊申，正月壬辰，朔越四日乙亥，天下大元帅皇帝臣朱，敢昭告于皇天后土，日月星辰，风云雷雨，天地神祇，历代圣君之灵。道：天地之威，加于四海。日月之明，昭于八方。云雷之势，万物感生。雨露之恩，万民咸仰。伏以天生民，俾以司牧，是以圣贤相承，继天极，抚临亿兆。尧、舜相禅，汤武吊伐；行虽不同，受物则一。今胡元乱世，宇宙洪荒，四海有蜂虿之忧，八方有蛇蝎之祸。群雄并起，使山河瓜分；寇盗齐生，致乾坤鼎沸。臣生于淮甸，起自濠梁。提三尺以聚英雄，统一派而救固苦。托天之德，驱一队以破肆毒之东吴；伏天之威，连千艘以诛枭雄之北汉。因苍生无主，为群臣所推，臣承天之基，即帝之位，悉为天

吏，以治万民。今改元洪武，国号大明。仰仗明威，扫尽中原，肃清华夏；使乾坤一统，万姓咸宁。沐浴虔诚，齐心仰告，专祈协赞，永克不承。

读毕，音乐交奏。

朱元璋与群臣设三十六拜。

之后，朱元璋引世子及诸王子、文武群臣，奉四代神主回城，送入太庙，追尊：

尊高祖考曰玄皇帝，庙号德祖。

曾祖考曰恒皇帝，庙号懿祖。

祖考曰裕皇帝，庙号熙祖。

皇考曰淳皇帝，庙号仁祖。

高祖妣玄圣太皇后，曾祖妣懿圣皇太后，祖妣裕圣皇太后，妣淳圣睿慈皇太后。

离开太庙，又至社稷坛行祭，祈祝风调雨顺，国泰民安，江山永保。

最后，朱元璋入奉天殿，衣龙袍，戴金冠，登上御座，上玉玺宝册，行追荐之礼，面南称孤。

李善长率百官及都城百姓代表，载歌载舞，山呼万岁，五拜三叩头毕。朱元璋宣读即位诏：

朕惟中国之君，自宋运既终，天命真人于沙漠入中国，为天下主。传及子孙，百有余年，今运亦终。海内土疆，豪杰纷争。朕本淮右庶民，荷上天眷顾，祖宗之灵，遂乘逐鹿之秋，致英贤于左右。凡两淮、两浙、江东、江西、湖湘汉沔、闽广山东及西南部诸郡蛮夷各处寇扰，屡命大将军与诸将校奋扬威武，已皆戡定，民安田里。

今文武大臣，有司众庶合辞劝进，尊朕为皇帝，以主黔黎，勉循众情，于吴二年正月初四日告祭天地于钟山之阳，即皇帝位于南郊。定有天下之号曰大明，以吴二年为洪武元年。是日恭诣太庙，追尊四代考妣为皇帝皇后，立太社太稷于京师。

布告天下，咸使闻知。

诏毕，命刘基奉宝册，立马氏马王后为皇后，封世子朱标为皇太子。

看到与自己患难与共的结发之妻立为皇后，朱元璋无不深情地说："朕念皇后，偕起布衣，同甘共苦。常从朕在军，自忍饥饿，曾把蒸饼藏怀中送朕。又因素为父所疑，皇后从中百般调停，百计庇护，得免于患。家中良妇，犹国之良相，未忍忘之。"

马氏则说："妾听说夫妻之间相互保护容易，但君臣之间相互保护却很难。望陛下今日正位之后，时当警惕，不要忘了与您共患难的群臣，以保长治久安之业。"

次日临朝，文武朝见，朱元璋进封功臣。李善长排首位，封为银青荣禄大夫、上柱国、录军国重事、中书左丞相、宣国公。

封徐达为中书右丞相，兼太子少傅，并封为信国公。

封常遇春为中书平章、军国重事，并封为鄂国公。

其余诸文臣武将，如李文忠、邓愈、汤和、沐英、郭英、冯胜、廖永忠、朱亮祖、陈友德等，皆一一封官加爵。

刘基仍然任太史令，又被封为御史台御史中丞，身兼数职。

原本朱元璋准备封刘基为右丞相、太子太傅，并封安国公。

刘基得讯，连忙推辞，并说："臣赋命浅薄，若受大爵，必折寿命。"

朱元璋道："先生乃为相之才，自随元璋起，就显示出常人难以比拟的学识与智慧，观察形势，判断发展，把握脉搏，抓住契机，见人所未见，发人所不能发，提出了一个个高人一等、常操胜算之计策谋略，为剪众雄，立下头功，是为大明基业之首辅，何不肯受职否？"

刘基说："剪灭群雄，乃陛下英明，将士勇敢，基为臣者，理应尽

心，功不敢当，辅之必须，还请陛下给基以该坐之位。"

朱元璋见刘基恳切，便又准备封其为御史大夫。

刘基还是不受，说："此职乃御史之长，基不能胜任。"

朱元璋以为刘基感到位轻，便说："御史台乃是立于中书省之外的监察机构，御史大夫，重同相国，历代有相缺位时，常以御史大夫升任，是谓要职也，望先生勿辞。"

"基非嫌其轻，实虑才薄不能当也。"

"莫非先生心有隐忧？"

"基不敢存隐。"

"那么，就请先生听元璋一言。自古打江山易，守江山则难。前者大战未歇，元璋即任先生太史令职亦是远虑而予的。国是重大，先生知之。元璋视先生，重在群臣之上，不独以先生有经纬天地之才，更以先生赤心无私，可为元璋监察百官。"

"基随陛下时间尚短，且功德不显，不足以服众也。"

刘基力辞再三，朱元璋只好任汤和为左御史大夫，邓愈任右御史大夫，任刘基为御史中丞，以章溢同为御史中丞辅之。

此时，北方未平，汤和与邓愈皆是战将，常年统兵在外，因此，御史台的事务其实仍是刘基来主持。

朱元璋当然对此是有数的。

其实，他亦不知刘基一再谦让的根本思想，在于自保平安，使朝臣之间和谐而团结。

这时，刘基却提出了另外一个问题，道："陛下重看臣基，不胜感恩，但臣还有一事启奏。"

朱元璋问："何事？"

刘基说："陛下既已称帝，乃是天子也，当以'朕'自谓。"

朱元璋问："先生何出此言？"

刘基再拜道："臣罪该万死。"

朱元璋上前将刘基扶起，执手而言："先生言重矣！元璋与先生，虽为君臣，实情同手足，自谓小事，何必拘泥？"

刘基道："陛下宠恩，臣不敢不愧领，但称谓之事非小也，请陛下准奏。"

朱元璋只好点头应允。

后来，刘基看到朝廷中处处一派祥和友爱气氛，大臣们无不忠心努力，相互谦让，各项国事有条有理；朱元璋勤于政事，又不专横，正是盛世景象，欣欣向荣，心中无比兴奋和安慰安慰。

洪武元年八月，传来胜利捷报，徐达军攻陷元朝的京城大都（今北京），元顺帝出逃。

刚称帝的朱元璋满心欢喜，亦对刘基这位杰出谋士的宏才大略而称赞不已。

原来，徐达、常遇春统大军北伐，其战略乃是按朱元璋与刘基的部署进行的。

当时，当朱元璋与刘基确定北伐战略后，朱元璋即召开军事会议，研究部署北征大计。此种做法，乃是朱元璋统率全军取得节节胜利的一种重要方法——发挥众将帅、谋士的聪明才智，让大家共同研究战略，出计定夺，明白行动主旨，集中力量实现目标。

朱元璋首先分析了当时的形势，问大家："山东则王宣反侧，河南则扩廓跋扈，关陇李思齐、张思道枭张猜忌。元祚将亡，中原涂炭。今将北伐，拯民于水火，何以决胜？"

常遇春等认为，如今南方已经平定，兵力绰绰有余。以我百战之师，直捣元朝京都，对付那惯于安逸享乐的兵士，举手之劳就能取胜，都城攻克后，我军势如破竹，乘胜长驱直入，其余的地方即可一鼓作气，全部攻克。

刘基则不同意，说："元朝廷据大都已近百年，其城必坚，如若遇敌，其守必益。我大军深入，必难速拔，粮草何以接济？再若拖延，四方之元兵必将驰而往援，势难获胜。古人有云：一招不慎，满盘皆输。此乃决胜华夏之役，不得有丝毫之懈怠。"

朱元璋同意刘基的意见，亦认为应先取山东，去其屏障，再移兵河南，破其藩篱，然后拔潼关，占领其门户，使元都孤立无援，可不战自破。最后大军西指云中、九原、关、陇席卷而下，北伐大军才能立于不败之地。

最后确定整个收复战略分为四步进行。

第一步：主力由江淮北上攻略山东，然后转兵进攻河南；攻占河南后，暂不西进，据伊洛潼关而守之，再发师北上。

第二步：主力由河南循御河经临清、长芦、通州攻元之大都（今北京），消灭元室或驱逐元势力于长城以北，然后据守长城险隘转取秦晋。

第三步：主力由大都南下攻略山西，消灭或驱逐库库之势力，再进军关中攻略陕甘消灭李思齐及张思道等之残余势力。

第四步：北征漠北。

这一正确战略方针的制定，加上北伐檄文的发布，对北伐胜利起到了巨大的作用，北伐军势如破竹，席卷中原大地。

洪武元年（1368）七月二十八日夜，北伐军逼近大都时，元顺帝带后妃、太子仓皇逃往元上都开平（今内蒙古正蓝旗东）。八月初二，徐达率军进入大都，正式宣告了统治中国九十八年的元朝的终结。

朱元璋统一了华夏地区。

需要考虑的是守业，如何让朱明皇朝传之千秋万世。

这亦是心膂谋士刘基的一个宏愿。

但历史法则无情，他深知这是不可能的。

第五章 良臣归隐

功成名就的刘基在天下太平之后，欣然拒绝高官厚禄，前车之鉴让他深知劳苦功高的下场，所以他选择了归田养老，但最后也未能逃脱，遭到迫害，一颗巨星从此陨落。

治世功高

公（指刘基）学足以探三才之奥，识足以达万物之情，气足以夺三军之帅，以是自许，卓然立于天地之间，不知自视与古之豪杰何如也。……皇上（指朱元璋）龙兴，幸以宏谟伟略，辅翼兴运，及定功行赏，疏土分封，遂膺五等之爵，与元勋大臣，丹书铁券联休共美于无穷，不其盛哉？

徐一夔《郁离子·序》

明朝开国，刘基的履历并不复杂。

1368年，朱元璋重建汉族政权，刘基任御史中丞。

同年八月，徐达攻入大都（今北京），刘基辞官归家。十一月，刘基被召还应天。

洪武三年（1370），朱元璋已统一中国北部，刘基被封为诚意伯。

洪武四年正月，刘基辞官还乡。

作为诚意伯，作为一朝重臣，刘基的睿智表现在许多方面，如奏立军卫法，倡"为政宽猛如循环"之论，论易相，定八股考试制度等。我们先看他所奏立的军卫法。

所谓军卫法，即卫所制度，每一个卫所在建制时都分配有军用农田。在汉唐时代，军屯是边防的重要因素，但在辽、金、元时代，主要靠民屯为军队提供给养。明代的军事体制借鉴了这两种传统，但又有别于其中任何一种。在卫所制度中，士兵有世袭的服兵役义务。他们单独立军籍，其中每家每户必须由每一代出一个丁壮服兵役，这就将世袭军官、世袭士兵与军屯结合起来了。其好处正如孟森《明清史讲义》中所说："民屯乃移民垦荒，固为足食之一事；军屯则既可不弃地利，又能使国无养兵之费，而兵有保卫地方之实。夫责兵以卫民，曰汝职务宜然，此以名义相责，非以身家之利害相共也。兵为无产之人，受甚薄之给养，而为有产之人做保障，其势不可必恃，来不知其所从，去不知其所向，此种雇请无根之人而假之以武器，习之以战阵，谓能使见利而不起盗心，见害而不思苟免，是以劳役待兵，而又以圣贤望兵也。人受田五十亩，兵有产矣；一家占为此籍，兵与地方相共矣，既无从出没为非，更不能恝视（无动于衷地看待）身家所在之地。"

卫所制度的特点是：平时把兵力分驻在各地方，战时才命将出师，将不专军，军不私将，军力全属于国家。大抵5600人为一卫，长官为指挥使，管辖五个千户所。每个千户所为1120人，长官为千户。千户所下分十个百户所，一个百户所为112人，长官为百户。百户所设总旗2个，每个总旗下设五个小旗，每个小旗为10人。都指挥使司是地方上的最高军事机构，全国卫所、都指挥使司皆统属于大都督府。大都督府掌军籍，是全国的最高军事机构，和都督府相配合的机关是兵部，长官为兵部尚书。都督府是统军机关，对军队无调遣权。每逢战时，则由兵部派遣的总兵官统率卫所军队出征。战事结束，总兵官缴回将印，军队归还卫所，这样，都督府、兵部、总兵官都不能专权，有助于加强和巩固皇权。

执政者管理国家，是严好还是宽好，对这个问题的回答应视具体情况而定，因时制宜，因地制宜，事情才能办好。

"为政宽猛如循环"，这是刘基的执政要诀。开国之初，刘基主张严刑。他认为，宋、元因过于宽纵而失去天下，"今宜肃纪纲"。下令御史严加纠察弹劾，无论谁犯了罪，都绝不回避，即使是"宿卫宦侍有过"，亦请示皇太子，置之于法，朝廷上下均"惮其严"。

李彬一案是极能说明刘基之严厉的。李彬曾任中书省都事，因贪纵得罪。他与丞相李善长交情很深，故李善长请求刘基法外施恩，而刘基的态度非常明确：宁可触忤李善长，也绝不缓刑。李彬终于未能

逃脱法律的制裁。

中国古代有畏于火而生、嬉于水而死的说法，它强调的是严刑峻法的必要性。无独有偶，刘基也指出："刑，威令也，其法至于杀，而生人之道存焉。赦，德令也，其意在乎生，而杀人之道存焉。《书》曰：'刑期于无刑。'又曰：'眚灾肆赦，此先王之心也。'是故制刑，期于使民畏，刑有必行，民知犯之之必死也，则死者鲜矣。赦者所以矜蠢愚，宥过误。知罪不避，而辄原焉，是启侥幸之心而教人犯也；至于祸稔恶积，不得已而诛之，是以恩为井也。"（《刑赦》中）刘基的意思是：实行严刑峻法，看上去似乎很残酷，但人们由于心存畏惧而不敢触犯法律，也就不至于得祸，那么被判死刑的人也就少了。相反地，一味宽纵赦免，却使人们生侥幸之心，经常触犯法律，等到罪大恶极，仍不得不予以诛杀，那么被判死刑的人就多了。

从实际的社会情况出发，便不会机械地总操同一尺度。辩证唯物主义的一个基本原则是反对片面性，所以，几年之后，天下已由大乱逐渐趋于大治，这时，刘基又建议明太祖处事宜宽大为怀，他强调："霜雪之后，必有阳春，今国威已立，宜少济以宽大。"辩证施治，体现出谋略家的胆识。

此事发生于洪武四年（1371）。

这年八月，朱元璋致信已退休在家的刘基，询问有关天象的事宜，朱元璋在信中写道："近西蜀悉平，称名者，尽俘于京师。我之疆宇，比之中国前王所统之地不少也。奈何故元以宽而失？朕收平中国，非猛不可。然歹人恶严法，喜宽容。谤骂国家，煽惑是非，莫能治。即今天象叠见，且天鸣已及八载，日中黑子又见三年。今秋天鸣震动，日中黑子，或二或三，或一日四见之，更不知灾祸自何年月日？至卿山中，或有深知历数者。知休咎者，与之共论封来。"刘基得信，以"霜雪之后，必有阳春。今国威已立，宜少济以宽大"作答，据《明史·纪事本末》记载，对刘基的建议，当时颇有不以为然者，有人甚至倡言"杀运三十年未除"，刘基知道后，仍坚持自己的主张说：

"若使我当国，扫除俗弊，一二年后，宽政可复也。"显示了一个谋略家直方刚大、毅然自任的气概。

写到这里，有必要提到朱元璋制定的《大明律》。《大明律》是明朝的主要法典，从吴元年（1367）到洪武六年（1373），经过前后七年的反复修改，才基本完成。《大明律》草创之初，刘基为二十位议律官之一，参与过讨论。但从总体上看，它主要体现了朱元璋"重典治国"的思想，其特点是：条目较《唐律》"简核"，但"宽厚不如宋"，科刑甚严。比如，对民众的反抗，如犯了"谋反"、"谋大逆"之"罪"，从这些条目，可见《大明律》用刑之酷。

《大明律》告竣之日，也正是刘基提出"今国威已立，亦少济以宽大"之时。这一事实提醒我们：在朱元璋成为异常专制的帝王之后，正直的刘基是不肯阿附的；他有针对性地提出了自己的建议，其建议中就包含有对朱元璋的委婉批评。

但遗憾的是，朱元璋却在专制之路上越走越远。从洪武十八年（1385）起，到洪武二十年（1387）间，朱元璋为了进一步巩固明王朝的集权统治，颁布了一部严厉惩治吏民的特别刑法，即《明大诰》，它设置了许多《大明律》所没有的禁令和罪名。从《明大诰》所摘录的朱元璋对于臣民法外用刑的案例看，其"办法"之多，令读者毛骨悚然，除了族诛、凌迟、枭首、斩等死罪外，还有墨面文身、挑筋去指、挑筋去膝盖、斩手、斩趾、刖足、枷令、常号枷令、枷项游历、重刑迁、充军籍没、阉割为奴等几十种，真可谓严酷至极了。

朱元璋对《明大诰》极为重视，甚至一度将之列为科举考试的内容之一。但《明大诰》如此峻酷，是不可能得人心的，故朱元璋死后不久，《明大诰》就废止不行了。《大诰》的遭人遗弃，反过来证明了刘基"霜雪之后，必有阳春"的观点才是合情、合理、合宜的。一个深谋远虑的政治家，他的智慧永远是人类的一笔财富。

据徐祯卿《翦胜野闻》记载：明太祖曾游览一座破败的寺院，"戈戟外卫，而内无一僧"。墙上画着一个布袋和尚，墨迹未干，旁边题一

偈道：

> 大千世界浩茫茫，收入都将一袋装。
> 毕竟有收还有散，放宽些子又何妨。

这诗旨在讥诮朱元璋，"盖帝为政尚严猛，故以讽之"。明太祖命太尉亟索其人，不见踪影。

拿这一记载与刘基"宜少济以宽大"之论对读，更能见出刘基思虑之深以及敢于劝谏的诤臣风度。

在中国古代的政治环境中，宰相的重要性是异乎寻常的。以对原始氏族社会的巫师的理想化为前提，中国知识分子的最高理想是"应帝王"，"做宰辅"，"为帝王师"，伊尹、周公、诸葛亮……这是历代知识分子的楷模。因此，宰相这一位置，不仅仅是权力的象征，尤为重要的是，它表明了一个读书人的价值。懂得这一点，我们才能理解唐代诗人李白：他虽然并不具备宰相的才能，却一直向往着位登台辅，做一番使"寰区大定、海县清一"的事业。

宰相之重要还有另外的原因。中国的皇帝是世袭的，"天子之子不皆贤"，事实上，能有三分之一的皇位继承者"贤"就不错了。皇帝不"贤"，怎么能管理好国家呢？于是就有赖于宰相的贤能。用能"传贤"的宰相来辅佐不能传贤的天子，宰相肩上的担子是异常沉重的。

元代末年，刘基就非常关注宰相的人选问题。《论相》一篇，借历史题材来讨论现实问题，颇有针对性。

《论相》所阐明的主张，在明初的政治生活中被实施。洪武初年，朱元璋对丞相李善长不太满意，刘基却以为："善长乃国家勋臣，能调和诸将。"朱元璋颇感奇怪地问："他有好几次想陷害你，你居然为他留地步？我马上要任命你做相了。"刘基顿首道："这好比换屋梁，先要选好栋梁之材。若把一些小木头捆在一起做屋梁，肯定会梁折屋塌。"当李善长被罢免宰相职务时，朱元璋打算任命杨宪接替。杨宪与刘基一向交情不错，但刘基却力言不可，其看法是："杨宪有丞相之才而无丞相的器量。做宰相的人，持心如水，以礼义为权衡，而本人不与之发生利害关系，这一点杨宪办不到。"朱元璋又问：汪广洋如何？答："他器量狭小，更甚于杨宪。"又问胡惟庸如何，答："胡惟庸犹如小犊，用他驾车，我担心败辕（比喻败坏事情）。"朱元璋听了，说："朕之相，诚无如先生。"刘基道："臣疾恶太甚，又才短不耐烦剧，做丞相将有负于皇上的知遇之恩。天下何患无才，惟明主悉心求之，目前诸人，的确未见其可。"果然，后来杨宪、汪广洋、胡惟庸皆败；尤其是胡惟庸，他利用权力，把自己的党羽安插进政府机构，并实际上已从内部接管了行政大权，朱元璋将他公开处死，并乘机废除了中书省及丞相制。

刘基与李善长是有隔阂的，《明史·刘基传》记载：明朝开国之初，刘基"谓宋、元宽纵失天下，今宜肃纪纲。……中书省都事李彬坐贪纵抵罪，善长素曙之，请缓其狱。基不听，驰奏，报可。方祈雨，即斩之，由是与善长忤。"朱元璋从汴梁回到南京，李善长立即在朱元璋面前批评刘基在坛墙下杀人，"不敬"，其他不满于刘基的人也交相诋毁他，终于使明太祖对刘基产生了嫌弃之心。

刘基与李善长之间既然有这段不愉快的经历，正如朱元璋所说，李善长被免相，刘基应该高兴才对，何以倒替他说话呢？

这里正见出诚意伯的睿智。

雄才大略的朱元璋，在明朝开国之初，仍然采用元朝的制度，中央设中书省，由左右丞相总理吏、户、礼、兵、刑、工六部事务。这一制度，赋予了相很大权力，使权力欲极大的朱元璋甚为不满，他说："设相之后，臣张君之威福，乱自秦起。宰相权重，指鹿为马。自秦以下，人人君天下者，皆不鉴秦设相之患，相从而命之，往往病及于国君者，其故在擅专威福。"他总结元朝灭亡的教训，认为原因之一便是"委任权臣，上下蒙蔽"。朱元璋不愿做无所事事的傀儡皇帝，他迟早会废除中书省和丞相制的。

以刘基那种观察问题和分析问题的能力，对这种事物演变的必然一定早有预感。从常识推论，朱元璋要废除中书省和丞相制，不能没有借口。他在洪武十四年（1381）采取这一重大行动时，便以左丞相胡惟庸阴谋政变为理由。所以，要遏制朱元璋对于丞相权力的吞并，在位的丞相必须在两个方面具有优势。

其一，这位丞相在朱元璋的心目中威望极高，以致这位专制皇帝不敢随心所欲加以惩处。这一点，非李善长莫属。李善长（1314—1390），字百室，定远（今属安徽）人。1354年，朱元璋在南征途中攻下定远，李善长成为他的第一位文人助手，并在朱元璋的文官集团中始终处于第一的位置，曾向朱元璋建议"行仁义，禁杀掠，结民心"；常留守后方，调度兵食，1368年被新王朝任命为中书左丞相。洪武十三年（1380），朱元璋以"擅权植党"的罪名杀胡惟庸，以后又加胡惟庸以"通倭"、"通虏"和"谋反"的罪名，并不断牵连扩大。十年后，即洪武二十三年（1390），开始了第二次大的清洗，李善长被牵连进去，卷进谋反案中，这就为朱元璋杀他提供了充足理由，但朱元璋却并未立即采取行动。以李善长的声望，朱元璋明白，那是不能随意处斩的。我们来看看当时的情形。

李善长的侄儿娶胡惟庸的姐姐为妻。胡惟庸叛逆案于1380年被告发时，就有人控告李善长与胡"交通"，但朱元璋未采取任何对李善长不利的行动。1385年，又有人重新控告李善长，朱元璋依然没采取行动。1390年6月，一名御史弹劾李善长，说他在1379年曾派使者以胡惟庸的名义送信给蒙古人，许多证人也证实李善长有罪，这时，朱元璋才"赐"李善长"死"，让他自杀。这与杨宪、汪广洋、胡惟庸等人轻易便被处死的境况适成对照，表明在朱元璋的文臣中，李善长毕竟是第一人。

其二，这位丞相在许多人心目中是一个绝不会背叛朱元璋的人。这一点，李善长也是适当的人选。胡惟庸一案，朱元璋定的罪状是：组织党羽，收集军马，勾结倭寇和蒙古，请兵为外应等。这些罪状，尽管证据不那么确凿，却无人为胡惟庸辩冤。不少人以为，胡惟庸谋反，并非不可能。但当李善长被牵连进去后，却出现了为数不少的辩冤者，他们确信，李善长不会谋反。解缙代工部郎中起草了一份奏章，并以工部尚书的名义上报。他指出，李善长不可能有谋反动机，因为这罪行不能给他带来任何好处，此案于理不通。确实，如果说李善长居功自傲，在王朝内部搞派系，人们也许会接受这种指控，但加之以谋反之罪，却难以服人。

由上述两点，我们可以得出结论：尽管李善长也未必能遏制朱元璋对丞相权力的吞并，但如果试图遏制其欲望的话，李善长仍是最恰当的人选。作为谋略家，刘基的判断是非常准确的。

"王保保未可轻"，这一箴言，展示了诚意伯睿智的又一侧面。

王保保（？—1375？），即扩廓帖木儿，元末沈丘（今属河南）人。

察罕帖木儿之甥，自幼被养为义子，跟随察罕组织地主武装镇压红巾军。察罕死后，代为统帅，于至正二十二年（1362）冬攻占益都。后驻兵冀宁（治今山西太原），与诸将孛罗帖木儿等相互攻击。至正二十五年（1365）封河南王，总领天下兵马。因李思齐不受调遣，遂进兵关中，与之相持不解。其部将貊高、关保也相继抗命，势力逐渐衰弱。至正二十八年（1368），明军大举北进，他从山西败走甘肃，逃入蒙古，此后一再袭扰明朝的北部边境，拒绝招降。

刘基提到"王保保未可轻"，是在洪武四年正月辞官归家之前。当时，因李彬一案，李善长对刘基满腹怨恨，在朱元璋面前"愬基缪人坛遗下，不敬，诸怨基者亦交谮之"。适值旱灾严重，朱元璋求言，于是刘基指出：这是由于朝政举措失当所致，如，"士卒物故者，其妻悉处别营，凡数万人，阴气郁结。工匠死，岗骸暴露，吴将吏降者皆编军户"。凡此种种，"足干和气"，导致风雨失调。朱元璋采纳了刘基的意见，但天仍不下雨。李善长等人的逸毁与刘基的祈雨不应凑在一起，使朱元璋颇为恼怒。刘基感到很难在朝廷待下去了，遂借口"妻丧"，请求辞官归家。临行，他特意上奏，强调"王保保未可轻"。因

为，朱元璋正锐意灭王保保，刘基担心轻敌误事。

局势的发展印证了刘基的先见之明。

明军与王保保的交锋主要有两次：一次在1370年，一次在1372年。

1370年，明军从两个方向对元军发动了强大攻势。李文忠和冯胜率领一支军队经居庸关去攻打元帝，另一支军队由徐达、邓愈、汤和率领一支军队从西安攻打王保保。五月三日，徐达的军队在定西（今甘肃巩昌附近）发现了王保保。蒙古军队的人数比预料的多，他们猛烈进攻，包围了明军的西南翼，并一度使明军左相胡德济失去了控制人马的能力。第二天，徐达在稳住阵脚后，发起反攻，全歼王保保军，据说有八万六千多人。但是，王保保却逃走了，尽管是仅以身免。他后来成了沙漠上的霸王，被视为支持残元命运的好汉，这一结局使两年后的徐达深感惋惜。

1372年，明军兵分三路，向蒙古人进击。大将军徐达出中路，由雁门趋和林；左副将军李文忠出东路，由居庸至应昌；征西将军冯胜出金兰取甘肃，各将兵五万。朱元璋对诸将说："今天下一家，尚有三事未了。其一，历代传国玺在胡未获；其二，统兵王保保未擒；其三，前元太子不知去向。今遣汝等，分头征之。"徐达的军队于初春时节横穿戈壁，在外蒙古搜寻王保保。蓝玉是徐达军的急先锋，他出山西雁门后就直趋土剌河。在土剌河附近发生的前哨战中，明军取得了胜利。但当明军被诱深入以后，一个多月来避免与明军交锋的王保保的主力出现了，结果，徐达的主力军在岭北和林的会战中一败涂地，"死者数万人"。

国初佐命元勋、一代名将徐达在岭北惨败，其直接后果是：朱元璋从此丧失了并吞外蒙古的雄心，而更深远的影响还在于，为明朝北部边疆留下了绵延不绝的威胁，这样的后果是明初君臣所不愿接受的。正如日本学者和田清所说："明朝兴起取代元朝，这不只是汉族以反抗北方民族压迫的势力恢复了南宋时代所丧失的中原地方，而是扭转唐末以来汉族的被动地位，完全夺回汉、唐最盛时代直到北疆的一次巨大运动。当时各将领都充分体会了这种意义，进行了奋斗。"遗憾的是，明初国势如此强盛，经略如此宏伟，却未能如愿以偿。

应该回头看一条材料。据《明实录》洪武五年春正月庚午条记载，朱元璋曾与诸将领讨论边事，徐达说："今天下大定，民庶已安，北虏归附者相继，惟王保保出没边境，今复遁居和林。臣愿鼓率将士，以剿取之。"朱元璋提醒说："彼朔漠一穷寇耳，终当绝灭，但今败亡之众，远处绝漠，以死自卫。困兽犹斗，况穷寇乎？姑置之。"诸将道："王保保狡猾狙诈，使其在，终必为寇，不如取之，永清沙漠。"朱元璋问：一定要去征讨王保保，须多少兵？徐达答："得兵十万足矣。"朱元璋强调说："兵须十五万。"

"得兵十万足矣"，这是多么豪壮的语言，而轻敌之意也显而易见。朱元璋强调"困兽犹斗"和"兵须十五万"，心里大约还记得刘基"王保保未可轻"的告诫。常胜将军徐达终于不免失败，这个悲剧性的事件倒反证了刘基的英明。

当然，刘基并不希望如此。

约洪武五年（1372）十一月，朱元璋召徐达、李文忠还。

他想起刘基"王保保未可轻"一语，对皇子说："我用兵未尝败北，今诸将自请深入，败于和林，轻信无谋，致多丧士卒，不可不戒。"

洪武八年（1375），扩廓帖木儿（即王保保）卒。

朱元璋曾给王保保写过七封信，他一封也不回；出塞后，朱又遣人招谕，亦不从；最后派李思齐去劝降，王保保反要李思齐一臂，朱元璋因此很看重他。一天，朱大宴诸将，问："天下奇男子谁也？"将领们都答道："常遇春是也。遇春仅将兵十万，横行无敌，真奇男子也。"朱笑着说："遇春虽人杰，吾得而臣之；吾不能臣王保保，其人，奇男子也。"《明史·扩廓帖木儿传》的这段著名掌故，印证了刘基的预言：王保保未可轻。

"王保保未可轻"，他的确是个不寻常的人物。他在元末的混乱中

挺身而起，为衰残的蒙古朝廷竭智尽忠，劳苦功高。后来不幸随同元室北窜，退居漠北，仍一直抱着兴复元室之志。尤其是洪武五年，在岭北打败常胜将军徐达，使明人一度不敢北进。虽然明军也几次挫败王保保，但因为他的存在，总不敢轻举妄动。他带给元朝廷一线中兴的希望，"真可以说是孤掌支撑了将倾的天下"。

"王保保未可轻"，在朱元璋的文臣武将中，最了解扩廓帖木儿的是刘基。

明朝政府于洪武三年（1370）正式建立科举制度，"专取《四子书》及《易》《书》《诗》《春秋》《礼记》五经命题试士，盖太祖与刘基所定。""其文略仿经义，然代古人语气为之，体用排偶，谓之八股，通谓之制义"（《明史·选举志》）。明清科举制度曾受到不少非议，其实，作为一种人才选拔和官员任命体系，可取之处甚多。

其一，科举制度比历史上的九品中正制等有较多的合理性，舍此还没有别的更好的选拔人才的途径，清乾隆年间的大学士鄂尔泰指出：用八股文取士，自明迄今，近四百年，人知其弊却又守之不变的原因在于变了以后没有良法以善其后。

其二，取消八股文，考试别的内容，也会有流弊，甚至流弊更大。唐代的进士考试以诗赋为主，北宋的王安石曾批评道：人年轻时，精力旺盛，"正当讲求天下正理"；闭门学作诗赋，其结果，一旦做官，临事皆所不知，以致人才比不上古代。根据王安石的建议，宋神宗年间的进士科以儒家的经典《易》《诗》《书》《周礼》《礼记》《论语》《孟子》为主要考试内容，王安石的《三经新义》则被规定为对经典的权威性的解释。王氏的目的，是要甄拔实用的人才，但事与愿违，应试者却"专诵王氏章句而不解义"。这使王安石大为沮丧，感慨说：本欲将经生变为秀才，没想到把秀才也变成了经生。由此一例，不难看出，官学功令，争为禽犊；士风流弊，必至于此。即使尽舍《四书》朱注，而代以汉儒的今古文经训，甚至定商鞅韩非之书，或马迁班固之史，或屈原杜甫之诗骚，为程文取士的依据，最终也会沦为富贵本子、试场题目。

其三，以考试的方式甄拔人才，必须有统一的标准，否则，考生与考官都将无所适从。所以，尽管一些著名学者如纪等对朱熹的《四书》集注颇有非议，却不赞成在科举考试中脱离朱注而杂采汉学。据清代梁章钜的《制义丛话》记载，有个叫王惕甫的考生，在嘉庆丙午科的考试中，采用汉人的注而不用朱熹的集注，结果，尽管他文章写得不错，还是被考官纪昀给刷掉了，而纪昀在学术上却正是偏爱汉学、不满宋学的学者。可见，纪昀主张，个人在学术上的独立见解不能影响考试标准的统一性。

刘基协助朱元璋确立科举考试制度，为的是维持和巩固明朝统治，原因明摆着：武力可以夺取政权，却不能用以治国，况且，军官大都不识字，看不了公文，即使识得一些字，也难以胜任做高级执政者的工作。结论是：要管理好国家，必须有一个得心应手的官僚机构，而官僚必须是文人；从朝廷到地方，从省府部院寺监到州县，各级官僚得十几万人，白手起家的明太祖，从哪儿去找这么多忠诚而又能干的文人？将愿意效命的元朝的旧官吏和没有做过官的读书人以及富户集中起来，人才还是远远不够，只好想法培养新的。

科举制度正是培养大量新官僚的行之有效的方法之一。

"以饵取鱼，鱼可杀；以禄取人，人可竭。"功名利禄是帝王驾驭天下"英雄"的法宝。但仅仅吸引读书人应考是不够的，还必须将读书人的思想纳入皇家所希望的轨道，从控制他们的人生道路到控制他们的精神，使这个居于"四民之首"的社会集团真正与皇家同心同德。明代科举制度规定以"四书""五经"为基本考试内容，目的即是"端士习"，"崇正学"，把儒家的君君臣臣等纲常名教观念灌输到读书人的大脑中去。也许不应忽略的是，朱元璋曾对《四书》中的《孟子》动过切割手术。洪武三年（1370），朱元璋开始读《孟子》，读到几处对君王不大客气的地方，便大发脾气说："使此老在今日，宁得免耶？"（要是这老头活到今天，免得了被砍头吗？）下令国子监撤去孔庙中孟

子配享的神位，把孟子逐出孔庙。洪武二十七年（1394），还专门成立了一套班子来检删《孟子》，计删除85条，如《尽心篇》的"民为贵，社稷次之，君为轻"；《梁惠王篇》的"国人皆曰贤"，"国人皆曰可杀"一章；"时日曷丧，予及汝偕亡"和《离娄篇》"桀纣之失天下也，失其民也，失其民者，失其心也"一章，《万章篇》"天与贤则与贤"一章，"天视自我民视，天听自我民听"，"君有大过则谏，反复之而不听，则易位"，以及类似的"闻诛一夫纣矣，未闻弑君也"，"君之视臣如草芥，则臣视君如寇仇"等。经过删节，仅剩170余条，刻板颁行全国。朱元璋的这一举措，发生于刘基去世数年之后，与刘基无涉，也与刘基的"王道"观不吻合。

明代的科举制，其考试分为三级：第一级是院试，第二级是乡试，第三级，包括会试、复试和殿试。

院试由学道或学政主持，在府城或直隶州的治所举行。院试之前，有两场预备考试。第一场为"州县试"，由知县或知州主持，考中的称"童生"；第二场为"府试"，由知府或直隶州知州主持；这两场考试没有名额限制，知县或知府一般总是让考生通过，以便让他们能参加"院试"。

院试是决定童生能否成为生员的关键考试。院试过关，考生便取得了生员的资格，俗称秀才。做了秀才，即正式成为下层绅士的一员。虽然秀才不能直接做官，但一方面，他们从此在经济上免于赋税和徭役，在社会地位上高出平民百姓一等，另一方面，他们可参加乡试，有希望跻身上层绅士的行列，所以仍极受重视。

乡试每三年考一次，地点是京城及各省省城。乡试前的预试称科考，由学政主持，主要目的是确定哪些生员有资格参加乡试。乡试的主持官员称主考，有正有副，由皇帝选派。

乡试中被正式录取的称为举人，举人的功名比生员重要得多，因为，举人不但可参加会试投考进士，即使考不中进士，也能参加"大挑"，或做知县，或做学官，从此步入仕途；再退一步，哪怕不做官，在地方上以其绅士的身份，也实际上参与大量地方事务的管理，拥有相当大的权力，考上举人是读书人成为上层绅士的标志。

在最高一级的考试中，会试具有决定性的意义：会试录取后，一般不会被淘汰；会试由礼部主持，参加考试的是各省的举人，被录取者称为贡士，经复试、殿试，才正式取得进士的称号，进士几乎都能做官，他们在绅士阶层中社会地位最高，威望和影响也最大，名列前茅的进士则被选入翰林院。

科举制度于洪武三年（1370）正式建立后，洪武六年（1373）曾一度停止。朱元璋认为，科举所取"多后生少年，能以所学措诸行事者寡，乃但令有司察举贤才，而罢科举不用"。到洪武十五年（1382）复设科举。洪武十七年（1384），"始定科举之式，命礼部颁行各省，后遂以为永制"。我们在前面对科举制的介绍，着眼于"永制"，并非完成于刘基之手，但其草创之功仍不可没。

指鹿为马的赵高向来被视为奸臣，刘基如何看待他呢？先说一桩历史事实。

至正二十七年（1367），也就是吴元年六月，朱元璋下令杀元使臣户部尚书张昶。据《续通鉴》记载，张昶出使朱吴，被朱元璋留为参知政事。他"身在江南，心怀塞北"，总想败坏朱元璋的政治，以延续元王朝的寿命。为此，他做了两件事：一是使人上书颂朱元璋功德，劝他及时行乐；二是劝朱元璋"重刑法，破兼并之家，多陈厉民之术，欲吴失人心"。朱元璋将第一件事告诉刘基，刘基说："是欲为赵高也。"朱元璋表示同意。

赵高（？—前207）本为赵国人，后"进入秦宫，管事二十余年"，任中车府令，兼行符玺令事，亲近秦始皇少子胡亥。前210年，秦始皇死，赵高与李斯伪造遗诏，逼始皇长子扶苏和大将蒙恬自杀，立胡亥为二世皇帝。任郎中令，居中用事，控制朝政，掌握大权。不久，又杀李斯。秦失去颇得民心的扶苏与威望甚高的大将蒙恬、丞相李斯，政权落在胡亥、赵高手中。胡亥厉行督责，昏暴无比，秦政权已

经岌岌可危了。

赵高的所作所为，动机是什么？有人提出，他是为赵国报仇，因为赵是被秦灭掉的。这样来看赵高，他似乎成了诛秦之暴的英雄。六朝志怪小说《拾遗录》卷四《秦始皇》一篇，叙秦王子婴囚赵高于咸阳狱，赵高被杀后，化为青雀飞出，成仙而去。子婴弃赵高尸于"九达之路"，"泣送者千家"，他是深得人心的。如果不是有人认为赵高是诛秦之暴的英雄，他岂能受到如此的赞美？

清代平步青的《霞外据屑》卷八有段意味深长的记载：

《复堂日记》：清泉欧阳轩《月到山房诗》有《赵高》一绝云："当年举世欲诛秦，那计为名与杀身。先去扶苏后胡亥，赵高功冠汉诸臣。"意亦诙诡。

无论是《拾遗录》的作者，还是欧阳轩，他们都意识到一点：赵高乃有意乱秦国之政，以促使秦尽快瓦解。刘基显然也持这一看法，否则就不会将蓄谋乱朱元璋之政的张昶比为赵高了。

如此说来，赵高并非寻常奸臣。站在赵国的立场，他似乎是位英雄；正如站在元朝的立场，张昶是位英雄一样，这就是所谓在周为顽民，在殷为节士。

不过，刘基指出张昶"欲为赵高"的真相，却并不是为了表达对张昶的欣赏，而是提醒朱元璋：张昶劝朱及时行乐，乃是别有用心；朱元璋务必居安思危，励精图治，不让张昶的阴谋得逞。朱元璋同意刘基的看法，说明英雄所见略同。

功成身退

"飞鸟尽，良弓藏，狡兔死，走狗烹。"这句话不仅记录了越王勾践猜忌诛杀功臣名将的历史事实，而且形象地勾勒了中国历代皇帝无端猜疑的共同思维特征。

——《帝王思维》

明代小说《英烈传》写的是"真命天子"朱元璋乘乱崛起、统一中国的故事。第七十八回《皇帝庙祭祀先皇》，说已经登上帝王宝座的朱元璋率群臣祭祀前代帝王，其中的两个片段与刘基有关。

太祖出庙，信步行至历代功臣庙内，猛然回头，看见殿外有一泥人，便问："此是何人？"

伯温奏说："这是三国时赵子龙，因逼国母，死于非命，抱了阿斗逃生。"

太祖听罢，说："那时正在乱军之中，事出无奈，还该进殿才是。"

话未说完，只见殿外泥人，大步走进殿中。太祖又向前细看，只见一泥人站立，便问："此是何人？"

伯温又说："这是伍子胥，因鞭了平王的尸，虽系有功，实为不忠，故此只塑站像。"

太祖听罢，生气地说："虽然杀父之仇当报，为臣岂可辱君，本该逐出庙外。"只见庙内泥人，霎时走至外边。随臣尽道奇异。

太祖又行至一泥人面前，问："此是何人？"

伯温奏说："这是张良。"太祖听毕，烈火生心，手指张良骂："朕想当日汉称三杰，你何不直谏汉王，不使韩信封王，那蹑足封信之时，你即有阴谋不轨，不能致君为尧、舜，又不能保救功臣，使彼死不瞑目，千载遗恨。你又弃职归山，来何意去何意也？"太祖细细数说，只见张良连连点头，腮边掉下泪来。

伯温在旁，心内踌躇，"我与张良俱是扶助社稷之人，皇上如此留心，只恐将来祸及满门，何不隐居山林，抛却繁华，与那苍松为伴，翠竹为邻，闲观麋鹿衔花，燕子飞舞，任意遨游，以消余年。"筹划已定，本日随驾回朝。

第二天太祖设朝，刘基叩首奏说："臣刘基今有辞表，冒犯天颜，

允臣微鉴。"

太祖览表，说："先生苦心数载，疲劳万状，方今天下太平，君臣正好共乐富贵，何故推辞？"

伯温又奏说："臣基犬马微躯，身有暗病，乞放还田里，以尽天年，真是微臣侥幸，伏惟圣情谕允。"

太祖不从，伯温恳求再三，太祖方准其所奏。令长子刘琏，袭封诚意伯。刘基拜谢，辞出朝门，即日归回，自在逍遥，不题。

以上描述，并没有历史事实的依据，但却生动地写出了明初君臣关系的阴影。朱元璋骂张良，这是含沙射影，鞭死尸给活人看，将要大杀功臣的意图和企图委过于人的用心，已昭然若揭，刘基敏锐地觉察到这一点，当即想到了退隐。刘基处乱世而意气昂扬，气概不凡，一旦天下太平，归于一统，反而忧危哀感，一扫昔年飞扬之气的独特个性，被入木三分地刻画出来了。

功成身退，这是古代中国政治生活中的一个传统主题。

一般说来，在开国帝王的周围，总环绕着一群才具卓著的文臣武将，他们或者运筹于帷幄之中，或者驰骋于千里疆场，云起从龙，君臣遇合，遂演出了一幕幕南征北战的大戏，令后人为之喝彩不已。但是，一旦帝王确立了自己的统治，这些曾经为他立下汗马功劳的文臣武将反而成了他的眼中钉：他害怕他们从自己手中夺走天下，他必须扫除卧榻之侧的威胁。

于是，功臣惨遭杀戮就成为人们司空见惯的事。

文种被勾践所杀是较早的例子。文种，字少禽（一作子禽），楚国郢（今湖北江陵西北）人。他和同是楚国人的范蠡，后来都成了越王勾践的辅佐，帮助他复国灭吴，并称霸诸侯。勾践完成霸业后，范蠡深知，可与勾践共患难，未可与勾践同安乐，遂毅然决然地弃去官职，泛舟五湖，后游历齐国，改名陶朱公，以经商致富。范蠡劝文种也早些离开官场，而文种却相信勾践不会亏待他。谁知灭吴后不久，勾践即赐剑命文种自杀，勾践说："子教寡人伐吴七术，寡人用其三而败吴。其四在子，子为我从先王试之。"勾践的意思是：你文种足智多谋，随时都有可能危及我的权力宝座，不除掉是不行的。于是文种自杀。

功成身退，范蠡为后世的文臣武将树立了一个楷模。

汉高祖刘邦在杀戮功臣方面的所作所为更令人心惊胆战。

韩信是为刘邦争夺天下的名将，一次，刘邦问韩信："我可以带多少人马？"韩信说十万。刘邦问韩信自己能带多少人马，回答是："多多益善。"刘邦自己也承认：率领百万军队，战必胜，攻必克，我不如韩信。而这也就成为韩信必然在汉初被杀的原因。另外两大名将彭越和英布，也相继被杀。

刘邦的最主要的谋臣之一张良幸免于杀害，他的远害之道即韬光养晦，功成身退。汉王朝建立不久，张良即向刘邦请辞，以便一心一意地去"游仙"，他说："以三寸舌为帝者师，封万户，位列侯，此布衣之极，于良足矣。愿弃人间事，欲从赤松子游耳。"张良的这番话，只是借口，所以宋代话本小说《张子房慕道记》才会写出下述情节。

高祖问曰："卿因何要入山慕道？"

张良答曰："臣见三王苦死，不能全终。"

高祖曰："哪三王？"

张良曰："是齐王韩信，大梁王彭越，九江王英布。原来这三王，忠烈直臣，安邦定国。臣想昔日楚王争战之时，身不离甲，马不离鞍，悬弓插箭，挂剑悬鞭，昼夜不眠，日夜辛苦，这般猛将尚且一命归阴，何况微臣，岂不怕死？"

亚里士多德说：历史家描述已发生的事，诗人则描述可能发生的事，即按照可然律或必然律可能发生的事。从这个角度来看，《张子房慕道记》揭示了张良游仙的真实动机。

功成身退，张良为刘基树立了一个可资仿效的楷模。

人根本没有本性，他所有的是历史。

在时间的不断流逝下面，在人类生活的千变万化后面，我们能够

发现那些经久不变的、周期性发生的、有代表性的因素，这些因素能够在我们的理智和情感中引起强烈的共鸣。

文种、韩信、彭越、英布……他们的悲惨结局说明了什么？诚意伯的忧惧，即源于对历史的回忆。

伴君如伴虎，所以，与普通人想象的不同，开国功臣刘基，入明后反而失去了那种豪迈的气概，变得抑郁寡欢，钱谦益《列朝诗集小传·刘诚意》云："公负命世之才，丁胡元之季，沉沦下僚，筹策龃龉，哀时愤世，几欲草野自屏。然其在幕府，与石抹艰危其事，遇知己，效驰驱，作为歌诗，魁垒顿挫，使读者偾张兴起，如欲奋臂出其间者。遭逢圣祖（指朱元璋），佐命帷幄，列爵五等，蔚为宗臣，斯可谓得志大行矣。乃其为诗，悲穷叹老，咨嗟幽忧，昔年飞扬砰砰之气，渐然无有存者，岂古之大人志士，义心苦调，有非旂常竹帛可以测量其深浅者乎？呜呼，其可感也！"导致刘基这位佐命功臣"咨嗟幽忧"的，是一种对于祸患的恐惧之情。作于这一时期的《杂诗》（七首）之二云：

> 白露出草根，颗颗如明珠。
> 黄华炫金钱，亦复盈阶除。
> 闲居无尤物，玩之聊可娱。
> 衡门不必扃，此非众所须。
> 但恐成薏苡，千载令人吁。

诗的大意是说，草根上的白露，一颗颗有如明珠，台阶上的黄花，一朵朵有如金钱；为了不让进谗言的人将白露说成明珠，将黄花说成金钱，我应该将自家的大门总是敞开，以便世人明白真相，反正这些东西别人也不需要，用不着担心被盗。其他一些诗中的句子，如："满天星月一庭烟，坐掩衡门思悄然。漫想明珠成薏苡，却嫌黄菊似金钱。"（《秋日即事》之十二）"我如坿马贯数泽，络以羁靮知必踬。"（《寄赠怀渭上人》）"我发日已白，我颜日已丑。开樽聊怡情，谁能计身后！"(《新春》)"但愿有酒饮，无事惊昼眠。"(《遣兴》)具见其畏祸之情。如孟森《明清史讲义》所说："本此眼光读公遗著，可知大人志士，惟在乱世为有意气发舒，得志大行则皆忧危之日。其不知忧危者，必为胡惟庸、蓝玉之流；知忧危者，则公及汉之张良是也。""诚意之归隐韬迹，非饰为名高也，亦非矫情也，盖惧祸耳。"

不居功，不自傲，这是张良避免猜忌的方法之一。

刘邦即皇帝位的第二年正月，大封功臣。张良没有战功，但刘邦说："运筹帷幄之中，决胜千里之外，这是子房的功劳，可自己选择故齐国境内三万户的地方做封邑。"故齐国在今山东省，靠近海岸，有鱼盐之利，最为富饶。刘邦这是特意对张良表示优厚，换了另一个人，也许会兴高采烈，但张良却十分谨慎地说："臣当初从下邳出来，与皇上在留县相见，这是上天将臣授予陛下。陛下采纳臣的计策，很侥幸地偶然料得准，不算什么，臣得封留县就足了，不敢接受三万户的封邑。"于是，刘邦封他为留侯。

刘基也从不贪图封爵和显位。洪武元年（1368）十一月，明太祖追封刘基祖父为永嘉郡公，祖母梁氏、母亲富氏为永嘉郡夫人，且欲进刘基为公爵，刘基说："陛下乃天授，臣何敢贪天之功。圣恩深厚，荣显先人足矣。"遂固辞不敢当。洪武二年（1369）正月，立功臣庙。朱元璋亲定功臣位次，以徐达、常遇春、李文忠、邓愈、汤和、沐英、胡大海、冯国用、赵德胜、耿再成、华高、丁德兴、俞通海、张德胜、吴良、吴祯、曹良臣、康茂才、吴复、茅成、孙兴祖凡二十一人立庙鸡鸣山下，死者像祀，生者虚其位。又以廖永安、俞通海、张德胜、桑世杰、耿再成、胡大海、丁德兴七人，配享太庙。其中没有刘基，当然也是他"固辞"所致。

清代姚莹《识小录·诚意伯》就此分析说："青田始与章溢、叶琛、宋濂同以聘至，帝谓'我为天下屈四先生'。既佐帝定天下，谋画计事，敷成王道，帝独以比子房，常呼先生而不名，其见重如此。然尝考汉宣帝之图麒麟阁也，霍赵魏丙十一人，皆文臣；明帝之图云

台也，及太傅卓茂；唐太宗之图凌烟阁也，及房、杜、魏、虞，则知不专以武功。今诚意以功名终始，而明祖功臣庙二十一人独不及之何也？以是知青田之不居功，其德识为远矣。诸臣惟自以为功，故上虽立庙而心实忌之，青田惟不自居功，故不立庙，祸亦不及，此与子房辟赏辟谷，先后同一意云。"不居功自傲，不重己轻人，招致忌恨的可能性就小得多。

张良在辞官归隐时，说是"欲从赤松子游"。赤松子是传说中的仙人，或谓是神农氏时的雨师。张良假脱求仙，以期自脱，故意把话说得神秘些，故宋代话本《张子房慕道记》叙他"修行"的情景是："慕道逍遥，修行快乐，粗衣淡饭随时，着草履麻鞋无拘束。不贪富贵荣华，自在闲中快乐。手内提着荆篮，便入深山采药。去下玉带、紫袍，访友携琴取乐。""放我修行拂袖还，朝游峰顶卧苍田。渴饮葡萄香醪酒，饥餐松柏壮阳丹。闲时观山游野景，闷来潇洒抱琴弹。若问小臣归何处？身心只在白云山。"

神秘的张良，理当置身于神秘的氛围中。

刘基辞官"还隐山中"，则没有这种神秘感，倒是有几许凄凉意味。据《明史·刘基本传》，洪武四年（1371），赐刘基归老于乡，"基佐定天下，料事如神，性刚嫉恶，与物多忤。至是还隐山中，惟饮酒弈棋，口不言功"。其实，归隐后的刘基，其最大特点是不与任何官员来往。有这样一桩事：青田知县因仰慕刘基，想拜访他，始终得不到刘基的允诺，只好化装成农夫来到刘基家。刘基正在洗脚，遂令侄儿带进茅舍，煮饭招待客人。县令说出自己的真实身份，刘基大吃一惊，自称百姓，"谢去，终不复见"。

刘基何以如此诚惶诚恐呢？

也许与朱元璋的特务政治有关。

朱元璋为了迫使臣僚对他绝对忠诚，时常派人用特务手段去侦察臣僚的私下言行，以至于大臣们无不提心吊胆。吏部尚书吴琳告老还乡，朱元璋仍不放心，派人一直跟到黄冈，察看他的行迹，使者回报，说吴琳在家老实务农，朱元璋才放下心来。可见，明太祖是不允许离职官员与地方官交结的。

叶盛《水东日记》载有这样一件事：钱宰被朝廷征聘编《孟子节文》，罢朝回家，写了一首感慨辛劳的诗："四鼓冬冬起着衣，午门朝见尚嫌迟。何时得遂田园乐，睡到人间饭熟时。"第二天上朝，朱元璋问他：昨天做得好诗，但我并未"嫌"你呀，何不用"忧"字？一番话，吓得钱宰连连磕头谢罪。朱元璋治下，到处布满了"以伺察搏击为事"的"恶犬"，叫臣僚们怎么能不战战兢兢，如履薄冰？

比起越王勾践和汉高祖来，明太祖是更为"雄猜"的帝王，凡名望较高的文臣武将，最终都难以避免他的加害，即使是刘基这样出色的擅长"韬迹"的士大夫。

刘基隐居青田，一意韬光养晦，却不料为胡惟庸所中伤。胡惟庸中伤刘基，乃是利用了刘基常谈术数的特点和朱元璋猜忌功臣的心理。

刘基对术数的兴趣至老不衰，并不时在人前有意显示这方面的长处。比如，在朱元璋与陈友谅的决战中，刘基即有过望气之举，其间有两件事一定给朱元璋留下了极深的印象。第一件：朱元璋坐在胡床上督战，刘基陪立于旁边。忽然，刘基猛地跳起，大呼一声，催朱元璋换船。朱元璋匆匆忙忙地跳到另一只船上，还未坐稳，就见原先坐的那只船被火炮打得粉碎。第二件：朱军与陈军在鄱阳湖上相持三天，胜负未分，这时，刘基提出"移军湖口扼之，以金木相犯日取胜"。那一天，适值东北风起，朱元璋纵火攻击陈军，大获全胜。这两桩事情使人相信，刘基之于术数，确属内行。

想不到，这给刘基惹出了麻烦。

明初，刘基曾提出一个建议，说瓯、括之间有大片空地，名曰谈洋（在今文成县朱阳乡），南接福建，是盐盗聚集之地，方国珍即在此处倡乱，请朝廷设巡检司严加把守。巡检司设立后，奸民们大感不便。适逢茗洋逃军反叛，官吏掩瞒事实，不向朝廷汇报。刘基令大儿子刘琏上奏其事，没有先告诉中书省。胡惟庸正以左丞相负责中书

省，遂命官吏揭发刘基，"谓谈洋地有王气，基图为墓，民弗与，则请立巡检逐民"。王气之说是颇能打动疑忌多端的朱元璋的，加之刘基又长于术数，所以朱元璋虽未加罪于刘基，却夺了他的俸禄。刘基大惧，入朝谢罪，遂留在京师，不敢再回青田。

  刘基面对猜疑的应对方式，在当时的情形下应该说是最恰当的。洪武八年（1375）三月，朱元璋在一道诏书中赞许说："当定功行赏之时，朕不忘尔从未定之秋，是用加以显爵，特使垂名于千万年之不朽。敕归老于桑梓，以尽天年。何期祸生于有隙？是使不安。若明从宪章，则轻重有不可恕；若论相从之始，则国有八议。故不夺其名，而夺其禄，此国之大体也。然若愚蠢之徒，必不克己，将谓己是而国非。卿善为忠者，所以不辩而趋朝。一则释他人之余论，况亲君之心甚切，此可谓不洁其名者欤！恶言不出者欤！""君子绝交，恶言不出；忠臣去国，不洁其名。"（《御赐归老青田诏书》）

  刘基《赠陈伯光诗》云：

    岐跗不世出，人病莫能治。
    伊周不世出，国病莫能医。
    岂无龙宫方，可以完支离？
    桓侯强自用，扁鹊乃见疑。
    去去仙都山，中有术与芝。
    服食炼精魄，海上从安期。

  刘基不愿做被人怀疑的大臣，而愿"去去仙都山"，逍遥自在地安度晚年，可惜这并不高的愿望也没法实现，他迫不得已待在京师，实际上是遭到了软禁。

巨星陨落

刘基之死，至今仍是疑案。

"凡物悦则茂，得其性也；不悦则不茂，不得其性也。故悦者，茂之藏；茂者，悦之著。譬之于人，忧愁结于心，而病生焉；及其著也，发焦而齿黄，色黯而形枯，其不茂也可知矣。"刘基《悦茂堂诗序》中的这段话，精彩地表达了他的人生体验。

刘基被"拘留"京师不久，胡惟庸登上左丞相的显位，这使刘基大为悲伤，并因忧愤而一病不起。洪武八年（1375）三月，朱元璋见诚意伯实在病得太重，终于批准遣使送刘基归家。到家，病情进一步加重。刘基预计自己将不久于人世，遂极其郑重地向次子刘璟祖露了他的心事："我想写一份遗表，胡惟庸还在相位，写了也无用。胡惟庸败露之后，皇上一定会思念我，如有所垂询，可劝皇上修德省刑，祈天永命，诸形胜要害之地，宜与京师声势联络。"过了一个月，刘基便去世了，终年六十五岁。

据《明史·刘基传》记载，刘基在京师得病时，胡惟庸曾派了医生来，自从服了这医生的药，腹中就隐隐约约有一块拳头大的石头存在。

1380年初，中丞涂节向朱元璋告发胡惟庸的政变阴谋，也提到他毒死刘基一事。

刘基去世了，巨星陨落。而巨星陨落的原因，至今还众说纷纭。一种意见是：刘基是胡惟庸派人毒死的；另一种意见是：胡惟庸派人毒死刘基，系奉朱元璋之命；第三种意见是：刘基确属病故。前两种意见，肯定刘基之死乃是被害；后一种意见否认了毒杀的可能性，但就刘基之病起因于胡惟庸中伤而言，仍不妨说是被害。

刘基韬晦远害而终不免遇害，对此后人颇多评议。谈迁《国榷》中收载多则，读者可以查阅。袁袠说：刘基"功成身退，希赤松之辟谷，慕陶朱之远游，可谓既明且哲者矣，而卒困于胡惟庸之口，向非

高皇帝之明，危矣。诗曰：逸人罔极。又曰：贪人败类。可畏也夫！"王世贞说："诚意伯之为人，磊落慷慨，不受其奇，以佐英主，男子哉！至明哲保身之微，视少伯、子房小让矣。"何乔远说：诚意伯"奇智先占，而不免相之毒，何也？迹胡其明哲保身，视子房让矣"。他们认为，较之汉代的张良（子房），刘基韬晦远害的技巧似略逊一筹。

　　说刘基逊色于张良，这意见还可商榷。这是因为，明太祖朱元璋对待文臣武将的残忍程度远过于汉高祖刘邦，这便大大提高了功臣遭猜忌、被陷害的可能性。清赵翼《廿二史札记》卷三十二《胡蓝之狱》曾概括地论述："汉高祖诛戮功臣，固属残忍，然其所必去者，亦止韩、彭。至英布则因其反而诛之，卢绾、韩王信亦以谋反有端而后征讨。其余萧、曹、绛、灌等，方且倚为心膂，欲以托孤寄命，未尝概加猜忌也。独至明祖，藉诸功臣以取天下，及天下既定，即尽举取天下之人而尽杀之，其残忍实千古所未有。""文臣亦多冤死，帝亦太忍矣哉！"与如此帝王打交道，即使是张良，怕也难有好的结局。

　　洪武十三年（1380），胡惟庸以谋反罪被杀。洪武二十三年（1390）十二月，命刘基之孙刘廌袭封诚意伯。刘基的爵位本不能世袭，但他因触忤胡惟庸被害，长子刘任江西参政时，亦为胡惟庸党羽沈立木胁迫，坠井而死，朱元璋怜悯其父子的遭遇，故有此命。

　　正德九年（1514）十月，明武宗为刘基加赠太师衔，谥文成。《赠谥太师文成诰》有云："故开国翊运守正文臣资善大夫护军诚意伯刘基，慷慨有志，刚毅多谋，学为帝师，才称王佐。""逮应聘括苍，陈时务于建业，即从征彭蠡，定大事于中原。渡江策士无双，开国文臣第一。受爵能让，怀辞金蹈海之风；成功不取，以辟谷封留之请，可谓明哲允矣！"

　　这位贤臣的身后，并不寂寞。